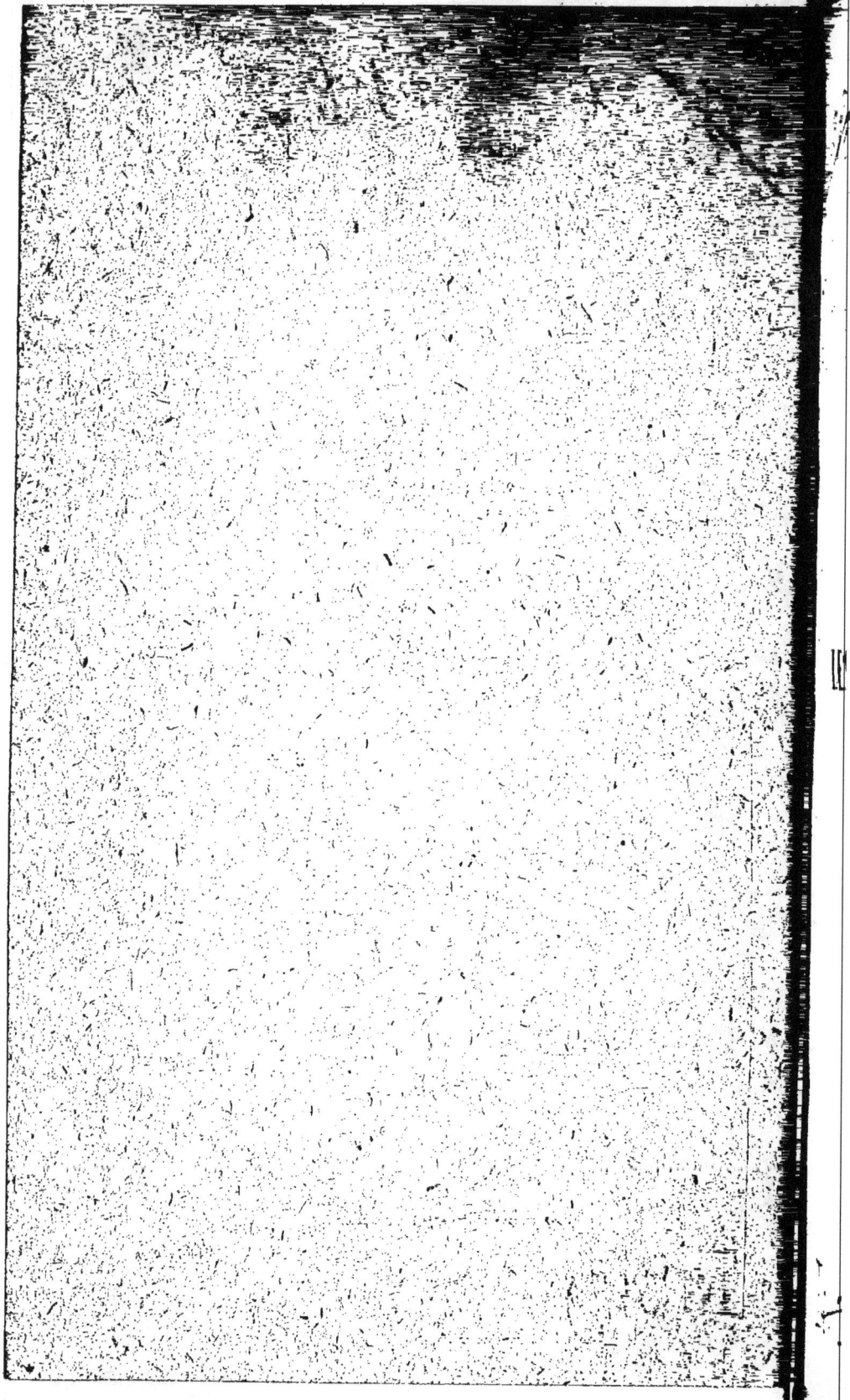

ESSAI

SUR

LES LIMITES DE L'ACTION DE L'ÉTAT

Paris. — Imprimerie de E. Martinet, rue Mignon, 2.

ESSAI

SUR LES

LIMITES DE L'ACTION DE L'ÉTAT

PAR

GUILLAUME DE HUMBOLDT

« Le difficile est de ne promulguer que les lois
nécessaires, de rester à jamais fidèle à ce principe
vraiment constitutionnel de la société, de se
mettre en garde contre la fureur de gouverner,
la plus funeste maladie des gouvernements modernes. »

(MIRABEAU L'AÎNÉ, *Sur l'éducation publique,*
p. 69.)

TRADUCTION ANNOTÉE ET PRÉCÉDÉE D'UNE ÉTUDE SUR L'AUTEUR

PAR

HENRI CHRÉTIEN

Docteur en droit
Avocat à la Cour impériale de Caen

PARIS

GERMER BAILLIÈRE, LIBRAIRE-ÉDITEUR

Rue de l'École-de-Médecine, 17.

Londres	New-York
Hipp. Baillière, 219, Regent street.	Baillière brothers, 440. Broadway.

MADRID, C. BAILLY-BAILLIÈRE, PLAZA DEL PRINCIPE ALFONSO, 16.

1867

GUILLAUME DE HUMBOLDT

SON TEMPS, SA VIE
SES ÉCRITS POLITIQUES, SON INFLUENCE

Ce livre a été composé chez un peuple aux instincts profondément méditatifs, à une de ces époques brillantes qui sont dans la vie des nations comme de longues fêtes intellectuelles ; il a été écrit par un homme dont la personnalité magnifique attire aujourd'hui encore les regards enthousiastes de ses compatriotes ; il traite d'une grande chose : la liberté. Pour l'inconnu qui ose offrir cette œuvre aux lecteurs français, ce sont là sans doute de justes raisons de confiance et d'espoir. Mais combien de motifs de crainte viennent s'y joindre ! Un homme de génie l'a dit : le livre le plus difficile à faire est une traduction (1). Et les difficultés de la tâche s'augmentent quand l'original que l'on

---

(1) Lamartine, *Voyage en Orient.*

CHRÉTIEN. *a*

tente de reproduire semble à chaque ligne défier, par la profondeur de la pensée et la beauté fruste du style, l'audace du copiste étranger.

Au moment où l'éclat littéraire et philosophique de la France du dernier siècle perdait ses plus lumineux rayons, alors que Voltaire et Rousseau descendaient ensemble dans la tombe et que les hommes de méditation se retiraient l'un après l'autre pour laisser la place à leurs successeurs naturels, les hommes de tribune et les hommes d'action, à ce moment-là même l'Allemagne voyait s'ouvrir pour elle une période de plus de soixante ans, qu'elle nomme « sa grande époque littéraire » et que l'humanité placera parmi les plus belles et les plus fécondes. Par les talents elle peut être comparée au siècle de Louis XIV ; par les lumières elle est la digne sœur de notre XVIIIe siècle.

S'ils vivaient encore ici-bas, est-il un seul de nos classiques, sans en excepter les plus grands, Racine, Corneille, Molière lui-même, qui refuserait de reconnaître pour ses pairs Schiller et Gœthe ? Qu'on se donne le bonheur de relire ces œuvres où ils ont exprimé les affirmations de l'esprit, noté les cris et les chants de la sensibilité heureuse ou souffrante, et qu'on dise lesquels ont été plus que les autres vrais et pathétiques.

On ne trouvera pas dans Schiller un drame qui déborde de plus de passion et de vie que *Phèdre*. Racine n'a pas de pièce plus pure que *Le Tasse* ou l'*Iphigénie en Tauride*. Le *Guillaume Tell* est aussi grand que le *Cid*. L'exclusivisme étroit du goût et les préjugés nationaux peuvent seuls détruire l'égalité d'admiration dans l'âme de celui qui contemple ces œuvres, diverses de caractère, égales en magnificence.

Mais si aucune des deux époques n'a surpassé l'autre dans l'application des lois du beau et du vrai, pour ce qui est de la recherche théorique de ces lois au contraire, la période allemande dépasse de cent coudées le siècle du grand roi. Tandis que la critique française, représentée pourtant par des écrivains d'un goût pur, par des érudits aux connaissances philologiques exactes, n'était point parvenue à se dégager du pédantisme ou de la puérilité, et s'était bornée à combiner quelques règles de rhétorique avec le principe des trois unités, l'Allemagne découvrait là toute une science, et se mettait hardiment à l'œuvre, rassemblant les matériaux nécessaires pour poser les assises de cet édifice philosophique encore inachevé, que l'on appelle l'*esthétique*. En face de M. et Mᵐᵉ Dacier, de l'excellent Rollin, de Charles Perrault, nous voyons,

pour ne parler que des plus grands, Lessing, les deux
Schlegel, Herder, Schiller, Winckelmann, et ce Jean-
Paul en qui se trouvaient réunis un humoriste incomparable et un théoricien perspicace (1). Au lieu de la
Querelle des anciens et des modernes, nous pouvons lire
le *Laocoon*, le recueil *l'Athénée* et surtout l'*Histoire
de l'art chez les anciens*. Non-seulement la critique littéraire, surtout sous la plume de Lessing, revêtit le
caractère scientifique, mais on entrevit le lien qui certainement rattache les principes esthétiques de l'art à
ceux de la littérature, et l'on s'efforça de le déterminer.
La recherche du beau se généralisa. Une science s'éleva,
là où il ne s'était élevé qu'une dispute.

Et faut-il nous étonner que sur ce point l'Allemagne
d'il y a cent ans l'ait emporté sur la France d'il y a
deux siècles ? Pas plus qu'il ne nous faudrait en être
humiliés. Cette supériorité de la critique littéraire chez
nos voisins tient à l'état si différent de la philosophie
aux deux époques et dans les deux pays. Dans le XVIIe
siècle français on ne trouve pas un seul philosophe
dont l'esprit ait été vraiment libre. Non, pas un seul.

(1) Aujourd'hui nous connaissons le théoricien, grâce au travail
excellent de MM. Alexandre Büchner et Léon Dumont. Ces deux
écrivains ont publié en 1862 la traduction de la *Poétique* de Jean-
Paul.

Tous sont nés et sont restés enchaînés à un poteau. Tous ont recherché les conséquences d'un principe commun, accepté comme vrai; pas un n'a recherché le principe lui-même. Quelques-uns ont proclamé la souveraineté de la raison, l'indépendance de la philosophie; mais ils n'ont usé de cette souveraineté que pour l'abdiquer bien vite et bien humblement (1). Descartes, qui fut le plus libre de tous, mais qui le fut par l'imagination plus que par le jugement, et après lui Fénelon, n'ont conçu le doute philosophique qu'à l'état d'hypothèse impie. Ils ne l'ont construite que pour la renverser aussitôt. Ils ont reconnu l'entrave qui empêchait leur marche; ils l'ont dépouillé un instant, puis en ont volontairement chargé leurs membres. Quelle servitude d'esprit n'apparaît pas au fond des éloquentes rêveries de Pascal ou des hymnes de Bossuet !

Tandis qu'à cette époque les penseurs étaient forcés de partir d'un point de départ commun qu'ils n'eurent le pouvoir ni de changer, ni à plus forte raison de répudier pour en choisir un autre, les philosophes allemands du dernier siècle se placèrent où ils voulurent et tournèrent leurs regards dans la direction que

---

(1) Voy. Jules Simon, *Introduction aux OEuvres de Descartes.* Charpentier, 1855, p. 11.

chacun d'eux jugea être la meilleure. Presque tous étu-
dièrent de préférence l'homme. La distinction entre
la Théodicée et la Philosophie proprement dite, posée
théoriquement par Bossuet lui-même, mais toujours
repoussée en pratique par ses contemporains, s'accomplit et dégagea l'une et l'autre science de l'ancienne
confusion.

Herder seul s'obstina et continua de les réunir.

Kant fut l'auteur d'une révolution philosophique
aussi importante que celle dont René Descartes avait
été le chef. Il définit la personnalité intime de l'homme
et mit en face d'elle les éléments étrangers qui, sans
entrer dans sa composition, exercent sur elle une influence continue et infiniment variée. Au rebours de
ce qui se produit d'ordinaire, ce grand esprit trouva le
premier un éclectisme que ses successeurs rejetèrent
pour choisir et développer des systèmes absolus.

Hegel, frappé surtout du lien qui existe entre le
monde extérieur et le moi humain, alla jusqu'à nier
radicalement la distinction de Kant pour soutenir l'entière identité des deux termes déterminés par son
devancier.

Fichte étendit l'un et nia l'autre. Il soutint, non plus
eur identité, mais l'existence exclusive du premier, le

néant du second. Pour lui la personnalité humaine est universelle; elle embrasse tout. C'est en elle, et en elle seule que tout prend l'existence et la vie. Fichte fut dépassé dans cet idéalisme tout subjectif par Frédéric-Henri Jacobi. Ces deux philosophes virent tout dans l'homme, comme Malebranche avait vu tout en Dieu.

Il est impossible ici de juger et même de dépeindre plus amplement les détails de ce cycle philosophique (1). Mais on peut en voir nettement la beauté principale. Elle est tout entière dans l'émancipation intellectuelle de ces hommes qui, dans la recherche de la vérité, ne se laissèrent aveugler ni par les suggestions de l'amour-propre, ni par aucun axiome étranger à la raison. Ils reconnurent loyalement des erreurs longtemps défendues par eux; ils refusèrent, dès le seuil et dans tout le cours de leurs études, d'admettre l'intervention d'aucun principe présenté d'avance comme supérieur à l'examen ou à la discussion.

C'est surtout par cette indépendance d'esprit que la grande époque littéraire de l'Allemagne se rapproche de notre XVIIIᵉ siècle. Les deux phalanges, également hardies, l'une plus calme dans son attitude, l'autre plus

(1) Voy. Wilm, *Histoire de la philosophie allemande.*

agitée, ont la même disposition. Elles ont à leur tête deux hommes de génie, aux facultés multiples, mais en qui l'imagination prévaut : Voltaire et Rousseau, Gœthe et Schiller. Derrière eux une armée ou une réunion d'hommes éminents tout pleins de puissance ou de charme, des créateurs, des vulgarisateurs. D'un côté le vieux Klopstock, Euler, Wieland, Jean-George Jacobi, les deux Humboldt, sans parler ici de ceux que nous avons déjà nommés ; de l'autre côté d'Alembert, Diderot qui fait pendant à Lessing, Helvetius, Gresset, Buffon, Turgot, Condorcet. Dans les deux troupes alliées, car leur mission était la même, chaque personnalité présentait une richesse inconnue des siècles passés, une variété de forces telle qu'en vérité chaque homme était une légion.

Toutefois il existe entre la France et l'Allemagne du XVIIIe siècle deux différences importantes. La première est tout à l'avantage de nos voisins. Tandis que les plus grands parmi nous se détournèrent trop souvent de l'œuvre commune pour se livrer entre eux à des luttes mesquines et honteuses, les illustres Allemands ne cessèrent de présenter en exemple à la foule le spectacle moral le plus pur. Tandis que Voltaire et Rousseau, en échangeant les plus ridicules injures,

déshonoraient leur apostolat philosophique à la grande
joie des ennemis de leur cause, Gœthe, Schiller, Humboldt, de même qu'autrefois Racine, la Fontaine, Boi-
leau, la Bruyère, ne permettaient point à leur rivalité
littéraire de porter atteinte à leur confraternité sublime.
Si les œuvres de leur génie sont belles à contempler,
elles ne contentent point l'âme plus que la lecture de
leurs lettres, monument d'abord caché, mais impérissable maintenant, élevé par eux à la gloire de leur
propre caractère et de la nature humaine.

La seconde différence est à l'avantage de la France
sur l'Allemagne. Le mouvement germanique fut trop
exclusivement spéculatif. Ceux qui le dirigèrent eurent
pour les réalités et les faits une indifférence fâcheuse,
qui au premier abord semble l'avoir rendu peu profitable. Combien il l'eût été davantage, si ces grands
hommes, un peu moins soucieux de conserver la cor-
rection antique de leur individualité, avaient eu en eux
quelque chose de cet ardent amour de l'humanité,
dont les philosophes français ont été pénétrés ! A la
blancheur immaculée de leur robe noblement drapée,
à la perpétuelle et vraie majesté de leur pose, il est
juste de préférer l'agitation fiévreuse des Français et
jusqu'à la poussière qui couvre leurs membres. Ne

leur reprochons point leurs mouvements désordonnés,
c'est la mêlée où ils se jetèrent qui en est cause. Res-
pectons cette poussière, c'est celle de la bataille qu'ils
ont livrée et gagnée pour nous. L'impassibilité de
Gœthe et de presque tous ses compatriotes et contemporains n'est pas de ce monde (1).

Ce serait une erreur de croire cependant que cette
indifférence superbe alla jusqu'à détourner entièrement
les Allemands de l'étude des sciences sociales. Suivant
l'expression du comte Stolberg, ils ressentirent « le
souffle empesté du génie du temps, *den Gifthauch des
Genius der Zeit* ». La Révolution française les détourna
de l'adoration mystique de l'idée pure. Son influence
sur eux est à cet égard fort sensible. Nous en trouvons
des preuves dans les écrits de Kant qui, après 1790,
abandonne la métaphysique transcendante pour s'occuper de questions de religion (1793), de politique

(1) On n'a pu qu'esquisser ici cette grande époque. Ceux qui désirent la connaître à fond doivent d'abord l'étudier dans les écrits
des auteurs qui en sont la gloire. Ils liront encore avec grand
profit le livre de Joseph Hillebrand, *Die deutsche Nationallitteratur
seit dem Anfange des achtzehnten Jahrhunderts, besonders seit Lessing, bis auf die Gegenwart.* 3 vol. 2e édit.; 1850-1851. Hambourg
et Gotha; celui de M. Lewes, *Gœthe, his life and works.* En France,
depuis madame de Staël jusqu'à nos jours, d'excellents travaux ont
été publiés sur le même temps par MM. Marmier, Eichoff, Chasles,
Blaze de Bury, Alexandre Büchner, et par les collaborateurs de la
Revue germanique.

(1795), de droit (1797); dans ceux de Fichte qui, en 1793, donnait son livre *Sur la Révolution française*, en 1796 son *Traité de droit naturel*, en 1798 son *Système de morale;* enfin dans les œuvres, aujourd'hui publiées en entier, de l'auteur qui composa le livre dont nous venons d'achever la traduction, de Guillaume de Humboldt.

Sa vie, racontée dans un intéressant travail dû à M. Challemel-Lacour (1), est connue. Nous n'avons qu'à la rappeler sommairement et à faire ressortir les circonstances qui se rattachent à la composition du livre que nous publions.

Guillaume de Humboldt naquit à Potsdam, le 22 juin 1767. Sa famille, fort riche, était depuis longtemps influente. Étant encore tout enfant, il perdit son père. Sa mère, douée d'une force de caractère et d'une élévation d'esprit peu communes, fit donner à Guillaume et à son autre fils Alexandre une éducation digne des facultés éminentes des deux jeunes gens. Leur enfance et leur jeunesse est poétiquement racontée dans les deux premiers volumes d'un long roman biographique dont Alexandre de Humboldt est le personnage principal, et

(1) *La philosophie individualiste. Étude sur Guillaume de Humboldt.* Paris, 1864.

M. Héribert Rau, l'auteur (1). Ils étaient à peine sortis
de l'adolescence, lorsque l'un de leurs précepteurs,
Kunth, les présenta chez la Récamier allemande,
Mme Henriette Herz, jeune et jolie présidente d'un
petit cénacle philosophique et secret où les frères et
les sœurs prêchaient aux initiés l'exercice de la charité,
les soins qu'il faut donner sans relâche à l'esprit et au
sentiment. Les deux Humboldt rencontrèrent dans ce
cercle tout ce que Berlin contenait alors d'esprits distingués ou supérieurs : Ramler, Engel, Moritz, Dohm,
Spalding, Reichardt, Schadow, Frédéric Schlegel.

De Berlin on envoya bientôt Guillaume de Humboldt
à Francfort-sur-l'Oder où il commença son droit, puis
à Gœttingen où il l'acheva, tout en suivant les leçons de
Heyne, le philologue. C'est là aussi qu'il se lia avec
George Forster, le compagnon des voyages de Cook,
nature passionnée, esprit tout politique, qui s'imposa
fortement à lui.

En 1789, à vingt-deux ans, il fait, en compagnie du
vieux Campe, un autre de ses précepteurs, le voyage
de Paris. Là, il entend Mirabeau et contemple avec un
sang-froid étonnant de perspicacité les premières scènes

_____

(1) *Alexander von Humboldt. Culturhistorisch-biographischer
Roman* von Heribert Rau. Leipzig, 1861.

du plus grand drame historique des temps modernes.
A son retour en Allemagne, Humboldt recherche et
parvient aisément à approcher tout ce que son pays
contenait d'illustrations naissantes ou déjà accomplies.
Puis il aborde la vie pratique et débute devant la
chambre de justice de Berlin. Mais l'étroite salle d'audience était insuffisante aux projets que couvait déjà
son esprit. Il abandonna bientôt une carrière où il se
fût grandement distingué, si l'on en croit les reproches
que ceux qui le connaissaient lui adressèrent après cette
détermination.

A ce moment ses amies du salon Herz l'engagèrent à
se marier. Il accueillit leurs conseils sans répugnance,
mais sans empressement ; il les pria de lui chercher
une femme. Inutile de dire que la mission fut bientôt
remplie. Elles lui proposèrent la fille d'un magistrat
d'Erfurt, M. Dacherœden. Il ne dit pas non. Le mariage
fut négocié, puis décidé par plénipotentiaires. Au commencement de 1791, Guillaume de Humboldt assista à
son mariage comme il avait assisté à la Révolution
française en 1789. Il ne s'était guère plus mêlé d'amener
l'un que l'autre. Et pourtant celle qu'il épousait était
une délicieuse enfant, un noble cœur et une grande
intelligence. Si Humboldt ne la devina point, il la

comprit quand il l'eut connue, et bien plus tard, vers la fin de sa vie, il disait d'elle à un ami : « Je sais, moi, tout ce que j'ai dû à ses conseils, à son esprit, pendant les terribles années de 1813 à 1819. »

Aussitôt après son mariage, Humboldt se retire à Burgœrner dans le comté de Mansfeld, et là se livre pendant deux ans à des études de philosophie politique. Puis, sous l'influence de Wolf, qu'il avait connu chez son beau-père, il quitte peu à peu la politique pour étudier l'antiquité. Sa liaison avec Schiller, commencée depuis longtemps, devient intime ; les longues lettres se succèdent à de courts intervalles ; bientôt elles ne suffisent plus à leur amitié. Humboldt vient avec sa famille s'établir à Iéna, afin de vivre près de Schiller. Varnhagen, sa femme, si connue en Allemagne, l'indépendante Rahel (1), Gentz, esprit frivole, mais charmant, formaient le cercle accoutumé au milieu duquel, Gœthe, alors en résidence à Weimar, apparaissait quelquefois.

(1) On a publié la correspondance et les journaux de cette femme, qui, dans un âge fort mûr, ayant une figure sans beauté, une taille sans régularité, inspira à Varnhagen, bien plus jeune qu'elle, un amour profond. (*Rahel, ein Buch des Andenkens für ihre Freunde*, Berlin, 1834, chez Duncker et Humblot. — Voyez aussi les curieuses lettres du prince Louis-Ferdinand de Prusse à Pauline Wiesel, avec des lettres d'Alex. de Humboldt, Rahel, Warnhagen, Gentz, Marie de Méris, publiées par M. Alexandre Büchner. Leipzig, 1865.)

Humboldt connaissait maintenant tout ce que son pays possédait d'hommes éminents. Un rapide voyage à Paris, fait dans un temps où la tempête déchaînée, remuant les choses et les hommes en France, enlevait à tous leur physionomie propre pour leur donner un aspect extraordinaire, ne pouvait suffire à ce sentiment de curiosité immense qui parlait au cœur de Humboldt. D'ailleurs il voulait voir de près les orateurs, les écrivains, les artistes, que sa jeunesse et son obscurité ne lui avaient permis autrefois de ne voir que de loin. Il revint donc à Paris, y passa quelques années, les dernières du Directoire, et partagea son temps entre ses travaux et la savante compagnie qu'il était venu chercher. Pendant les deux premières années du Consulat, Humboldt parcourut le nord de l'Espagne, d'où il rapporta ses intéressantes études sur l'antique nationalité basque. Revenu à Berlin, il sollicita et obtint l'ambassade de Prusse à Rome. Il s'y rendit, et pendant six calmes années, il étudia, il cultiva de loin ses grandes amitiés d'Allemagne, il se lamenta avec les cardinaux des coups portés par Bonaparte à la Prusse et à l'Église. De politique active, il s'en occupa fort peu, et comment l'eût-il pu faire ?

Dans les premiers jours de 1809 Humboldt fut attaché

au ministère de l'intérieur. Altenstein, le président libéral de ce cabinet, lui confia les sections du culte et de l'enseignement. Pendant son passage au pouvoir, Humboldt trouva l'occasion d'appliquer les idées qu'il avait autrefois développées dans l'écrit que nous publions aujourd'hui. Sut-il, voulut-il la mettre à profit? Des esprits étroits se hâteraient de rechercher les contradictions isolées qui existent entre l'action publique de Humboldt et les principes théoriques qui furent les siens ; puis, après en avoir relevé quelques-unes, plus apparentes que réelles, ils entonneraient le vieux refrain : faiblesse et vanité des convictions humaines ! Admettons ce triste plaisir de ceux dont la destinée est de rabaisser la grandeur et mesurons toute la petitesse de ces misères déjà si petites en apparence.

On peut signaler deux différences entre les idées de l'homme d'État et les idées du jeune philosophe. En 1792, Humboldt accordait aux gouvernants, quels qu'ils fussent, une part d'initiative presque nulle ; en 1809, au contraire, il déploya une activité positive considérable. Mais ce que l'auteur écrivait en 1792 ne devait s'appliquer, il a soin de le dire, qu'aux États qui se trouvent dans une situation normale. En 1809, une oppression affreuse pesait sur la Prusse ; l'esprit national s'était engourdi sous des humiliations telles qu'il paraissait à peine possible de prolonger la vie de l'État. C'est dans de pareilles conjonctures que Humboldt fut appelé au pouvoir, et on lui reprocherait le soin qu'il prit de l'avancement intellectuel du peuple, l'activité toujours croissante au moyen de laquelle il parvint à remettre de la vie là où il n'y avait plus qu'une douloureuse torpeur, sut fonder des institutions durables, fournit à la nation les conditions intérieures et extérieures d'une existence saine, libre, susceptible de progrès !

L'autre contradiction, qui pourrait émouvoir certains logiciens sévères, fait plus d'honneur encore à l'esprit et au caractère de Humboldt. En 1792, il avait exprimé une indifférence profonde pour les formes politiques. C'était une erreur dont la responsabilité revient bien un peu à la censure. Quoi qu'il en soit, Humboldt en 1819 écrivit quatre-vingts pages *Sur l'organisation constitutionnelle de la Prusse* (1). Dans les deux œuvres, celle du jeune homme et celle de l'homme fait, mêmes efforts pour donner à la force morale de la nation plus de vigueur, à la vie individuelle plus d'importance,

(1) Cet écrit est daté de Francfort le 4 février 1819. Pertz le publia pour la première fois à Berlin en 1848, dans l'ouvrage d'un autre écrivain, les *Denkschriften über deutsche Verfassungen*, par le ministre Vom Stein.

pour simplifier le gouvernement, pour mettre l'activité
et l'énergie à la place de l'apathie et de la paresse.
Même sur certaines questions isolées, on trouve entre
les deux écrits une concordance frappante. Dans l'un
et dans l'autre respire une égale haine contre cet immense et tout-puissant mannequin appelé la *bureaucratie*. Mais dans les pages de 1819 on voit l'importance
des formes constitutionnelles comme garanties de la
liberté, appréciées à leur vraie et incontestable valeur.
Ce changement nous est attesté non-seulement par les
écrits, mais encore par la vie et la conduite de Humboldt. Après avoir pris pendant dix ans l'habitude du
pouvoir, il l'abandonna par attachement pour ces
formes constitutionnelles que sa jeunesse avait si dé-
daigneusement traitées. Successivement ambassadeur
à Vienne, après la retraite d'Altenstein, membre du
congrès de Prague en 1813 ; membre du congrès de
Chatillon et signataire de la première paix de Paris en
1814, membre du congrès de Vienne en 1815 ; égaré
dans cette commission de Francfort, qui, chargée de
réorganiser l'Allemagne, la disloqua ; puis conseiller
d'État, ambassadeur à Londres, membre du congrès
d'Aix-la-Chapelle en 1818 ; enfin rappelé au ministère
en 1819 par Hardenberg, Humboldt y rentra pour

assister à ce travail d'étouffement conduit par la diplomatie européenne contre toute idée libérale. Humboldt
n'y put tenir. Après avoir lutté vainement il signa,
ainsi que ses collègues Beyme et Boyen, avec lequel
il s'était battu naguère en duel, une protestation indi-
gnée contre les fameuses résolutions de Carlsbad.
C'était Bernstorff qui était le rédacteur de cet acte de
coalition frauduleuse contre toutes les libertés promises
solennellement à l'Allemagne. Humboldt demanda sa
mise en accusation. Étant repoussé, il sortit de ce con-
ciliabule en secouant la poussière de ses souliers sur
la tête de l'absolutisme partout triomphant.

Voilà les contradictions qui existent entre l'œuvre et
la conduite de Humboldt. Que l'on prononce maintenant entre lui et ses détracteurs ; car il en a eu dans
son pays. Retiré depuis longues années hors du champ
de la lutte, revenu à ses calmes études, voyant approcher la fin de sa vie, n'a-t-il pas eu raison de dire fiè-
rement dans un de ses beaux sonnets « qu'il avait
toujours laissé, avec joie et confiance, le génie de sa
jeunesse conduire son cœur » (1).

Depuis 1819 il demeura presque constamment loin

(1) *Fromm und treu der Jugend Genius sein Herz führen lassen.*

des villes, retiré soit à Tegel, le château de sa famille, soit à Ottmachau, le beau domaine de Silésie, que ses concitoyens lui donnèrent en récompense des services qu'il leur avait rendus en des temps difficiles. Les événements de 1830 survenant, le gouvernement prussien, par esprit de concession, rappela le vieil ami de la liberté en réveil. On lui rendit son siége au conseil d'État. Mais il le laissa presque toujours vide. Il avait dépassé l'âge des revanches politiques. Ses études philologiques et littéraires, la poésie et l'amitié remplirent son existence jusqu'au 8 avril 1835, jour de sa mort.

Après l'histoire de l'homme, l'histoire bien moins connue du livre pourra offrir quelque intérêt. Nous verrons ensuite quel est le problème capital dont l'auteur a tenté la solution, cette solution elle-même, le caractère de l'œuvre, sous quelles influences elle est née, quelle action elle a exercée.

Sachons d'abord comment ce livre, écrit en 1792, a pu n'être publié qu'en 1851, plus de quinze ans après la mort de l'auteur.

Immédiatement après son mariage, Guillaume de Humboldt, avons-nous dit, alla se fixer au château de Burgörner qui lui venait de sa femme. Dans les heureux loisirs qu'il y trouva, il se livra surtout à des études de philosophie politique. Les questions qui le préoccupèrent sont déjà indiquées dans sa correspondance de Gœttingen avec Forster. La Révolution française y est jugée dans tous ses développements avec intelligence et avec cœur. La rédaction de la première Constitution française fournit à Humboldt l'occasion d'exposer d'une manière générale ses idées sur les gouvernements et sur les lois suivant lesquelles ils se développent. Il le fit dans une lettre à un ami (1). Cette lettre, réimprimée depuis dans ses œuvres complètes (t. I, p. 301), fut publiée pour la première fois par la *Revue de Berlin*, dans son numéro de janvier 1792. Elle tomba par hasard sous les yeux du coadjuteur Dalberg, qui résidait à Erfurt, comme représentant du prince électeur de Mayence, et qui profita de son séjour dans cette ville pour se mettre en rapport avec Humboldt. On n'a point à parler ici de l'influence de ce personnage sur les lettres allemandes en général, mais seulement de la part qui lui revient dans la création du livre que l'on publie aujourd'hui en français.

En 1792, Humboldt était venu avec sa femme passer quelque temps à Erfurt pour des raisons de famille.

(1) Voici le titre de cet écrit : *Ideen über Staatsverfassung durch die neue französische Constitution veranlasst.*

Dalberg le vit, lui parla de sa lettre, imprimée dans la *Revue de Berlin*, et l'engagea à continuer ces essais. Humboldt en parle dans une lettre à Forster, la dernière que l'on possède : « A ce propos, dit-il, Dalberg » a su que je m'occupais de travaux de ce genre. Peu » de jours après mon arrivée ici, il me pria de mettre » par écrit mes idées *sur les limites de l'action de l'État.* » Je sentis bien que le sujet était trop important pour » être traité aussi vite qu'il l'eût désiré. Il ne voulut » point que je laissasse l'idée devenir vieille. Je pré- » parai donc quelque chose et me mis à l'œuvre, » n'ayant encore que des matériaux dans la tête. Mon » petit ouvrage a grandi sous ma main. Il y a plusieurs » semaines qu'il est fini. C'est maintenant un assez bon » volume. » Humboldt écrit cela le 1er juin ; il a donc eu, pour parachever ce livre, à peine trois mois. Car c'est bien celui dont il parle à Forster. Et il n'y a pas consacré exclusivement ce temps. Il était encore occupé de la traduction de la seconde Olympique de Pindare, qu'il envoyait le 3 mai à Schiller.

Aussitôt que l'ouvrage fut terminé, on le mit sous les yeux de Dalberg, qui le lut d'abord seul, puis le relut chapitre par chapitre avec Humboldt. Celui-ci avait recherché la vérité avec indépendance et pour elle-même. Il s'était encore proposé un but fort pratique : faire voir à Dalberg, au futur régent de l'archevêché de Mayence, combien est funeste la manie de gouverner. Il n'y réussit que bien mal, ainsi qu'on le voit dans la même lettre à Forster. Humboldt lui écrit que Dalberg n'a pas voulu reconnaître la justesse de ses vues, et qu'il étend bien plus que lui la sphère des pouvoirs et de l'action de l'État.

On peut voir combien Humboldt et Dalberg restèrent en désaccord, dans un travail de quarante-cinq pages, petit in-8°, d'une exécution typographique splendide, publié sous ce titre : *Des vraies limites de l'action de l'État dans ses rapports avec ses membres* (1). Cette brochure, qui parut sous l'anonyme en 1793, à la librairie Sommer de Leipzig, n'a pas d'autre auteur que Dalberg lui-même. Ce travail, dit le docteur Cauer, reproduit exactement la marche de Humboldt. Il le suit pour ainsi dire pas à pas. Toutefois ce n'est pas un livre, ce ne sont que des observations séparées, écrites dans l'ordre où la lecture du manuscrit de Humboldt les a présentées à l'esprit de l'auteur. Ajoutons que Dalberg est resté bien loin de cette précision et de cette logique

(1) *Von den wahren Grenzen der Wirksamkeit des Staats in Beziehung auf seine Mitglieder.* Leipzig, 1793.

remarquables qui font du livre de Humboldt un tout
si bien coordonné. Le principe de l'utilité est confondu
par le coadjuteur avec le principe de la nécessité, les
principes du droit naturel avec un respect timide pour
la tradition historique, les théories de Rousseau avec le
despotisme bienveillant de Joseph II. A chaque instant
se trahit une étonnante gaucherie d'expression et de
pensée. Suivant l'écrivain auquel nous empruntons ce
jugement, on peut dire que dans cet écrit l'auteur fait
preuve de bonnes intentions, d'intelligence, d'aptitude
à comprendre et à rendre clairement les idées qui re-
muaient son temps, d'indépendance d'esprit et d'une
certaine culture philosophique. En le lisant, on juge
assez bien quel était alors le niveau commun de l'éducation politique ; on peut voir surtout, en le comparant
au livre de Humboldt, à quelle hauteur celui-ci s'éleva.

Malgré ces dissidences, Humboldt résolut de publier
son travail, et dans cette intention, envoya une copie
de son manuscrit à Berlin. Mais quoique les éditeurs
ne lui eussent point manqué dans cette ville, la pensée
de s'y faire imprimer dut bientôt être abandonnée. Dès
le 12 septembre Humboldt écrit à Schiller les difficultés
que lui soulève la censure : « Un censeur vous refuse
» absolument son *imprimatur ;* un autre vous l'accorde

» bien, mais de façon à pouvoir toujours le retirer dans
» l'avenir. Bien que j'aie en horreur ces formalités in-
» terminables, je suis résolu à faire imprimer cet écrit. »
Mais les difficultés ne disparaissent point. Il recourt à
l'aide de Schiller, qui, on le voit dans cette même
lettre, avait déjà entre ses mains le manuscrit. Humboldt
le prie de demander au fameux éditeur de Leipzig,
Gœschen, « s'il voulait se charger de la publication
» pour le jour de Pâques 1793 ».

Il résulte encore de cette lettre que Humboldt avait
convié Schiller à une participation très-directe, non-
seulement pour la publication, mais pour la composition même de l'œuvre. Il dit en effet : « Caroline », —
l'excellente et spirituelle belle-sœur de Schiller, plus
tard madame de Wolzogen, qui dans toute cette affaire
entre Schiller et Humboldt paraît leur avoir servi d'intermédiaire, — « Caroline nous écrit que quelques pen-
» sées de mon Essai vous ont quelque peu intéressé et
» qu'en ce moment vous vous occupez beaucoup de ces
» matières. Vous-même une fois me promîtes à moitié
» la communication de quelques-unes de vos idées.
» Combien je serais heureux, si vous vouliez bien les
» ajouter à mon *Traité*, avec ou sans votre nom, sous
» forme de préface ou de supplément, enfin comme

CHRÉTIEN.   *b*

» vous l'aimeriez le mieux. Il va sans dire que ce n'est
» qu'une idée que je mets là en avant. Mais il me sem-
» blerait fort intéressant qu'un homme de votre intelligence, sans études acquises et spéciales de ces
» matières, les travaillât et les enrichît d'aperçus à lui,
» nouveaux, originaux. Le genre de vos écrits ne vous
» offrira d'ailleurs que difficilement l'occasion d'y
» placer l'expression de vos idées, si la volonté ne vous
» prend pas de les développer dans un travail parti-
» culier. »

On ne sait point d'une manière précise comment
cette proposition fut accueillie par Schiller ; mais il est
plus que probable qu'il ne l'accepta point. C'est qu'en
effet les sujets politiques qui occupaient Humboldt
avaient été mûrement médités par Schiller et formaient
dans son esprit le plan d'un ouvrage spécial. Cet ouvrage
a été écrit. Ce sont les *Lettres sur l'éducation esthétique
de l'homme* (1). Quoique ces *Lettres* n'aient été terminées
qu'en 1794, dès le mois de mars 1792 elles étaient
l'objet d'une discussion par correspondance entre
Schiller et Kœrner, le père du poëte. On peut sans
doute y relever de nombreuses différences d'exécution

---

(1) *Ueber die œsthetische Erziehung des Menschen in einer Reihe
von Briefen.* Édit. Cotta. Stuttgart, 1860, t. XII, p. 1.

et de doctrine, notamment dans la manière dont les sphères de la politique, de la morale et de l'esthétique sont mises en rapport les unes avec les autres. Cependant les *Lettres* de Schiller ont avec l'*Essai* (1) de Humboldt une évidente parenté.

Schiller ne pouvait donc guère accéder à la seconde demande de son ami; mais il se consacra tout entier à accomplir la première, celle qui concernait les soins extérieurs pour la publication de l'œuvre. Contre toute attente, Gœschen refusa de prendre un engagement immédiat parce qu'il était, à ce qu'il paraît, surchargé d'entreprises de librairie. Schiller, non-seulement rechercha un autre éditeur, mais encore il inséra dans la *Thalia* un fragment du livre et exprima l'intention de reproduire dans ce journal les parties qu'on lui communiquerait. Quelques morceaux avaient aussi été publiés dans la *Revue mensuelle de Berlin*, dirigée alors par Biester. Celui-ci, qui avait possédé une copie du manuscrit de Humboldt, en avait extrait pour son journal les chapitres V, VI et VIII; il les avait fait paraître, au moins le sixième et le huitième, à l'insu de

(1) C'est là le mot qui m'a paru rendre le plus exactement le titre de l'ouvrage original. Du reste voici ce titre : *Ideen zu einem Versuch die Grenzen der Wirksamkeit des Staats zu bestimmen.*

Humboldt, dans les trois derniers cahiers de l'année 1792. Mais ces fragments ne pouvaient remplacer la publication de l'œuvre entière, ils la préparaient plutôt.

Si la publication définitive et intégrale n'avança point, la faute en fut à Humboldt lui-même On avait réussi à tourner la censure. Schiller avait enfin mis la main sur un éditeur. Humboldt en reçut la nouvelle entre le 14 et le 18 juillet à Auleben, où il s'était retiré vers le milieu de l'été après avoir quitté Erfurt. Tout obstacle matériel avait disparu. Mais d'autres difficultés invincibles surgirent alors. Elles venaient de la disposition personnelle et des changements qui s'opéraient dans l'esprit de l'auteur. Il est curieux de connaître ces modifications successives et rapides. Dans sa lettre du 1er juin à Forster, Humboldt exprime encore la plus ferme confiance. Il parle de la publication de son travail du ton d'un homme sûr de lui-même et de ses convictions. Il écrit : « Vous approuviez mes idées, alors » que nous correspondions de Gœttingen sur ces sujets. » Depuis j'y ai beaucoup réfléchi, et bien que j'aie » cherché maintes fois l'occasion de les modifier, je ne » l'ai presque jamais trouvée ; mais j'ose espérer les » avoir rendues plus complètes, plus méthodiques, plus

» précises. » Cette sûreté, jointe à une certaine impatience de voir son œuvre produite au grand jour, se révèle encore dans la lettre du 12 septembre à Schiller. Mais c'est alors que commencent les hésitations. Le 7 décembre certains changements paraissent encore, ou plutôt paraissent déjà nécessaires à l'auteur. Toutefois il ne cesse point de penser à une publication prochaine, « car, dit-il, je ne sais si j'aurai beaucoup à » changer ». Le 14 janvier 1792 les hésitations sont devenues plus fortes. « Peut-être, écrit Humboldt à » Schiller, Gœschen pourrait-il prendre mon petit » livre dans un ou deux ans. Je désirerais qu'il attendît » ce temps. Je ne suis nullement pressé, et j'aurais » ainsi le loisir de travailler à nouveau chaque cha-» pitre ; il en est pour lesquels cela est absolument » nécessaire. Mais comme je me livre depuis quelques » mois à d'autres travaux, je n'ai pu en trouver le » temps. Le sujet ne dépend d'aucune circonstance » particulière et extérieure. Tous y gagneraient, mes » lecteurs et les idées mêmes, auxquelles vous parais-» sez vous intéresser. »

Immédiatement après le départ de cette lettre, la nouvelle arriva qu'un éditeur était trouvé, et qu'on était prêt à commencer l'impression. Comme il fallait

b.

prendre une décision définitive, Humboldt paraît avoir
eu pour la première fois conscience de l'abîme qui le
séparait du temps où il avait écrit cet *Essai*. Voici la
lettre qu'il envoie à Schiller le 18 janvier 1793 : « Ces
» jours derniers, en parcourant mon travail, j'ai trouvé
» beaucoup de passages qui ont besoin, non-seulement
» de modifications, mais d'une refonte entière. Vous-
» même, mon cher ami, étiez dans le temps de cet
» avis. Aussi penserez-vous certainement comme moi
» aujourd'hui. Plus les idées que j'ai exprimées m'in-
» téressent, plus je pense favorablement de mon ou-
» vrage, moins je pourrais me pardonner la négligence
» qui m'empêcherait de leur donner ce dernier soin.
» Quant à présent, toutefois, et pendant les mois pro-
» chains, non-seulement j'aurai d'autres affaires; mais
» je ne suis pas disposé, et puis je manque des livres
» nécessaires pour me livrer à cette révision. Sur cer-
» tain point je voudrais parler de mes idées, pour leur
» donner plus de clarté. Tout ceci m'a positivement
» décidé à remettre mon édition à un temps indéter-
» miné ; car tout délai déterminé, long ou court, m'im-
» poserait un lien toujours désagréable en pareille ma-
» tière. — Dans la lettre de notre excellente Caroline,
» je ne vois en rien, mon cher ami, que vous ayez con-

» clu à cet égard une convention précise. Dites-moi
» cependant si vous n'avez encore rien conclu, si l'on
» peut reculer. Écrivez, je vous en prie, à l'éditeur, que
» mes intentions sont changées ; qu'il m'est impossible
» de fixer positivement l'époque de la publication ; que
» je m'adresserai à lui et lui écrirai quand les modifi-
» cations à faire seront terminées. Il sera probablement
» disposé à accueillir une seconde demande. S'il n'en
» était pas ainsi, Gœschen serait dégagé, et je trouve-
» rais un autre éditeur. — Mais si vous avez arrêté une
» convention avec lui, je vous prie de vous entendre
» ensemble pour que le livre ne paraisse qu'à Pâques
» 1794, ou au plus tôt à la Saint-Michel de cette année.
» Ce serait le terme le plus rapproché que je voudrais
» prendre, et l'imprimeur ne s'en trouverait que mieux
» à cause du temps qu'il pourrait donner à son édition.
» Toutefois le premier terme serait celui que je préfé-
» rerais, et de beaucoup. »

Un an ne s'était pas encore écoulé, depuis que
Dalberg avait pour la première fois exhorté Humboldt
à entreprendre ce travail ; il n'y avait pas huit mois
qu'il l'avait achevé. Quatre mois plus tôt il se montrait
sûr de toutes les idées exprimées dans son livre, et
maintenant il ne peut se résoudre ni à les publier sans

les modifier, ni à entreprendre son travail de révision.
D'autres études l'attirent à ce moment même. Il s'y
livre avec une ardeur dont il n'avait pas prévu la durée.

Cependant il ne faudrait pas croire que la publication
de l'ouvrage fut retardée seulement par cette disposition paresseuse qui nous pousse trop souvent à remettre au lendemain des affaires qu'il vaudrait mieux
exécuter aujourd'hui. Quoi qu'en dise Humboldt dans
une des lettres que l'on a citées, il appartenait à une
école de littérateurs qui, sans doute, se laissaient beaucoup guider par leurs dispositions du moment, mais
qui, sous leur apparente indifférence pour les résultats,
se préoccupaient grandement des circonstances extérieures dont le concours pouvait aider ou nuire au
succès de leurs œuvres. Or précisément les idées libérales qui forment le fond même du livre, tout à l'heure
encore en grande faveur auprès du public allemand,
venaient de subir un échec grave. Le jour même où
Humboldt écrivait à Schiller sa dernière lettre à ce
sujet, la mort de Louis XVI était résolue à Paris; trois
jours après sa tête tombait. Les classes influentes de
la société en Allemagne rendirent responsables de cet
acte violent les idées mêmes et non les circonstances.
Un revirement complet et brusque s'opéra, et un livre

dont chaque page respirait l'admiration pour ces idées courait risque de n'inspirer que de la répulsion. Humboldt avait plus de tact qu'il n'était nécessaire pour juger l'inopportunité du moment et la disposition défavorable des lecteurs. C'est ainsi qu'on explique le sort de ce livre, dont la publication était si impatiemment désirée par l'auteur, et qu'il jugeait avec tant de faveur au moment même où il était sur le point de l'abandonner pour toujours.

Quant aux circonstances qui ont fait que ce livre, après avoir dormi plus de cinquante ans au fond d'un portefeuille, a pu apparaître au grand jour de la publicité, on aura bientôt fait de les dire. On savait par les lettres de Humboldt qu'il existait deux exemplaires manuscrits de l'œuvre, et que pendant l'été de 1792 l'un, l'original, se trouvait entre les mains de Schiller, l'autre, la copie, entre celles de Biester. Deux lettres de Humboldt à Schiller du 7 décembre 1792 et 18 janvier 1793 nous apprennent tout ce que l'on sait aujourd'hui du sort de cette copie : elle revint à Humboldt puis fut prêtée par lui. Quant à l'original, que Humboldt prie Schiller de lui renvoyer dans la lettre du 14 janvier 1793, il fut rendu à l'auteur et resta toujours en sa possession. Il fut découvert en 1850 à Ottmachau, ce beau domaine de Silésie donné à Humboldt à titre de récompense nationale. C'est sur ce manuscrit qu'a été faite la première édition du livre. Nous la devons aux soins du docteur Édouard Cauer, qui l'enrichit d'une notice pleine d'indépendance et de piété pour la mémoire de Guillaume de Humboldt. Cette notice nous a fourni la plupart des détails bibliographiques qui précèdent.

Cet estimable écrivain a éprouvé dans l'accomplissement de sa tâche une contrariété facile à comprendre et à partager. Le manuscrit présente une lacune qui n'a pu être qu'imparfaitement comblée. Il manque six feuillets, du troisième au huitième. Ces six feuilles contenaient les derniers mots du chapitre premier, le chapitre II tout entier et la première partie du chapitre III. Le chapitre II et la première partie du chapitre III ayant été imprimés dans la *Thalia*, c'est dans ce journal que le docteur Cauer a retrouvé ces morceaux. Par malheur, quelques lignes au commencement et deux pages au moins à la fin n'ont été ni imprimées dans le journal de Schiller, ni retrouvées dans le manuscrit. La première lacune est d'une étendue et d'une importance fort restreinte : il ne nous manque ici que quelques phrases qui donnaient au chapitre premier sa conclusion, et nous n'avons presque rien perdu de la pensée de l'auteur en cet endroit. La lacune existant entre la fin de l'imprimé et la reprise du manuscrit est beaucoup plus longue; elle cause une interruption très-réelle et très-sensible dans la marche de la pensée. La table nous indique bien quelles étaient les idées exposées, mais nous aurons à en regretter le développement, jusqu'à ce qu'on soit parvenu à retrouver, soit la copie envoyée à Bœster et rendue par lui, soit les six feuillets de l'original que Schiller aura égarés ou qu'il aura négligé de renvoyer à Humboldt avec le reste de son manuscrit.

Dût cette espérance être trompée, l'œuvre telle qu'elle a été publiée par M. Cauer n'en est pas moins une acquisition précieuse pour la littérature allemande et pour la liberté.

Le problème capital posé par Humboldt, celui auquel se rattachent toutes les graves questions qu'il agite, est celui-ci :

Quelle est l'étendue des devoirs de l'État envers les citoyens? Quelle est par suite l'étendue légitime de son action?

Dans son préambule, Humboldt observe que cette question a été bien rarement examinée. Ce serait pourtant une erreur de croire qu'elle a été créée par lui. Le grand débat des droits de l'État sur l'individu et des droits de l'individu vis-à-vis de l'État est ouvert depuis l'antiquité (1). Platon, Aristote, Cicéron, Plutarque, y ont dit leur mot. Ils ont fait une part bien étroite à l'individu. Les Germains, du fond de leurs forêts, n'ont point pris doctement sa défense, mais ils l'ont chanté; et leurs chants sauvages, dont l'écho affaibli murmure encore dans les vieilles épopées venues jusqu'à nous, sont le premier document que les philosophes individualistes, en remontant l'histoire de l'Europe, puissent trouver, pour l'opposer aux traditions grecques et romaines.

Au moyen âge le développement de la personnalité humaine est simultanément favorisé et combattu;

Favorisé par la chevalerie, combattu par les institutions monastiques et le servage.

Tandis que Léonidas et ses compagnons, en se portant aux Thermopyles, se sacrifient volontairement pour la République, le chevalier « en partant pour la guerre », obéit à un sentiment tout privé, si je puis ainsi dire : « Çà, s'écrie-t-il, amenez-moi mon des-

---

(1) Voy. not. Platon, *La République*. Aristote, *Politique*, l. VII, chap. IX et XII, l. VIII, chap. I et II, l. III, chap. Ier.

» trier. *Ma bien-aimée m'ordonne* de quitter mon pays,
» et je m'éloigne, et je m'en vais chevaucher au loin,
» *pour lui plaire* (1). »

Mais si la chevalerie développe la personnalité de quelques seigneurs, le monastère l'étouffe presque partout et presque toujours. Pour un saint Bernard, combien d'âmes, qui auraient fleuri au grand air, se sont séchées entre les murs du couvent, brisées par la règle uniforme, inflexible !

Le servage, qui courbe l'homme durant toute sa vie sur la même motte de terre, sous les mêmes redevances et les mêmes humiliations, fit longtemps des peuples de l'Europe de vastes troupeaux.

L'histoire nous montre dans le mouvement communal du XIᵉ siècle en Italie, du XIIᵉ siècle en France, le réveil de l'individualité, lasse de sa longue compression. A la faveur des luttes entre les dominations d'alors, le Sacerdoce et l'Empire qui s'entr'affaiblissent et n'ont plus le loisir de tourmenter l'homme jusqu'à son foyer, les habitants des villes construisent pour eux un modèle d'organisation politique qui donne à chacun la liberté civile et développe chez tous l'es-

(1) Voy. Octave d'Assailly, *les Chevaliers poëtes de l'Allemagne,* p. 12.

CHRÉTIEN. c

prit d'action, d'assistance réciproque, d'inspiration créatrice (1).

Les écrivains commencent à disserter de ces choses. Ils le font avec violence, incertitude, contradiction. Dante, dans la *Divine Comédie*, exalte les tendances municipales, favorables à l'individu ; puis dans son traité *De monarchia*, il écrase l'homme entre les deux puissances, la temporelle et la spirituelle, entre l'empereur, auquel il livre le corps, et le pape, auquel il livre l'âme.

Les guerres de religion, qui ensanglantèrent tant de pays, sont une des formes hideuses que revêt la légitime revendication des droits de l'individu. Les dissidents, quels qu'ils soient, réclament, et les pouvoirs établis refusent de leur accorder l'exercice de la liberté individuelle la plus précieuse de toutes, la liberté de conscience.

Avec la Renaissance commença un mouvement d'idées remarquable et bizarre, qui s'est de nouveau produit au commencement de notre XIX° siècle. Un certain nombre d'écrivains, émus des misères effroyables qui dévoraient l'humanité, cherchèrent le

(1) Voy. Augustin Thierry, *Essai sur l'histoire du tiers état*, chap. 1er.

moyen de les éteindre. Dans leurs écrits, ils dévelop-
pèrent des plans diversement chimériques qui cependant ont tous un caractère commun : L'État est chargé
du devoir et investi du pouvoir illimité d'agir seul
contre ces maux. L'individu est anéanti; il n'a aucun
effort à faire dans cette lutte que l'État soutiendra pour
lui; il n'a qu'à obéir d'abord, et à se trouver heureux
ensuite. C'est à ce mouvement que se rattachent l'*Utopie*
de Thomas Morus, la *Cité du soleil* de Campanella, la
Nouvelle Atlantide de Harrington, l'*Histoire des Séva-
rambes* de Vaïrasse d'Alais (1).

On sait comment notre Rabelais traita ces rêves. Lui
aussi créa sa République ; mais « pour reigle il ne lui
» donna que cette clause : *Fais ce que voudras.*» Il ajoute
ces paroles que les réformateurs de tous les temps
devraient méditer : « Toute leur vie (aux citoyens de
» Thélème) étoit employée non par lois, statutz ou
» reigles, mais selon leur vouloir et franc arbitre....
» Parce que gens liberes, bien nés, bien instruicts,
» conversans en compagnies honnestes ont par nature
» un instinct et aiguillon qui toujours les pousse à faits
» vertueux, et retire de vice ; lequel ilz nommoient

---

(1) Voyez sur les utopistes de la Renaissance les travaux de
M. Franck.

» honneur. Iceux, quand par vile subjection et con-
» traincte sont déprimés et asservis, détournent la
» noble affection par laquelle à vertu franchement ten-
» doient, à déposer et enfraindre ce joug de servitude.
» Car nous entreprenons tousjours choses défendues et
» convoitons ce que nous est denié. » (*Gargantua*,
chap. LVII.)

Depuis la Renaissance, les progrès énormes des pouvoirs monarchiques absolus, leurs prétentions à régle-
menter tout depuis la foi jusqu'à la fabrication du drap,
la soumission des peuples, le manque d'indépendance
des écrivains, firent que le problème des droits de
l'individu s'assoupit, sans s'éteindre toutefois entièrement.

Il est indiqué dans les œuvres de Leibnitz, dans
celles de Bossuet, dans celles de Locke. Mais pour le
retrouver dans les écrits de ces grands hommes il faut
faire acte d'érudit attentif, nulle part il n'est mis en
lumière. On l'aperçoit bien de temps en temps, mais
toujours caché derrière des questions d'un autre ordre,
qui le recouvrent pour ainsi dire et le maintiennent
dans un demi-jour plus obscur que clair.

Le XVIIIᵉ siècle français, chose remarquable, l'a résolu
avant de le formuler.

Rousseau, Mably, Morelli, adoptent la théorie antique et sacrifient l'individu à l'État.

Les physiocrates réservent au premier l'indépendance sur un point, l'agriculture ; ce qui est déjà un progrès.

Enfin l'Assemblée constituante, se séparant en ceci de Rousseau, commence à dresser la liste des droits humains auxquels nul gouvernement, fût-ce le plus démocratique, ne doit jamais toucher.

Mirabeau l'inspirait. Jusqu'à sa mort, on peut dire que la liberté individuelle fut en bonne voie. Quelques années de calme, et elle aurait pris corps, elle serait devenue viable. Les événements, et le gouvernement auquel ils donnèrent le jour, l'étouffèrent. La liberté des personnes fut soumise à la loi des suspects, la liberté économique aux lois de maximum ; la liberté civile fut réglementée par le décret du 17 nivôse an II, qui enlevait au père le droit de disposer par testament de la moindre partie de son bien en faveur de l'un de ses enfants par préférence aux autres. Et l'on continuait à parler de liberté, on en parlait même fort bien (1),

---

(1) Il est curieux de rapprocher ces trois fragments des discours de Robespierre (!), et surtout d'en remarquer les dates :

« Si le législateur ne se défend pas de la manie qu'on a reprochée au gouvernement, de vouloir tout régler ; s'il veut donner à la liberté ce qui appartient à la confiance individuelle ; s'il veut faire lui-même les affaires des particuliers et mettre pour ainsi dire les citoyens en en disant qu'il était nécessaire de l'ajourner. On l'ajourna si bien, que pendant plus de vingt ans ceux qui pensaient à elle durent y penser en silence.

Après 1815, la question respective des droits de l'individu et des droits de l'État fut reprise par des hommes qui se firent les héritiers des traditions de la Constituante. A leur tête étaient Benjamin Constant, l'auteur du *Cours de politique constitutionnelle*, et Daunou, qui écrivit l'*Essai sur les garanties individuelles*.

Mais cette école trouva en face d'elle pour adversaire l'école des réformateurs démocrates.

curatelle; s'il veut se mettre à ma place pour choisir mon défenseur et mon homme de confiance, sous le prétexte qu'il sera plus éclairé que moi sur mes propres intérêts, alors, loin d'établir la liberté politique, il anéantit la liberté individuelle, et appesantit à chaque instant sur nos têtes le plus ridicule et le plus insupportable de tous les jougs. » (*Discours sur la suppression des offices ministériels*, séance de l'Assemblée constituante du 14 décembre 1790.)

« Chacun sait que les lois sont faites pour assurer à l'homme le libre développement de ses facultés, et non pour les enchaîner ; que leur pouvoir se borne à défendre à chacun de nuire aux droits d'autrui sans lui interdire l'exercice des siens. » (*Discours sur la liberté de la presse*. Paris, Imprimerie nationale, 1791, in-8° de 23 pages, et séance de l'Assemblée constituante du 22 août 1791.)

« Fuyez la manie ancienne des gouvernements de vouloir trop gouverner; laissez aux individus, laissez aux familles, le droit de faire ce qui ne nuit point à autrui ; laissez aux communes le pouvoir de régler elles-mêmes leurs propres affaires en tout ce qui ne tient pas essentiellement à l'administration de la république ; en un mot, rendez à la liberté individuelle tout ce qui n'appartient pas naturellement à l'autorité publique, et vous aurez laissé d'autant moins de prise à l'ambition et à l'arbitraire !! » (*Discours sur la Constitution*, séance de la Convention du 10 mai 1793.)

La première, dont les idées se rapprochent beaucoup des idées de Humboldt et découlent de la même source, revendique surtout la liberté. Si l'État la donne et l'assure, elle le tient quitte et laisse l'homme chargé du soin de se procurer à lui-même du mieux qu'il le pourra, mais sans violer le droit d'autrui, toutes les choses qui constituent le bonheur terrestre, dans le sens le plus large du mot.

La seconde école se proposait surtout d'assurer à chaque individu une part équitable dans la masse des biens sur lesquels la main de l'homme peut s'étendre. Mais cette répartition égale, il était impossible, selon eux, d'espérer la voir jamais se réaliser, si on laissait aux passions égoïstes de chacun l'action trop large qu'elles avaient eue jusqu'alors. Aussi, à l'imitation de leurs devanciers du XVIe siècle, confièrent-ils à l'État le soin de faire lui-même cette répartition. Pour cela ils le revêtirent d'une puissance à côté de laquelle aucune liberté, politique ou autre, ne pouvait vivre. Celle de l'individu, ils la considéraient comme une ennemie. Les plus modérés eurent pour elle une défiance profonde; la plupart l'étouffèrent sans remords. Dans leurs plans conçus en dehors de toute observation et de toute préoccupation des nécessités imposées par le régime existant, l'individu garrotté était conduit de gré ou de force par l'État vers un bonheur dont l'idéal variait avec les goûts et le tempérament de chaque réformateur.

Ils se mirent à refaire spéculativement la société. Il en est plus d'un qui poussa la hardiesse jusqu'à remanier l'homme moral et jusqu'à retoucher l'homme physique. On se rappelle les noms de Fourier, de Saint-Simon en France, de Robert Owen en Angleterre. L'obscurité de leurs écrits, jointe à la nature même de leurs idées, a fait que ces théoriciens n'ont eu qu'une influence fort indirecte sur la marche du siècle. Il faut les citer seulement pour rappeler combien les démocrates d'il y a cinquante ans étaient opposés aux idées libérales. Ils imposaient l'égalité, ils imposaient le bonheur ou plutôt leur bonheur à chacun.

Après 1830 le socialisme se transforma. Il devint plus intelligible, si je puis ainsi dire, mais son divorce avec la liberté ne cessa point.

Le gouvernement qui venait de s'établir était libéral, mais libéral au profit d'une classe seulement. Là étaient son inconséquence et son vice. Le peuple souffrant, affamé parfois, se voyant écarté, se croyant négligé ou dédaigné, en appela souvent à la force, et tout en criant : Vive la Liberté ! prêta ses bras et ses efforts à des chefs qui, s'ils étaient arrivés au pouvoir, auraient été bien plus autoritaires que les ministres de Louis-Philippe. Il est vrai qu'ils auraient usé de l'autorité en faveur et dans l'intérêt de tous. Liberté bourgeoise dans le gouvernement, hymnes libéraux chantés par l'insurrection, théories autoritaires guidant cette même insurrection, tel peut être défini le combat douloureux qu'eut à soutenir le gouvernement parlementaire de 1830 à 1848.

Le manifeste le plus connu des idées autoritaires et démocratiques alors en cours, se trouve dans un petit livre que M. Louis Blanc publia en 1839 sous ce titre : *Organisation du travail.* L'auteur n'a pas, sans doute, envers la liberté le mépris que professaient pour elle les écrivains du phalanstère et du saint-simonisme ; il fait, pour la concilier avec l'autorité démocratique qu'il défend, les plus louables, les plus éloquents efforts (voy. page 139 de la cinquième édition). Mais ces efforts sont vains. Qu'on en juge :

Après avoir établi la nécessité d'organiser le travail, voici, suivant l'auteur, les moyens à employer pour atteindre ce but. Ils sont exposés dans le dernier chapitre de l'ouvrage, celui qui est intitulé, *Conclusion* (p. 102) :

« Le gouvernement serait considéré comme *le régu-*
» *lateur suprême de la production,* et investi pour l'ac-
» complissement de sa tâche d'une grande force. —
» Cette tâche consisterait à se servir de l'arme même
» de la concurrence pour faire disparaître la concur-
» rence. — Le gouvernement lèverait un emprunt
» dont le produit serait affecté à la création d'*ateliers*
» *sociaux* (1), dans les branches les plus importantes
» de l'industrie nationale. — Cette création exigeant
» une mise de fonds considérable, le nombre des ate-
» liers originaires serait rigoureusement circonscrit;
» mais en vertu de leur organisation même, comme on
» le verra plus bas, ils seraient doués d'une force d'ex-
» pansion immense. — Le gouvernement étant consi-
» déré comme le fondateur unique des *ateliers natio-*
» *naux,* ce serait lui qui rédigerait les statuts. Cette
» rédaction, délibérée et votée par la représentation
» nationale, aurait forme et puissance de loi. »

On voit quelle part reste à l'individu et à son action.
Mais tout cela pour M. Louis Blanc est chose mauvaise : «De l'individualisme, dit-il, sort la concurrence;
» de la concurrence, la mobilité des salaires, leur in-

---

(1) Ces mots sont soulignés dans le texte de l'auteur.

» suffisance. » De leur insuffisance tous les malheurs, que l'État fera disparaître. Une fois l'atelier social monté par l'État, on devine ce qui arrivera : « Dans » toute industrie capitale, celle des machines, par » exemple, ou celle de la soie, ou celle du coton, ou » celle de l'imprimerie, il y aurait un atelier social » faisant concurrence à l'industrie privée. *La lutte se-* » *rait-elle bien longue? Non,* parce que l'atelier social » aurait sur tout atelier individuel l'avantage qui ré- » sulte des économies de la vie en commun, et d'un » mode d'organisation où tous les travailleurs, sans » exception, sont intéressés à produire vite et bien. » (Page 105.)

C'est parfaitement clair !

Et la diversité dans l'action, entraînant la variété et par suite la beauté du caractère humain, cette grande idée si chère aux individualistes, à Mirabeau, à Humboldt? — C'est bien de cela vraiment qu'il est question! Agir avec diversité? L'État fera qu'on agira avec *ensemble.* — Ce sera certes fort triste, mais de plus, si cela était impossible? — « Comment, reprend » M. Louis Blanc, faire agir avec ensemble les travail- » leurs, serait déclaré impossible dans un pays où l'on » voyait, il y a quelque vingt années, un homme ani-

» mer de sa volonté, faire vivre de sa vie, faire marcher
» à son pas un million d'hommes ! Il est vrai qu'il s'a-
» gissait de détruire. Mais est-il dans la nature des
» choses, dans le destin providentiel des sociétés, que
» produire avec ensemble soit impossible, lorsqu'il est
» si aisé de détruire avec ensemble ? Au reste, les ob-
» jections tirées des difficultés de l'application ne se-
» raient pas ici sérieuses, je le répète. On demande
» à l'État de faire, avec les ressources immenses et de
» tout genre qu'il possède, ce que nous voyons faire
» aujourd'hui à de simples particuliers. »

Ainsi, selon M. Louis Blanc, il faut donner à l'État
l'autorité qu'avait l'empereur, pour arrêter l'action
nécessairement dangereuse des tendances privées.
Cette omnipotence sera légitime à une seule condition : que l'égalité dans la répartition des travaux et
la distribution des biens soit par lui maintenue.

On peut dire que l'école socialiste suivit tout entière les tendances de M. Louis Blanc ; et plusieurs de
ses membres les exagérèrent.

Toutefois il se rencontra un homme qui, fort de
son désintéressement et de son honnêteté, se fit l'in-
terprète passionné des réclamations des classes souf-
frantes, et qui allia ou tenta d'allier avec ces réclama-

tions la défiance la plus jalouse contre les empiétements de l'État. Appartenant au socialisme, si on le considère simplement comme critique, il étudia avec conscience, dévoila avec audace les mystères et les iniquités de l'organisation sociale de son temps. On a reconnu Proudhon. Imbu, comme Humboldt, « du respect le plus profond pour la dignité intérieure de l'homme et pour sa liberté », il se porta le défenseur de l'individu contre tous ceux qui voulaient *donner à l'État une grande force d'initiative*, fouriéristes, saint-simoniens, communistes, démocrates autoritaires. Nul ne demanda plus énergiquement que lui la suppression de « cette cinquième roue du char de l'Humanité, qui » fait tant de bruit, et qu'on appelle, en style gouver- « nemental, l'État » (1). C'est lui qui, dans son ardeur décentralisatrice, disait en tête de sa grande œuvre de critique sociale : « Le plus parfait des gouverne- » ments serait la négation de tous (2). » Il faut l'entendre résumer, juger, bafouer les systèmes des réformateurs d'alors. L'ironie occupe dans sa critique une large place, mais cette ironie est du meilleur aloi;

(1) *Système des contradictions économiques*, t. I, ch. VII, p. 179. Édition de 1850.
(2) *Ibid.*, Prologue, t. I, p. 37.

elle ne marche jamais seule, elle ne se produit jamais qu'après que les raisons les plus sérieuses ont été sérieusement développées.

Il prend d'abord la démocratie autoritaire, et voici comme il la traite :

« Le système de M. Blanc se résume, dit-il, en trois » points : — 1° *Créer au pouvoir une grande force d'ini-* » *tiative*, c'est-à-dire, en langage français, rendre » l'arbitraire tout-puissant pour réaliser une utopie. — » 2° *Créer ou commanditer aux frais de l'État des ateliers* » *publics.* — 3° *Eteindre l'industrie privée sous la con-* » *currence de l'industrie nationale.* — Et c'est tout. — » M. Blanc ne saurait en disconvenir, son système est » dirigé contre l'industrie privée, et chez lui le pouvoir, » par sa force d'initiative, tend à éteindre toute ini- » tiative individuelle, à proscrire le travail libre. » L'accouplement des contraires est odieux à M. Blanc; » aussi voyons-nous qu'après avoir sacrifié la concur- » rence à l'association, il lui sacrifie encore la liberté. » Je l'attends à l'abolition de la famille (1). »

Proudhon passe au communisme. Il l'étudie dans Fourier, Saint-Simon, et dans M. Cabet, qui, dans les

_____

(1) *Système des contradictions économiques*, t. I, p. 231.

dernières années du règne de Louis-Philippe, se fit l'apôtre de cette foi mort-née. Il met en pleine lumière les puérilités du communisme ascétique, les turpitudes du communisme épicurien. D'autres avaient combattu cette utopie, Proudhon l'écrasa...... au dire d'un de ses plus illustres adversaires, Frédéric Bastiat (1) : « Le communisme....... est le dégoût du travail, l'ennui de la vie, la suppression de la pensée, la mort du moi, l'affirmation du néant. Le communisme dans la science, comme dans la nature, est synonyme de nihilisme, d'indivision, d'immobilité, de nuit, de silence : c'est l'opposé du réel, le fond noir sur lequel le Créateur, Dieu de lumière, a dessiné l'univers (2). »

Le socialisme non communiste ne lui échappe pas. Proudhon met le doigt sur ses vices, et par une ascension rapide, remonte jusqu'au vice primordial, jusqu'à la solution fausse donnée, par cette école, à la grande question examinée précisément dans le livre de Humboldt : « Le socialisme, dit-il, n'a pas compris que les » services publics, ou exécutés par l'État, coûtent fort

(1) A propos de l'incomparable *Lettre à mon ami Villegardelle*, *communiste*, qui forme le chap. XII des *Contradictions économiques*.
(2) *Ibid.*, t. II, p. 290.

» au delà de ce qu'ils valent ; que la tendance de la
» société doit être d'en diminuer incessamment le
» nombre ; *et que, bien loin de subordonner la liberté indi-*
» *viduelle à l'État, c'est l'État, la communauté qu'il faut*
» *soumettre à la liberté individuelle.* » (*Ib.*, t. II, p. 283.)

Et ailleurs : « La liberté individuelle devrait-elle
» être proscrite au nom de la liberté générale, laquelle
» se compose de la somme des libertés individuelles?
» Quel serait le motif de cette proscription? Liberté!
» charme de mon existence, sans qui le travail est
» torture et la vie une longue mort! C'est pour toi que
» l'humanité combat dès l'origine, c'est pour ton règne
» que nous sommes en travail de cette nouvelle et
» grande évolution. *Ne serais-tu donc que la mort de la*
» *conscience, sous le despotisme de la société?* et par
» peur de te perdre, faudra-t-il chaque jour que je
» t'immole? » (*Ibid.*, t. II, p. 276.)

Qu'on y prenne garde, ces éloquentes paroles dans
la bouche de Proudhon ne sont pas seulement un
dithyrambe sentimental. Elles renferment l'expression
enthousiaste d'idées fort arrêtées et mûrement réfléchies.

Mais, voyez l'influence envahissante de certaines
erreurs sur les esprits les plus élevés et les âmes les

plus droites. Proudhon, si plein d'ardeur dans son respect pour la personnalité et la liberté de l'individu, si défiant vis-à-vis de l'État, qu'il voudrait l'annihiler, Proudhon, dans d'autres endroits du même livre, et quand il combat d'autres adversaires, se montre défiant envers la liberté individuelle, qu'il nomme avec défaveur l'individualisme ; il concède alors à l'État un rôle positif considérable. S'il repousse rudement les communistes, les économistes, ces libéraux en matière industrielle et commerciale, et les parlementaires, ces libéraux en politique, n'ont guère à se louer de lui. Ce n'est point par la citation, bien facile à faire cependant, de quelques phrases détachées (1), que je veux faire voir les tendances contraires qui tiraillaient ce vigoureux esprit et le faisaient incliner tantôt vers la liberté, tantôt vers l'État. J'aime mieux faire apparaître ces hésitations, dont quelques-unes peuvent s'appeler des contradictions, en reproduisant quelques idées fondamentales de l'auteur et en faisant voir le germe du despotisme, qu'elles contiennent.

Proudhon individualiste et libéral nous est connu. Voyons dans quels embarras certaines de ses théories

(1) Voyez plus bas le chapitre x de Humboldt, page 152, note 2.

vont mettre son respect de l'individu et son amour de la liberté.

Ses commencements s'étaient signalés par une attaque furieuse contre la propriété. Plus tard le langage se tempéra, mais ses idées sur ce point restèrent bien longtemps les mêmes. Tandis que 'es socialistes respectaient la propriété et anéantissaient la liberté, Proudhon voulait anéantir la propriété et conserver la liberté. Il ne voyait pas que la première est tout à la fois la source et la garantie de la seconde. Le lien qui unit les deux droits est enfin devenu sensible à son intelligence. Vingt ans de méditations lui ont fait reconnaître son ancienne erreur, qu'il a loyalement rétractée. (Voy. *Théorie de la propriété*, 1865, chap. VI et VII.)

Cette contradiction n'est pas la seule. Ses écrits en renferment d'autres dans lesquelles il paraît avoir persisté.

Les socialistes, frappés et indignés des misères de la plus nombreuse partie du genre humain, avaient dit : « Ce qui existe, c'est l'anarchie : il faut *organiser* le travail et assurer au travailleur le juste payement de son ouvrage. L'État seul peut se charger d'une entreprise pareille ; qu'il s'en charge donc, et qu'il n'écoute pas les vaines réclamations des intérêts individuels. Ce que vous appelez la liberté, c'est la voie ouverte au privilége, à l'égoïsme, à l'accaparement, à la pauvreté. » Proudhon leur a dit leur fait : Vous êtes des despotes !

D'autre part, les économistes, depuis Adam Smith, le créateur de la science nouvelle, jusqu'à MM. Dunoyer, Blanqui et Michel Chevalier, ses éminents interprètes, mettaient au-dessus de tout la liberté. Les malheurs et les misères qu'elle ne pouvait empêcher ; le faible mis dans la main du fort ; le paupérisme grandissant ; la féodalité financière naissante, tous ces maux désolaient leurs cœurs. Chacun d'eux recherchait et proposait son remède. Mais tous voulaient conserver la liberté dans sa plénitude : « *Organiser le travail !* disaient-ils aux socialistes, mais c'est introduire le despotisme jusque dans l'atelier. Et puis qu'est-ce que cela ? *Le travail est tout organisé.* » Et Proudhon, les traitant aussi durement, leur disait : Vous êtes des anarchistes sans entrailles ; les ouvriers meurent de faim. Le travail est livré au désordre et à l'iniquité. Les choses ne peuvent pas demeurer telles. »

Et voici comment il résolvait cette *contradiction économique :* « *Le travail est organisé ?* Non, répondait-il, cela est cruellement faux. *Il faut organiser le travail ?* Non, ce serait le despotisme.... *Mais il faut que le travail* s'organise. (*Contradictions économiques*, t. 1, p. 49.)

Il faut que le travail s'organise ! Et le philosophe croyait avoir trouvé ainsi la formule conciliatrice qui assurerait tout à la fois, au peuple l'équitable distribution des richesses produites par lui, à l'individu la conservation de son indépendance. Mais qui donc devra organiser le travail ? Qui donc trouvera, rédigera, promulguera cette loi d'organisation réclamée aussi hautement par Proudhon libéral que par les socialistes autoritaires ? Qui en assurera l'exécution ? Qui la sanctionnera ? Il faut bien que ce soit quelqu'un. Ce ne doit pas être l'État, au dire de Proudhon ; que deviendrait l'individu ? que deviendrait la liberté ? Soit. Qui donc alors ? L'autorité communale ? Mais ce sera toujours l'autorité, ce sera toujours le despotisme. Et s'il faut que ma liberté soit tuée, peu m'importe qu'elle le soit par un gouvernement ou par une municipalité.

J'entends : ce sera la libre convention des individus qui se réuniront par groupes, et arrêteront entre eux cette loi d'organisation (1), portant non plus sur les

(1) Voy. *Système des contradictions économiques*, chap. vi : Du monopole, t. I, p. 265.

apports, mais sur le travail des associés. Fort bien. Mais je ne veux entrer dans aucun de ces groupes. Ayant foi dans ma force, je préfère l'isolement. Si vous prononcez contre moi le *compelle intrare*, vous devenez des socialistes purs ; vous anéantissez ma liberté. Si vous me laissez libre de demeurer à mes risques et périls en dehors de la convention, de deux choses l'une : ou je serai vainqueur, et bouleverserai, sans sortir de mon droit, votre prétendue organisation spontanée du travail...... ou je serai vaincu ; vos vastes associations écraseront mon industrie, et je serai contraint, sous peine de périr de faim, de devenir un des vôtres, et de me soumettre, en la maudissant, à cette loi que vous aurez rédigée sans m'entendre. Ce n'est plus le despotisme de l'État, ce n'est plus le despotisme de la commune ; c'est le despotisme des associations, aussi redoutable que les deux autres (1). Toujours la même conséquence, toujours la mort de la liberté individuelle (2).

La situation singulière de cet honnête esprit oscillant

(1) Voyez le chapitre III de Humboldt.

(2) Dix ans plus tard, Proudhon déclarait cette question *formidable* (*De la justice dans la révolution et dans l'Église*, étude première, chapitre II). Ses admirateurs reconnaîtront qu'il ne l'a point résolue rigoureusement par le principe de la mutualité, si bien exposé d'ailleurs dans la *Capacité politique des classes ouvrières*.

entre la liberté qu'il aime et les misères sociales qu'il voudrait à tout prix éteindre, représente assez bien la situation des différents partis politiques que la révolution de 1848 mit en présence.

Ce renversement bruyant, accompli au nom de la liberté, fit place à un gouvernement dont il serait injuste, ingrat et lâche, de méconnaître aujourd'hui les intentions excellentes.

Mais si la démocratie et la liberté politique devaient gagner à ce mouvement, il est certain que la liberté individuelle fut considérablement négligée. A ce point de vue, les traditions de la première Assemblée constituante de 1789 furent presque entièrement oubliées. La théorie qui tend à faire à l'État une large part de devoirs et de droits prévalut.

Le peuple reconquit des droits importants dont on l'avait depuis longtemps privé ; l'individu resta soumis à la souveraineté du nombre.

Les hommes chargés du pouvoir, ayant en face d'eux, pour ennemis plus que pour auxiliaires, les organes de la démocratie absolutiste dont nous avons reproduit les doctrines, comprirent que si les priviléges étaient menacés, la liberté l'était aussi. Ils ne voulurent pas se dessaisir d'une puissance que l'agitation du temps rendait nécessaire pour la conservation de la sûreté.

N'est-ce pas à cette époque que Proudhon engageait le gouvernement à porter aux droits privés, pour cause d'utilité publique, un coup injustifiable? Diviser toutes les créances en trois parts égales, conserver la première aux créanciers, faire cadeau de la seconde aux débiteurs, attribuer la troisième *à l'État !*

Par cette conduite du grand adversaire de l'État, on peut juger quelle dut être celle des réformateurs qui ne se piquèrent jamais du même respect pour les droits de l'individu.

L'ardeur fort concevable des discussions jeta l'alarme ; et ceux qui avaient cru tout d'abord assister à l'avénement de la démocratie libérale, n'eurent bientôt sous les yeux que la lutte ouverte de plusieurs dictatures en compétition.

L'une d'elles l'emporta.

Après 1851, les philosophes purent réfléchir tout en paix à la nature et au caractère de la liberté. Sa présence ne gênait plus ceux qui avaient à dire d'elle du bien. Elle demeura quelque temps à l'étranger.

Elle revient vers nous, à pas prudents, mais d'une marche continue. De 1859 à 1867, nous avons compté avec joie chacune de ses étapes. L'accueil que nous lui faisons à son approche doit encourager la divinité un peu sauvage, qu'un poëte appelait, il y a vingt ans, *cette belle inconnue.* Qu'elle s'enhardisse, qu'elle ose s'asseoir à notre foyer. Nous savons aujourd'hui que les clameurs lui sont odieuses, qu'elle exige une hospitalité paisible. Celle que nous lui préparons est calme et en tout digne d'elle. Longtemps nous l'avons aimée en amants plus enthousiastes que sages. Les ardeurs et les ignorances de notre passion l'ont effarouchée. Aujourd'hui notre amour est plus profond et plus maître de lui. L'heure de la possession a sonné. Nous sommes prêts pour les épousailles indissolubles.

Telle est jusqu'en 1851 l'histoire de cette grande question de la liberté que Humboldt s'était silencieusement posée à la fin du siècle dernier. Voyons comment il l'avait résolue, et reconnaissons la part d'influence directe et indirecte que sa solution a exercée depuis qu'elle est connue, sur les idées libérales en Europe.

Voici comment elle est formulée par l'auteur :

L'État doit ne jamais se préoccuper de donner aux citoyens le *bonheur,* le *bien positif,* le *bien-être ;* il doit leur assurer le bien *négatif,* la *sécurité,* unique chose qu'ils ne puissent pas se procurer tout seuls.

De cette double proposition fondamentale, justifiée dans la première partie du livre, et qui, on le voit, est le contre-pied de toutes les théories socialistes, découlent comme autant de conséquences les solutions diverses contenues dans la seconde partie (chapitres x à xiv). En les donnant, l'auteur s'est efforcé de déterminer et d'assurer l'application de son grand principe libéral.

Selon la juste expression de M. Laboulaye, ce livre, qui était vieux de soixante ans, se trouva être une nouveauté. Les idées qu'il contient attirèrent de toutes parts l'attention, et Humboldt, si préoccupé pendant sa vie de faire paraître ses ouvrages au moment propice, n'en eût pas choisi de plus favorable pour le succès de celui-là. Ces idées ne furent pas universellement adoptées en Allemagne ; et celui même qui les avait recueillies et publiées avec un soin si pieux, s'en sépara avec une digne et respectueuse indépendance.

Après avoir constaté la valeur de l'œuvre retrouvée, et comme document pour servir à l'histoire de la vie intérieure de Humboldt, et comme ornement pour la littérature allemande, M. Cauer continue : « Ce n'est » pas que le niveau politique de cet écrit puisse satis-

CHRÉTIEN.   d

» faire en quoi que ce soit la sociologie actuelle. Cette
» idée, de ne considérer l'État que comme un mal
» nécessaire, que l'on doit ramener aux proportions
» les plus étroites qu'il se peut, a été remplacée de-
» puis longtemps par une idée plus profonde et plus
» vraie. Si la route scientifique que Humboldt a suivie,
» d'accord avec son époque, le conduit à lutter contre
» l'État, et à le considérer comme un ennemi, ce con-
» flit s'est terminé par une grande victoire théorique :
» Grâce à cette victoire, *notre puissance à nous est sortie*
» *de la puissance même qui nous combattait.* Notre
» idéal politique est tout autre que celui de Humboldt.
» *Notre but n'est pas de mettre notre volonté à l'abri de*
» *la puissance de l'État ; notre but est de la faire passer*
» *dans cette puissance.* »

Ces lignes nous prouveraient, si nous ne le savions
déjà, qu'il existe encore en Allemagne des esprits favorables aux dictatures. C'est la douleur causée par
le morcellement séculaire de leur pays, c'est la haine
du particularisme égoïste et intrigant qui égare ces
hommes bien intentionnés et les pousse à leur insu au
delà de la voie qui conduit les peuples à l'unité et à la
liberté. Mais si l'œuvre posthume de Humboldt n'a
point modifié les opinions autoritaires de son éditeur,

il n'en est pas moins vrai qu'elle a trouvé des lecteurs moins récalcitrants.

En 1854, M. Œtvœs, écrivain et politique hongrois éminent, fit paraître à Leipzig un livre considérable intitulé : DER EINFLUSS DER HERRSCHENDEN IDEEN DES XIX JAHRHUNDERTS AUF DEN STAAT : *Influence des idées régnantes au XIXe siècle sur l'État*. Ce livre est plus étendu que celui de Humboldt. Il embrasse trois grandes idées sociales. Tandis que celui-ci n'en étudie qu'une seule, la liberté, le publiciste hongrois en a approfondi, outre celle-là, deux autres, la nationalité et l'égalité. L'auteur tient compte ainsi de deux faits historiques immenses, dont l'un avait été entièrement, l'autre en trop grande partie négligé par Humboldt. Mais en ce qui concerne la vie individuelle, M. Œtvœs la défend, contre la réglementation et les envahissements de l'État, avec le même soin jaloux. Sur ce terrain, ces deux esprits distingués, appartenant à deux époques relativement éloignées l'une de l'autre, à deux nations différentes de génie et de tendances, se rencontrent et adoptent avec la même solution fondamentale la plupart des conséquences qu'elle entraîne.

M. Max Wirth, dans l'introduction philosophique d'un ouvrage sur l'histoire nationale de l'Allemagne (1), étudie avec profondeur ce problème de la compétence de l'État. Il recherche dans cette introduction les lois qui favorisent le développement et la civilisation des peuples. Parmi elles il met au premier rang la fréquence des occasions offertes à l'homme de lutter contre la nature et le climat. Quand il sait les mettre à profit, son corps et son caractère deviennent plus énergiques. Il crée en lui la source d'où découle d'abord la liberté individuelle, puis la liberté politique, qui en est la conséquence, puis la liberté économique, qui en est un des éléments. Les travaux antérieurs de M. Wirth sur cette dernière branche des sciences sociales donnent au livre que nous avons sous les yeux, et dont nous parlons en ce moment, une valeur pratique considérable (2).

Le premier pas fait par Humboldt ressuscité, hors de son pays, conduisit son livre en Angleterre. Un économiste philosophe, dont l'éloge, si court qu'on le fît, serait superflu maintenant, M. John Stuart Mill, livra au public en 1859 un écrit délicieux de bon sens ori-

(1) *Deutsche Geschichte von der ältesten Zeit bis zur Gegenwart.* Frankfurt am Mein, 1862.
(2) M. Wirth est connu comme économiste, notamment par ses deux livres *Grundzüge der Nationalœconomie*, et *Geschichte der Handelskrisen ;* comme historien publiciste par son *Entwickelungsgeschichte der deutschen Nationaleinheit.*

ginal : *On liberty*. Les lecteurs français le connaissent, grâce à un écrivain qui n'est pas seulement un traducteur élégant et fidèle, et dont nous aurons à parler bientôt, M. Dupont-White. La traduction de M. Mill est précédée d'une préface où il déploie vis-à-vis de son auteur une indépendance égale à l'indépendance de M. Cauer vis-à-vis de Humboldt. Chacun sait que M. Dupont-White n'est pas individualiste ; la liberté qu'il estime, et avec grande raison, mais qu'il a tort d'estimer seule, est la liberté politique. Quoi qu'il en soit, il est certain que le livre de Humboldt a très-directement inspiré M. Mill. Je n'en veux pour preuve que l'épigraphe de son livre, si énergiquement repoussée par M. Dupont-White, et que l'auteur a puisée dans l'*Essai* de l'écrivain allemand : « *Le grand principe, le principe dominant auquel aboutissent tous les arguments exposés dans ces pages, est l'importance essentielle et absolue du développement humain dans sa plus riche diversité.* » Partout, en effet, nous trouvons le même respect pour la dignité de l'homme, pour la liberté, pour les droits de l'individu. Mais cette liberté, ces droits, que Humboldt défend contre les empiétements du pouvoir constitué ou de l'État, M. Mill les défend contre la société, contre l'opinion publique, contre ce

d.

qu'on áppelle *le monde*. C'est là le côté par lequel le livre anglais se distingue du livre allemand. Dans l'un et dans l'autre, au reste, même hauteur de talent, avec une puissance de généralisation théorique et de déduction logique plus remarquable dans celui-ci ; un sens pratique plus délié, un style plus attrayant et plus limpide dans celui-là. Si l'Angleterre est plus que la France et plus que l'Allemagne en possession de la liberté individuelle, il n'en faut pas conclure qu'un livre comme celui de M. Mill n'est pas un service signalé rendu chez nos voisins à la cause de la démocratie libérale. L'Angleterre a eu son Owen ; aujourd'hui elle a ses radicaux dont la tendance ressemble fort à celle de nos socialistes. Je la trouve constatée et combattue dans un article récent du journal le *Standard*, n° du 16 janvier 1867, en réponse à un article du *Spectator* (1) : «Organisation ! c'est l'éternel refrain

(1) « Organisation » is the cuckoo cry of socialism, and the world has been told too often by ardent spirits that they have a plan for making everybody happy and rich, to be astounded at any new one. But unfortunately a good many signs have been given of late that the opinions expressed by the *Spectator* are held by a large portion of the Radical party, by that very portion to which a sweeping enfranchisement would give absolute power. Every now and then crops up the statement that legislation is responsible for all the evils of the country, and that legislation can cure them, and the speakers of the Reform League and trades-unions — those, we mean, who are sincere advocates of Reform — although they do not formulate

» du socialisme ; c'est son chant du coucou. D'ardents

» esprits ont répété au monde, assez souvent pour ne

» plus l'étonner, qu'ils avaient un plan pour rendre

» chaque homme heureux et riche. Par malheur on a

» pu reconnaître depuis longtemps, et à plus d'un signe,

their hopes so clearly as the *Spectator*, — evidently look upon an extension of the franchise as the means to something like the same ends. What they want is not liberty for the people, but greater forces of compulsion against them. It is « compulsory education », compulsory hygiene, compulsory providence, compulsory every thing. Liberty cannot be trusted. Liberty has brought all our ills. More government is the cry, as if the world has not been governed enough, and government had always, whether of a democracy or a tyranny, proved itself incapable of making people prosperous, happy, intelligent. At a moment when Germany is throwing off those fetters of over government which she regards as the cause of her long minority, when in every one of her States her ablest men are asking that the action of the administration shall be more and more curtailed, when all the whole intelligence of France, is struggling to throw off what it declares to be the real gag upon the development of national prosperity, our English Radicals are clamouring for more government, and are diligently picking up for home use the cast off trammels of our neighbours. Government may do something to assist people to rise out of pauperism and ignorance, but it can no more extinguish them than it can stay the course of the forces of nature. It may take away the property of the rich and distribute it among the poor, but that will not extinguish but extend pauperism. How M. Cobden's friend and admirer, Bastiat, would be startled, if he could return to life, to find that in England, the privileged land of common sense, the socialism he combated so deeply tinctured the whole programme of English Liberals, and especially possessed the men who were wont to worship M. Cobden as a deity. Foreign observers of our political life, already declare themselves startled by the favour which the doctrines they thought generally exploded are obtaining in England, which, once the land of self-government, seems in a paroxysm of weakness to be falling into a belief that the State can and ought to do everything.

» que les opinions exprimées par le *Spectator* sont
» celles d'une fraction considérable du parti radical,
» de cette fraction à laquelle l'extension anarchique
» du droit de suffrage donnerait le pouvoir absolu. A
» chaque moment, nous voyons sortir de terre l'affir-
» mation que la législation est responsable de tous les
» maux du pays, que la législation peut les guérir; et
» les orateurs de la ligue réformiste et commerciale,
» nous parlons de ceux qui sont les défenseurs sincères
» de la réforme, sans formuler leurs espérances aussi
» clairement que le *Spectator*, n'en regardent pas moins
» l'extension des franchises comme un moyen d'arriver
» au même but. Ce qu'ils désirent, ce n'est pas la
» liberté pour le peuple, c'est une augmentation de
» moyens de contrainte à son égard. C'est « l'éducation
» forcée », l'hygiène forcée, la prévoyance forcée, tout
» forcé. On ne saurait se fier à la liberté. La liberté a
» causé tous nos maux. Du gouvernement, plus de
» gouvernement encore, voilà ce qu'on demande à
» grands cris; comme si le monde n'avait pas été assez
» gouverné, comme si le gouvernement, démocratie ou
» tyrannie, n'avait point partout et toujours prouvé
» son impuissance à rendre le peuple prospère, heu-
» reux, intelligent. Au moment où l'Allemagne se

« » débarrasse de ces entraves gouvernementales, qu'elle
« » regarde comme la cause de sa longue minorité ; au
« » moment où dans chacun des États qui la composent,
« » les hommes les plus distingués demandent que l'ac-
« » tion de l'administration soit de plus en plus res-
« » treinte; au moment où la France tourne tous les
« » efforts de son intelligence à se dégager de ce qu'elle
« » déclare tout haut être l'obstacle réel au développe-
« » ment de sa prospérité nationale, nos radicaux anglais
« » demandent du gouvernement, et encore du gouver-
« » nement. Ils mettent toute leur finesse et leur dili-
« » gence à ramasser pour notre propre usage les liens
« » que nos voisins jettent hors de chez eux. Le gouver-
« » nement peut faire quelque chose pour aider le peuple
« » à sortir de la misère et de l'ignorance, mais il ne
« » peut point anéantir ces fléaux, pas plus qu'il ne peut
« » arrêter le jeu des forces de la nature. Il peut faire
« » main basse sur les biens des riches et les distribuer
« » aux pauvres; il n'éteindra pas, il étendra le paupé-
« » risme. Si l'admirateur et l'ami de Cobden, si Bastiat
« » revenait à la vie, comme il s'étonnerait en voyant
« » qu'en Angleterre, dans la patrie du bon sens, le
« » socialisme tant combattu par lui est au fond du pro-
« » gramme de nos libéraux, et qu'il s'est emparé de ces

» hommes même qui honoraient M. Cobden comme
» un dieu. Les étrangers, observateurs de notre vie
» politique, se déclarent déjà étonnés de la faveur
» accordée en Angleterre à des doctrines qu'ils consi-
» déraient comme condamnées. Il semble que le pays
» du *self-government*, dans un paroxysme de faiblesse,
» en arrive à penser que l'État peut et doit tout
» faire. »

Toutefois, si les radicaux anglais attirent sur eux
l'étonnement des vrais amis de la liberté, ils ont une
excuse; la même qu'eurent certains socialistes français
sous la Restauration et le gouvernement de juillet. Aujourd'hui encore, chez nos voisins, de même que chez
nous, jusqu'en 1848, la liberté politique, sauvegarde de
l'indépendance individuelle, est un privilége, appartenant à beaucoup d'hommes, il est vrai, mais dont beaucoup d'hommes sont exclus. Les attaques des radicaux
contre cette inégalité politique sont justes si elles tendent à faire de la liberté le patrimoine de tous. Ces attaques sont mauvaises, elles méritent les reproches amè-
rement exprimés par le publiciste anonyme que nous
venons de citer, si elles tendent vraiment à remplacer
l'initiative individuelle par l'action d'un pouvoir démocratique trop soigneux, c'est-à-dire étouffant. La vérité

est du côté de ceux qui veulent que la vieille terre britannique reste toujours, comme dit Oxenstiern, « le
» purgatoire des partisans de la contrainte, et le paradis
» de ceux de la liberté » (1).

Quoi qu'il en soit d'ailleurs sur ce point, il est facile
de voir, par la situation intérieure de l'Angleterre, par
les écrits de ses publicistes, et spécialement par ceux
de John Stuart Mill, le plus grand de tous, que la cause
défendue par Humboldt dans son *Essai* passionne
depuis dix ans les esprits de l'autre côté du détroit.

On sait si elle les a heureusement passionnés de
l'autre côté des Alpes. MM. Minghetti et Giorgini se
sont inspirés de cette grande idée (2). Mais si elle
triomphe dans les livres, combien elle triomphe
davantage dans les faits ! Les hommes d'État qui ont
préparé, accompli, consommé l'affranchissement de
leur pays, avaient bien vu que la liberté nationale et
politique ne serait jamais durable tant que la valeur
individuelle de leurs compatriotes ne se serait point
élevée, tant que l'Italien ne vaudrait pas mieux. C'est
là ce qui fait la gloire de d'Azeglio gourmandant la

(1) *Pensées*, De l'Angleterre.
(2) Voy. *Des rapports de l'économie politique avec le droit et la
morale*, par M. Minghetti, traduction française. — *La Centralizza-
zione*, par M. Giorgini.

turbulence stérile, de Manin prêchant le respect à la
loi, de Cavour excitant par ses écrits économiques l'activité industrielle, de Lamarmora, de Garibaldi créant
la bravoure du soldat italien sous les murs de Sébas-
topol et dans les plaines de l'Uruguay. Les adversaires
de cette nation croient l'humilier en lui rappelant, de
façon fréquente, mais peu chevaleresque, les secours
qu'on lui a fournis. Elle avait deux ennemis, les sol-
dats étrangers et les vices italiens. La France l'a aidée
à chasser les premiers; l'Italie n'a pas eu d'alliés pour
vaincre les seconds, et elle les a vaincus. Le peuple
italien n'avait pas seulement à conquérir son territoire
national, il lui fallait surtout sa dignité morale. Voyez
son bon sens, son activité, sa modération, et dites s'il
ne l'a pas tout seul noblement conquise.

Le problème de la liberté individuelle, du développement de toutes les facultés humaines, paraît avoir
peu préoccupé l'Espagne. Je le trouve cependant nettement posé dans un éloquent ouvrage de polémique
religieuse dont l'auteur Jacques Balmès (1) représente

(1) *Le protestantisme comparé au catholicisme, dans ses rapports
avec la civilisation européenne*, traduction française, Paris, 1852.
Chapitre XXI : De l'individu. Du sentiment de l'indépendance personnelle d'après Guizot. — Chap. XXII : De quelle manière l'individu se
trouvait absorbé par la société antique.—Chap. XXIII : Des progrès de
l'individualité sous l'influence du catholicisme.

assez bien, dans son pays, l'école catholique et libérale de Lacordaire et de Ventura.

En France, après 1851, le premier moment de silence une fois passé, nous avons de nous-mêmes trouvé, ou plutôt retrouvé ce grand problème, éclairé désormais de la lumière du suffrage universel. En 1856, Tocqueville publiait son livre *l'Ancien régime et la Révolution.* Sa *Démocratie en Amérique*, dont la première édition remonte à 1837, acquérait une jeunesse nouvelle et attirait plus que jamais les lecteurs.

En 1857, M. Émile de Girardin publiait, sous ce titre un peu trop général *la Liberté*, une polémique qu'il venait de soutenir contre M. de Lourdoueix sur une question large, mais spéciale : le droit de punir. En tête de ses lettres, si paradoxales, hélas ! M. de Girardin plaça une préface qui ne l'est guère moins, mais dont la première partie est un document pour l'histoire contemporaine des idées libérales : « La liberté, dit-il, » est certainement le nom qui s'est rencontré le plus » souvent sous ma plume. A peine un volume suffirait-il » à la réunion de tout ce que j'ai écrit pour l'expli- » quer, la définir, la revendiquer, la défendre, la justi- » fier. Quoique je l'aie toujours sincèrement aimée, » énergiquement défendue, je dois convenir que je ne

CHRÉTIEN.   *e*

» l'ai pas toujours comprise aussi clairement qu'elle
» m'apparaît après vingt années d'études et de con-
» troverses. Ce n'est que par une succession de transi-
» tions opérées sur moi-même, transitions dont on re-
» trouve facilement les traces dans ce que j'ai écrit, ce
» n'est que graduellement que je suis arrivé à me faire
» de la liberté l'idée précise que j'en ai maintenant.

» Par liberté, j'entends l'aplanissement immédiat ou
» graduel de tout ce qui fait obstacle au développe-
» ment et à la plénitude de la puissance individuelle.

» Par liberté, par puissance individuelle, j'entends
» donc la restitution à l'individu de tout ce qui lui a
» été indûment pris par l'État. »

Je ne pousse pas la citation plus loin. Le faire serait
s'exposer à rencontrer des opinions très-personnelles
à l'auteur. Si l'on s'en tient aux paroles que je viens de
rapporter, on croit entendre non un homme isolé, mais
le génie même du temps présent. Cette connaissance
précise de la vraie liberté, de la liberté que je puis appeler foncière, a été développée au milieu de nous par
des voix trop connues pour qu'il soit utile, trop nombreuses pour qu'il soit possible de les toutes mentionner.

Dans cette bonne œuvre, la part de M. Laboulaye a été
considérable. Ses travaux sur les États-Unis ont eu pour

but de nous proposer, pour résultat de nous faire bien connaître le meilleur exemple que nous puissions suivre.

M. Jules Simon, après avoir répandu dans la société des idées philosophiques saines et vivifiantes, se décidait en même temps à aborder les régions de la politique. Ses deux volumes sur la *Liberté*, réédités hier sous une forme nouvelle, contiennent l'analyse, l'histoire, la classification de toutes les libertés. L'auteur nous décrit leur nature, nous raconte les atteintes qu'elles ont subies, les luttes dont elles furent l'objet; il en retrouve les titres; il fait apparaître à nos yeux le lien qui les unit. Séparées, combien elles sont faibles ! Reliées en faisceau, comme elles seraient indestructibles ! On a courtoisement reproché à ce beau livre de ne contenir aucune exposition de principes. Sans doute la partie spéculative y occupe une place restreinte. Mais si les principes n'y sont pas groupés d'une manière scientifique, ils s'y trouvent cependant, et, pour être séparés, ils n'en sont pas moins puissamment formulés. « Quand il n'y a dans un pays que l'État d'expérimenté et d'agissant, c'est un grand malheur pour l'État et pour le pays » (t. II, p. 113, édit. de 1858). Et ailleurs : « L'État est institué pour me faire jouir de ma liberté et me protéger contre la vio-

lence, et non pour opprimer ma liberté, pour faire de
moi une machine. L'État ne peut jamais demander à
ma liberté que le sacrifice strictement nécessaire à la
garantie de la liberté qui me reste.» Et puis, ne l'ou-
blions pas, M. Jules Simon a voulu demeurer un vul-
garisateur; il connaît bien l'esprit de ses concitoyens;
il a voulu que son ouvrage fût populaire et fécond.
Qu'il jouisse de son succès, et qu'il en soit remercié.

Dans son livre *De la justice dans la révolution et dans
l'Église*, Proudhon renforça sur certains points la critique des *Contradictions économiques*. Toutefois il paraît
conserver toutes les perplexités qui l'obsédaient
en 1847. Dans le livre de 1858, il affirme la liberté, et
la liberté individuelle plus énergiquement que jamais,
et en même temps il appelle de tous ses vœux une
organisation de la justice, irréprochable en morale,
mais peu compatible avec la conservation des libertés
légitimes, notamment de la liberté économique (voyez
surtout *Etude douzième*, conclusion).

Le nom de M. Vacherot ne saurait être passé sous
silence. Son substantiel ouvrage *la Démocratie* est de
nature à rendre de vrais services. Malheureusement le
titre est trop exact, et l'on comprend, après avoir lu
le livre, que l'auteur n'ait pas osé l'appeler *la Démo-*

cratie libérale. M. Vacherot, sans être socialiste, fait trop peu de cas de la liberté *individuelle ;* il partage la tolérance de M. Dupont-White pour l'État, et c'est chose curieuse de l'entendre proclamer sur ce point, avec cet écrivain, une communauté d'opinions qu'ils sont loin de conserver en général (1). M. Vacherot trouve toujours des raisons pour écarter l'exemple des États-Unis. C'est que l'histoire de ce grand peuple est un arsenal inépuisable pour les défenseurs de la liberté ; c'est un magasin d'instruments de gêne pour tous les autoritaires.

C'est pendant cette féconde période de notre littérature politique que l'*Essai sur les limites de l'action de l'État* par Guillaume de Humboldt commence de nous parvenir. Nous en eûmes la première connaissance par M. Dupont-White et la traduction qu'il donna du livre de John Stuart Mill, où les idées du philosophe allemand sont souvent reproduites et parfois discutées.

En 1860, quatre ans avant la publication de l'*Étude* de M. Challemel-Lacour, M. Laboulaye donna une analyse exacte du livre de Humboldt dans un opuscule en tête duquel il inscrivit le titre adopté par notre auteur :

(1) Comp. la *Démocratie* de M. Vacherot (Paris, 1860) avec les ouvrages de M. Dupont-White : *L'individu et l'Etat,* et *la Décentralisation.*

L'État et ses limites. Depuis lors il s'est souvent inspiré de lui, et pouvait-il mieux faire? Quand il rédigea le programme du parti libéral (1), il prit pour devise cette pensée de Gœthe : « Le meilleur gouvernement est celui qui apprend aux hommes à se gouverner eux-mêmes. »

Sous l'influence de ces idées, grâce à l'autorité nouvelle qu'elles tiraient du grand nom qui les couvrait, grâce aussi au réveil de la liberté politique, les libertés individuelles trouvèrent de plus nombreux défenseurs parmi les représentants des sciences sociales positives, parmi les économistes et les jurisconsultes.

MM. Baudrillart et Batbie firent voir dans leur enseignement oral et dans leurs livres combien ces libertés profiteraient au développement de notre richesse.

M. Bertauld écrivit sa *Liberté civile* (1864). Il s'appliqua, en se détachant de toute question de forme ou de dynastie, à rechercher au milieu des théories si diverses des écrivains libéraux, celles qui satisfont la logique. Cette tâche était difficile : tout d'abord la science de la liberté, de même que le bon sens, paraît chose très-simple et à la portée de chacun; mais les occasions où il faut appliquer cette science sont tellement innombrables, que celui-là est difficile à trouver

(1) *Le parti libéral, son programme et son avenir*. Paris, Charpentier, 1863.

qui n'a point commis d'erreur sept fois le jour. Si délicate que fût cette tâche, M. Bertauld l'a remplie avec rectitude et sûreté. Si vous vous trouvez en désaccord avec lui sur une conséquence, soyez sûr que la cause en est dans le choix du principe, point dans la déduction qu'il en a tirée; car, ses principes une fois admis, il est impossible d'attaquer le raisonnement qu'il en fait découler. Sa critique puissante et piquante est toujours courtoise... Je m'arrête et interromps ici l'appréciation que je voudrais donner de ce livre. Ceux qui liront jusqu'au bout cette notice en verront la cause. J'aime mieux rapporter le jugement d'un illustre ami de la liberté, qui disait après l'avoir lu : « Ce livre est un de ceux que le parti libéral aurait le plus d'intérêt à répandre. »

Depuis 1860, ce ne sont pas seulement les hommes nouveaux et indépendants de tout passé politique qui ont été atteints par le souffle des idées individualistes. D'anciens ministres, d'anciens chefs de parti se sont faits les interprètes et les champions de ces droits peu prisés par eux jadis.

M. Guizot s'accuse sévèrement dans ses *Mémoires* d'avoir empêché l'exercice du droit de réunion.

M. Thiers inaugure sa rentrée dans la politique active, en définissant avec netteté, en réclamant avec énergie tout un ensemble de libertés qu'il appelle avec raison primordiales et nécessaires.

M. Louis Blanc lui-même, dans une lettre insérée le 10 novembre 1866 au journal *la Presse*, tempère en termes excellents l'ancienne rigueur de ses idées autoritaires, et arrive à un éclectisme qui leur est déjà bien préférable. « Toutes les fois, dit-il, que l'intervention » de l'État est en opposition avec le libre développe- » ment des facultés humaines, elle est un mal. Toutes » les fois au contraire qu'elle aide à ce développement, » elle est un bien. Ainsi, par exemple, elle est un bien » quand par l'instruction gratuite, elle rend *possible* chez » l'enfant du pauvre le développement de l'âme et de » l'intelligence, condition première de la liberté. »

Le caractère général, mais non universel de ce mouvement paisible auquel nous avons assisté, et que nous avons essayé de dépeindre, est celui-ci : Indifférence pour les formes politiques. Certains, et des meilleurs, à l'exemple de Guillaume de Humboldt dans sa jeunesse, élèvent cette indifférence à la hauteur d'un principe. C'est là, je pense, une erreur. De calmes esprits la repoussent aujourd'hui, et Humboldt lui-même, devenu plus expérimenté et plus indépendant, fut le premier à la reconnaître. Sans doute, telle ou telle forme de gouvernement ne donne directement aux citoyens ni la liberté individuelle, ni la liberté politique. Elles peuvent exister l'une et l'autre sous des gouvernements non constitutionnels, cela est incontestable et prouvé par l'histoire. Mais ce que l'on oublie, et ce qui fait l'importance de ces formes, c'est qu'elles *garantissent* la conservation de la liberté politique, qui elle-même *garantit* ce que j'ai appelé la liberté foncière, l'inviolabilité des droits de l'individu. Si vous acceptez l'absence de formes, vous ne perdrez pas par cela même la liberté politique, mais celle-ci ne vous sera plus assurée, et votre liberté individuelle qu'elle protége et garantit sera dans l'avenir précaire et démantelée devant toutes les invasions. J'invoquerai en faveur de ce dire une autorité non suspecte, celle de Napoléon. Dans la séance du conseil d'État du 16 frimaire an X, il disait : «Les formes sont la garantie » nécessaire de l'intérêt particulier. — *Des formes ou* » *l'arbitraire, il n'y a pas de milieu.* C'étaient des » temps barbares que ceux où les rois assis au pied » d'un arbre jugeaient sans formalités. Il faut que per- » sonne ne puisse craindre qu'une loi ne vienne lui » enlever son enfant (1). » Ces paroles de l'empereur

(1) Voy. Locré, t. VI, p. 469.

e.

tombent à plomb sur la théorie de l'indifférence, car les formes politiques protégent l'homme contre l'arbitraire de l'État, comme les formes judiciaires le protégent contre l'arbitraire du juge.

Il est un autre côté par où le libéralisme individualiste, tel du moins qu'il est formulé par Humboldt, me paraît attaquable.

Suivant lui, l'État ne doit se préoccuper que de maintenir la *sûreté*, la liberté; il ne doit rien faire pour procurer directement aux citoyens le *bien positif*, le *bien-être*, le *bonheur*. Et Humboldt donne à ces mots un sens absolu, indivisible (1). Mais le bien positif se compose de deux parties : le nécessaire et le superflu. Quant à ces choses qui composent le superflu, qui rendent la vie luxueuse, large, aisée, l'État ne doit jamais rien faire pour les procurer directement aux citoyens. Les efforts qu'il dirigerait vers ce but entraîneraient tous les inconvénients énumérés par Humboldt (ch. III), et sur ce point il est impossible de se séparer de ses idées sans tomber dans le socialisme. Mais à côté du superflu, et avant lui, est le *nécessaire*, l'*indispensable*, composé de cette faible quantité de biens, sans la possession desquels l'existence physique de l'homme est

(1) Voy. chapitre III.

impossible. Or, quand sous l'influence d'événements de force majeure que tous subissent et dont personne n'est responsable, des citoyens, en trop grand nombre pour que la charité privée puisse les secourir efficacement, sont dans l'absolue impossibilité de se procurer ce nécessaire, n'est-ce pas un devoir pour l'État de faire tout ce qui est en lui pour donner ces biens indispensables à l'homme qui, livré à lui seul, ne peut plus se les procurer? Ne pas le reconnaître serait forcer l'État à assister d'un cœur impassible à la mort de ses membres. Cette erreur, déjà si répugnante en elle-même, donnerait aux socialistes autoritaires un avantage qu'ils ne manqueraient pas de saisir et dont ils profiteraient à bon droit.

Que si l'on voulait affranchir l'État de cette obligation en lui conseillant de laisser faire la charité, la vertu individuelle par excellence, toujours vivace chez les peuples libres, cette noble réponse ne saurait satisfaire aux terribles exigences de la réalité. Supposer qu'il est sur terre une nation où la pitié puisse mourir dans le cœur de l'homme serait outrager gratuitement le genre humain et Dieu qui l'a créé. Mais si la charité peut secourir la misère accidentelle et restreinte, quels que soient son génie, son activité généreuse, son dévouement, elle est impuissante à éteindre la misère devenue maladie chronique et universelle dans une société. La charité peut guérir la pauvreté, elle ne peut guérir le paupérisme. Demandez à l'Angleterre si cela n'est pas vrai.

En face de ce mal social, le pouvoir social a le devoir rigoureux de le combattre directement et par une action positive.

Il le doit au nom de l'humanité.

Il le doit pour conserver la sûreté, qui sans cela serait bientôt détruite ; car, c'est Humboldt qui le dit, la sûreté et le bonheur se rattachent étroitement l'un à l'autre (chap. III).

Il le doit pour se conserver lui-même.

Tel est le problème, telle est la solution, telle est son histoire et son mérite.

Que dire maintenant des qualités du livre? Je parlerai d'abord de celle qu'il est le plus difficile d'apprécier à la seule lecture d'une traduction. Le style de l'original est ferme, malgré la longueur fréquente des périodes, caractère propre au génie de la langue allemande. D'une vraie beauté littéraire dans les développements épisodiques, il devient scientifique et rigoureusement exact dans les déductions et les résumés.

A l'harmonie des sons l'auteur préfère toujours la rectitude des expressions. Un mot répété ne l'effraye pas,
et il a conservé à dessein plusieurs aspérités qui lui
avaient été dénoncées par le crayon sévère de Schiller.
Sa gravité ne se permet jamais la raillerie, mais elle
sourit parfois et non pas sans malice. On peut derrière
le philosophe entrevoir l'écrivain qui fut « l'un des
hommes les plus spirituels en tout pays » (1).

Le lecteur verra facilement quelle logique relie entre
elles les parties de ce tout. Il sera frappé, effrayé peut-
être parfois de la profondeur philosophique de la première partie (chap. I à IX); il remarquera l'esprit pratique apporté par l'auteur dans la recherche des
applications à faire de ses principes (chap. X à XIV), et
la prudence extrême dont il fait preuve dans les deux
derniers chapitres, surtout dans l'exposition des procédés à suivre en toute réforme politique.

On admirera cette sérénité de pensée que les sujets
les plus brûlants ne troublent jamais. Nulle part elle
n'est plus remarquable que dans ces pages sur la religion, qui cependant fournirent aux censeurs berlinois
presque tous les prétextes de leur refus. Cette impar-

(1) Madame de Staël, *De l'Allemagne*, 2ᵉ partie, chap. XII.

tialité entre les idées, plus rare, plus difficile et plus méritoire que l'impartialité entre les hommes, paraît encore plus louable, quand on songe que Humboldt écrivit ce chapitre quatre ans seulement après l'édit du 9 juillet 1788 sur la religion. Cet acte, dû à l'initiative du ministre rose-croix Wœllner, était une réaction violente contre la tolérance du grand Frédéric; il établissait des peines sévères contre tout ce qui s'écarterait des doctrines et des dogmes de l'Église officielle.

Ce qu'il n'est pas inutile peut-être de déterminer est la part qu'a eue l'inspiration extérieure sur la naissance de cette œuvre, dont la très-réelle originalité ne doit pourtant pas être exagérée. Celles des idées contenues dans cet *Essai* qui n'appartiennent pas en propre à Humboldt ont été puisées à deux sources : les unes viennent des philosophes allemands, les autres des publicistes français.

Humboldt ne songe nullement à dissimuler ce qu'il doit à la France, et en particulier à Mirabeau. Ce n'est pas seulement le choix de l'épigraphe qui le montre, ce sont surtout les nombreux emprunts faits par l'auteur aux discours de Mirabeau, sur l'éducation publique, sur les successions, etc. Il avait aussi beaucoup lu et beaucoup médité Rousseau. Sans tomber en aucune façon dans ses erreurs absolutistes, sans confondre comme lui «le pouvoir du peuple» avec « la liberté du peuple», ces deux choses si nettement distinguées l'une de l'autre par Montesquieu, il subit à plus d'un égard l'influence du philosophe génevois. J'en trouve la preuve surtout dans l'adoption faite sans réserve des mots *contrat social* et des idées qu'ils expriment (1). Humboldt n'a rien à dire contre cette grosse erreur aussi contraire à la vérité philosophique et à l'histoire naturelle des sociétés qu'elle est dangereuse pour la liberté individuelle. Une seule fois il paraît entrevoir l'inanité de cette théorie. C'est quand il recherche la base du droit de punir, de l'obligation pour l'infracteur de subir la juste peine de son méfait : «Le condamné, dit Humboldt, sera obligé de souffrir la peine, en réalité parce que chacun doit se résigner à voir léser ses droits autant qu'il a injustement lésé ceux d'autrui. Non-seulement cette obligation a pour cause le contrat social, mais elle existe encore indépendamment de lui. La faire découler d'un contrat synallagmatique n'est pas seulement inutile, cela entraîne aussi des embarras. Par exemple, il serait difficile de justifier par ce moyen la peine de mort, dans le cas

(1) Voy. chap. III, p. 56, note.

» même où certaines circonstances locales la rendent
» absolument nécessaire. Dans ce système, tout cou-
» pable pourrait encore s'affranchir de la peine en
» renonçant au contrat social avant qu'elle ne l'eût
» frappé (1). »

Dans la partie spéculative de cet *Essai*, l'auteur s'inspire non plus de la France, mais des travaux de ses
compatriotes. Sa philosophie repose sur la doctrine de
Kant. Cet ouvrage fut écrit peu de temps après l'apparition de la *Critique de la raison pure*, qui exerça aussi
sur Schiller une si puissante influence. Dans ce livre,
Kant avait seulement fixé le système qu'il appliqua par
la suite. De tous les écrits postérieurs dans lesquels il
étendit ses principes à la vie individuelle, à la science
du droit, aux rapports politiques, à la religion, aucun
n'avait encore paru en 1792. La vigueur intellectuelle
de Humboldt, retrempée par l'étude assidue de la méthode de Kant, pouvait encore agir avec indépendance
et liberté. Schiller n'avait alors publié aucun des travaux philosophiques qu'il entreprit plus tard. Le nom
de Fichte était inconnu. L'autorité de Kant était à son
apogée. Si l'on en excepte le mystique F. H. Jacobi,
tous ceux qui vivaient alors de la vie intellectuelle par-

(1) Chap. XIII.

tageaient les idées du maître. Si l'on tient compte de l'état des esprits, on reconnaîtra dans cet *Essai* le premier signe du réveil de l'originalité. Cette originalité se manifeste en effet à un double point de vue. D'abord les principes de Kant étaient appliqués par Humboldt à des matières dont le premier ne s'était pas encore occupé; et puis ces principes étaient pour la première fois approfondis et rendus vivants.

Au premier point de vue, il est du plus haut intérêt de se reporter aux opinions développées par Kant dans ses écrits postérieurs (1) sur les mêmes sujets, et de les comparer avec celles de notre auteur. Cette comparaison est tout à l'avantage de Humboldt. Dans l'application des principes de Kant au droit et à la science sociale, il a été plus heureux que l'auteur lui-même ; il l'a surpassé en finesse, en pénétration, en logique. La justification détaillée de ceci nous entraînerait trop loin ; il nous suffit de renvoyer aux raisonnements de l'un et de l'autre écrivain sur le *droit d'hérédité*, les *lois pénales* et l'idée de la puissance publique.

Mais Humboldt est supérieur à lui-même quand il

(1) Voy. *Metaphysische Anfangsgründe der Rechtslehre* (1797), puis le travail publié en 1795, *Zum ewigen Frieden*, et enfin *Der Streit der Facultæten* (1798), où l'on peut comparer les idées des deux philosophes sur le rapport qui unit la Politique à la Religion.

recherche non plus l'application, mais l'intelligence des idées de Kant. Il le fait d'une façon toute conscien- cieuse ; au travers de la plus vive admiration, on aper- çoit chez lui la plus complète indépendance de cri- tique. Sur les questions de la morale et de l'esthétique, Humboldt montre toute l'originalité de son jugement.

En morale, sa théorie, consistant à faire de l'énergie l'unique vertu de l'homme, est neuve, certes ! Mais elle est fausse, il faut le dire bien haut. L'énergie de la personnalité, l'énergie de la conscience est un des élé- ments de la vertu, sans doute ; mais l'énergie de la na- ture humaine, mal contenue, mal dirigée, peut être la source de toute violence, de toute injustice, et qui pis est, du triomphe de toute injustice.

Pour ce qui est de l'esthétique, Humboldt oppose ses idées aux idées de Kant sur la nature des beaux arts et sur leur ordre (1). L'un met au premier rang la musique, l'autre les arts plastiques. Il serait témé- raire à nous de prononcer entre les deux philosophes. Nous dirons seulement qu'il nous paraît bien difficile d'assigner d'une manière absolue un rang déterminé à chacun des beaux-arts et d'en dresser la liste par ordre de mérite. Est-ce que leur valeur comparative

(1) Voy. Kant, *Kritik der Urtheilskraft.*

peut être définie théoriquement? Est-ce que l'appréciation n'est pas toute subjective, pour parler le langage de la philosophie allemande? Ne dépend-elle pas
de la nature du moi humain, et, par suite, ne peut-elle
pas être infiniment variée, sans cesser jamais d'être
juste?..... Ce qu'il nous importe surtout de constater
pour aider le lecteur à reconnaître la vraie part d'originalité de Humboldt, c'est que dans ses recherches
esthétiques, il a trouvé en dehors du système de Kant
une voie nouvelle. C'est cette route que Schiller a prise
après lui; c'est en la suivant de front tous les deux
qu'ils sont arrivés aux importants résultats consignés
dans leurs écrits.

Un trait qui surprendra certainement le lecteur,
c'est le grand amour de l'antiquité, si bien et si souvent exprimé par Humboldt (1). Que l'artiste, dans son
admiration pour les œuvres antiques, place au-dessus
de tous les siècles le siècle de Phidias, cette hardiesse
de langage n'aura rien qui puisse nous étonner. Mais
que le philosophe, défenseur des droits de l'individu,
éprouve un enthousiasme aussi ardent pour ces temps
et ces sociétés où l'État exigeait sans cesse de l'individu le sacrifice de ses plus précieuses et plus intimes

(1) Voy. chap. I, chap. II, p. 18; chap. V, p. 71; chap. VI, p. 76.

libertés (1), il y a là une contradiction au moins
étrange. C'est que Humboldt avait étudié l'antiquité
dans les poëtes bien plus que dans les historiens. Rien
d'aussi grand et d'aussi beau que la personnalité humaine dans l'*Iliade*, dans l'*Odyssée*, dans les œuvres
des tragiques ; rien de plus écrasé, de plus anéanti que
l'homme privé dans les constitutions politiques des
législateurs. L'admiration toute littéraire de Humboldt
pour l'antiquité se serait modifiée, s'il eût moins souvent lu Homère, s'il eût étudié davantage les discours
des orateurs et l'organisation des États depuis la république communiste de Lycurgue, jusqu'au gouvernement despotique du Bas-Empire.

Schiller avait su se garder de cet excès qui tourne
souvent au paradoxe et à l'injustice envers les temps
modernes. Il dit quelque part : « La Grèce et Rome
» nous montrent des Grecs et des Romains éminents ;

(1) Je lis ceci dans un livre qu'on ne saurait taxer de partialité
contre l'antiquité : « Le droit domestique était en général fort imparfait chez les anciens, parce qu'il violait sans cesse la liberté personnelle. Il ne faut pas s'attendre à trouver plus de libéralité dans
Platon que dans Solon ou dans Lycurgue. D'abord aucun citoyen ne
peut prendre femme en dehors de la cité ; en second lieu, tout citoyen est forcé de se marier et de laisser dans l'Etat des citoyens qui
le remplacent...... Au bout de dix ans de mariage, si l'on n'a pas
d'enfants, le divorce est forcé. » (Platon, *Des lois* — (J. Denis, *Histoire des théories et des idées morales dans l'antiquité*, ouvrage couronné par l'Institut, t. I, p. 304 et suiv. Paris, 1856.)

» même dans leurs plus beaux âges, elles ne nous
» montrent pas d'hommes éminents..... Rome avait
» le droit du citoyen; nous, nous avons la liberté de
» l'homme (1). »

Cette liberté de l'homme, en réalité inconnue de la
Grèce et de Rome, ou méconnue par elles, a été an-
noncée et apportée à l'Europe par les deux grandes
révolutions qui ont commencé et consommé la ruine
de l'antiquité : l'établissement du christianisme, qui
soustrait à l'action de l'État la croyance de l'homme;
l'arrivée des peuples du Nord, chez qui la puissance
individuelle est d'autant plus forte que l'autorité publique est plus faible. La liberté de l'individu, tant
demandée, tant refusée, tant combattue, c est la gloire
des temps nouveaux de l'avoir, non pas revendiquée,
elle l'a toujours été, mais de l'avoir définie, limitée,
justifiée; cette gloire appartient principalement à
l'école individualiste dont Humboldt a été l'un des
premiers, est resté l'un des plus glorieux adeptes.

Cette école a des adversaires. Ils l'accusent de ne

(1) « Griechenland und Rom konnten hœchstens vortreffliche
Rœmer, vortreffliche Griechen erzeugen..... die Nation, auch in
ihrer schönsten Epoche, erhob sich nie zu vortrefflichen Menschen.
— Keiner von unsern Staaten hat ein römische Bürgerrecht auszu-
theilen...... wir haben Menschenfreiheit. » (Schiller, *Ueber Völker-
wanderung, Kreuzzüge und Mittelalter*, t. XI, p. 5, édit. Cotta,
Stuttgart, 1850.)

point tenir compte des tendances collectives des groupes humains, aussi réelles pourtant que les tendances individuelles de chaque homme; de rester silencieuse et découragée en face de redoutables problèmes sociaux; de favoriser l'égoïsme en rétrécissant les passions qu'elle est impuissante à modifier. La philosophie individualiste comprend toute la réalité des tendances collectives des peuples, mais elle veut les voir naître de la volonté propre des citoyens. Quand ces tendances collectives ne se retrouvent plus dans chaque volonté, elle s'en défie ou les condamne, n'y voyant plus que le résultat d'un travail artificiel conduit par une minorité factieuse et despotique. De poignantes questions surgissent parfois sur tel ou tel point du globe. Les résoudre par la liberté, accusée de les avoir fait naître, cela peut faire sourire les créateurs de systèmes. Mais qu'ils se souviennent, avant de dédaigner: ont-ils donc une seule fois trouvé de solution meilleure? Quand un peuple, las de souffrir, s'est confié à eux, qu'ont-ils fait de ce grand malade? Ils l'ont surmené de soins violents, et bientôt l'ont abandonné, le laissant non pas guéri, mais affaibli. Le grand air de la liberté est un remède lent; c'est encore de tous le plus sûr et le plus sain..... Mais, du moins, en montrant à l'homme sa personnalité comme unique but de ses efforts, ne développe-t-on pas en lui l'égoïsme? On développe en lui l'amour et le respect de son semblable. On lui donne de l'Être humain, de la dignité native attachée à sa nature, une idée qui ne l'abandonnera jamais. La vigueur du corps, l'originalité de l'intelligence, ne viennent qu'après la bonté désintéressée du cœur. L'homme, en s'étudiant, en arrivant à se connaître, verra que cette qualité est la première à conquérir. Sans elle son âme ne serait pas entière.

Voilà ce qu'enseigne l'école individualiste; voilà ce qui ressort du livre de Humboldt. Ce bon livre nous apprend à aimer la liberté, non-seulement pour les biens qu'elle peut procurer, mais surtout pour la force morale qu'elle exige et qu'elle produit tout ensemble.

Avant de déposer la plume, il me reste à remplir un devoir rigoureux et doux à la fois. Je serais ingrat si je ne disais quels secours j'ai trouvés dans l'accomplissement de ma tâche.

Si mon amitié respectueuse pour mon maître M. Bertauld m'a imposé quelque réserve quand j'ai eu à parler de ses œuvres, et m'a empêché d'exprimer tout au long ce que j'en pense, la liberté m'est rendue quand j'ai à dire ce que je lui dois. Témoin, pendant plusieurs années, de son existence chargée de devoirs si nombreux et si bien remplis, j'ai pu mettre à profit son exemple et ses lumières. Il a développé en moi l'amour de la science du droit, qu'il enrichit et qu'il éclaire. Il m'a facilité par ses conversations et ses conseils l'intelligence des larges idées dont il est aujourd'hui l'un des éminents interprètes, car on peut lui appliquer ces paroles du jurisconsulte romain : *Ingenii qualitate, fiducia doctrinæ, et cœteris operis sapientiæ operam dedit.*

Je dois encore remercier un Allemand distingué, M. Alexandre Büchner, de l'inépuisable bonté avec laquelle il m'a aidé dans mon travail. Plus d'une pensée de Humboldt m'a été expliquée, plus d'une phrase obscure a été par lui rendue claire à mon esprit. Dans nos conférences, que son obligeance m'a permis de rendre si fréquentes, en écoutant mille choses justes et peu connues, exprimées en un français si correct et si sûr, j'ai regretté bien des fois qu'il n'eût pour l'entendre qu'un seul ami. Mais ce regret de ma part double la reconnaissance dont je lui offre ici la publique et la plus affectueuse expression.

H. Chrétien.

ESSAI

SUR

LES LIMITES DE L'ACTION DE L'ÉTAT

I

INTRODUCTION.

Définition de l'objet de cette étude. Il a été rarement examiné, bien qu'il soit fort important. — Coup d'œil historique sur les bornes que les États eux-mêmes ont réellement posées à leur influence. — Différence entre les États dans l'antiquité et dans les temps modernes. — Quel est le but auquel tend en général le lien social? Est-ce seulement la sûreté? est-ce le bonheur de la nation? — Controverse. — Législateurs et philosophes affirment que c'est le bonheur. — Cependant un examen plus rigoureux de cette proposition est nécessaire. — Cet examen doit procéder de l'homme considéré comme individu, et de ses plus hautes destinées.

Quand on compare entre eux les gouvernements les plus dignes d'être observés, quand on en rapproche les opinions des philosophes et des politiques les plus autorisés, on s'étonne, non sans raison peut-être, de voir qu'un problème qui pourrait mériter toute leur attention a été si incomplétement examiné et résolu avec si peu de précision. Ce problème, le voici : Quel doit être le but de l'organisation sociale tout entière?

CHRÉTIEN.   1

quelles sont les limites qu'elle doit poser à son action ? Définir les parts différentes qui reviennent à la nation ou à quelques-uns de ses membres dans le gouvernement ; distinguer les diverses branches de l'administration ; proposer des moyens pour qu'une partie des membres ne violent pas à leur profit les droits de l'autre partie : voilà ce qui a exclusivement occupé presque tous ceux qui ont, ou proposé des plans de réformes politiques, ou même réformé des États. Il me semble cependant que dans tout travail nouveau d'organisation sociale, on doit avoir sans cesse devant les yeux deux objets; et si l'on oublie l'un des deux, on s'expose à coup sûr à de graves inconvénients : il faut définir d'abord les deux parties, gouvernante et gouvernée, de la nation, puis la part qui revient à chacune d'elles dans la constitution du gouvernement; il faut ensuite déterminer les objets sur lesquels l'État, une fois constitué, pourra ou ne pourra pas exercer son action. Ce dernier point qui touche particulièrement à la vie privée des citoyens, qui donne la mesure de leur liberté et de l'indépendance de leur action, est en réalité le vrai, le principal but à se proposer; l'autre n'est qu'un moyen nécessaire pour arriver à celui-ci (1). Toutefois, quand l'homme poursuit avec une attention plus tendue ce premier but, il manifeste son activité dans sa marche ordinaire. Tendre à un but, y parvenir en dépensant beaucoup de force physique et morale,

(1) Cette proposition a été soutenue avec éclat et énergie par M. Bertauld (voy. *Philosophie politique de l'histoire de France*, chap. XVI).

c'est là qu'est le bonheur des hommes ayant quelque puissance et quelque vigueur. La possession, permettant à la force qui s'est exercée de se reposer, n'agit sur nous que par la puissance de l'imagination. A la vérité, dans cette situation de l'homme, où la force est toujours tendue vers l'action, où la nature qui l'entoure l'invite sans cesse à l'action, le repos et la jouissance n'existent qu'à l'état d'idées. Mais pour l'homme exclusif le repos est identique avec la cessation de toute manifestation extérieure de son existence; et pour l'homme sans culture, un seul objet ne permet pas à son activité extérieure de se développer suffisamment. Par suite, ce que l'on dit de la satiété causée par la possession, particulièrement dans la sphère des sensations délicates, ne s'applique nullement à l'homme idéal que l'imagination peut créer; cela s'applique entièrement à l'homme sans culture, et s'applique à lui de moins en moins, à mesure que la culture qu'il donne à son âme le rapproche de cet idéal. De même que, pour le conquérant, la victoire est plus douce que la terre conquise; de même que le réformateur préfère la périlleuse agitation de sa réforme à la paisible jouissance des fruits qu'elle rapporte, de même pour l'homme en général, le commandement a plus de charme que la liberté, ou du moins le soin de conserver la liberté a plus de douceur que la jouissance même de la liberté. La liberté n'est, pour ainsi dire, que la possibilité d'une activité variée à force d'être illimitée; la domination, le commandement, c'est l'activité isolée, mais réelle. Le désir de la liberté ne

vient trop souvent que du sentiment qu'elle nous
manque. Il demeure donc incontestable que la recherche du but et des limites de l'action de l'État a
une importance grande, plus grande peut-être qu'aucune autre étude politique. On a déjà remarqué qu'elle
constitue l'objet définitif, pour ainsi dire, de toute la
science politique. Mais elle est encore d'une application plus aisée et plus étendue. Les révolutions d'État
proprement dites, les changements de constitution
gouvernementale ne sont pas possibles sans le concours de circonstances nombreuses et souvent fortuites ; elles entraînent toujours diverses conséquences
pernicieuses. Au contraire, tout gouvernant, qu'il soit
dans un milieu démocratique, aristocratique ou mo-
narchique, peut toujours étendre ou resserrer les
bornes de son action sans troubles et sans bruit ; plus
il évite les innovations à grand effet, plus il atteindra
avec sûreté son but. Les meilleurs travaux de l'homme
sont ceux où il imite le plus exactement le travail de
la nature. Le petit germe inconnu que la terre reçoit
silencieusement rapporte plus que l'éruption du vol-
can, nécessaire sans doute, mais toujours accompa-
gnée de ravages. Il n'existe point de moyens de réformes qui, mieux que ceux-là, conviennent à notre
temps pour qu'il puisse à juste titre se vanter de la
supériorité de ses lumières. L'importante étude des
limites de l'action de l'État doit en effet, comme on
l'aperçoit facilement, conduire à la plus entière liberté
des facultés et à la plus grande variété des situations.
La possibilité d'existence d'une grande liberté exige

toujours un non moins grand développement de civilisation. Le moindre besoin d'action uniforme et unie
exige une plus grande force et une richesse plus variée chez les agents individuels. Si notre temps se distingue par la possession de ces lumières, de cette
force et de cette richesse, il faut aussi lui accorder
cette liberté à laquelle il prétend avec raison. De
même les moyens par lesquels la réforme pourrait se
faire sont bien mieux appropriés à une culture progressive, pourvu que nous en admettions l'existence.
Si, dans d'autres occasions, le glaive menaçant de la
nation limite la puissance matérielle du souverain, ici
ce sont les lumières et la civilisation qui l'emportent
sur ses caprices et sa volonté; et néanmoins la transformation des choses paraît être son ouvrage plutôt
que celui de la nation. En effet, si c'est un beau et
noble spectacle que celui d'un peuple qui, fort de la
certitude de ses droits humains et civiques, brise ses
fers; c'en est encore un plus beau et plus noble que
celui d'un prince qui brise les liens de son peuple et
lui garantit la liberté, non par bienfaisance ou par
bonté, mais parce qu'il considère cela comme le premier et le plus absolu de ses devoirs : ce qui vient du
respect et de la soumission à la loi est plus noble et
plus beau que ce qui a pour mobile le besoin ou la
nécessité. La liberté à laquelle une nation marche en
changeant sa constitution ressemble à la liberté que
peut donner un État constitué comme l'espoir ressemble à la jouissance, l'ébauche à la perfection.

Si l'on jette un coup d'œil sur l'histoire des constitutions, on voit qu'il serait difficile de limiter avec précision l'étendue qu'elles ont réservée à leur action; aucune d'elles n'a suivi en cela un plan réfléchi, reposant sur des principes simples. Toujours on a restreint la liberté des citoyens en se plaçant à deux points de vue : ou à cause de la nécessité d'organiser, d'assurer le gouvernement, ou à cause de l'utilité qu'on trouve à prendre soin de l'état physique et moral de la nation. Suivant que le Pouvoir, en possession d'une force intrinsèque, a plus ou moins besoin d'autres appuis, ou suivant que les législateurs ont étendu plus ou moins loin leurs regards, on s'est arrêté tantôt à l'un, tantôt à l'autre de ces points de vue. Souvent aussi on a agi en vertu des deux considérations à la fois. Dans les anciens États, presque toutes les dispositions qui touchent à la vie privée des citoyens sont politiques, dans le vrai sens du mot. En effet, comme le gouvernement avait peu d'autorité réelle sur eux, sa durée dépendant essentiellement de la volonté nationale, il devait songer à trouver une foule de moyens pour faire concorder son caractère avec cette volonté. Il en est encore de même aujourd'hui dans les petites républiques; et, en considérant les choses de ce seul point de vue, on peut dire sans se tromper que la liberté de la vie privée grandit à mesure que décroît la liberté publique, tandis que la sûreté suit toujours la même progression que cette dernière. Les anciens législateurs se sont souvent, et les anciens philosophes se sont toujours préoccupés de l'homme, dans le sens le plus strict du mot; et dans l'homme ce fut toujours la dignité mo-

rale qui leur parut la chose capitale. C'est ainsi que
la *République* de Platon, suivant la remarque fort juste
de Rousseau (1), est un traité d'éducation bien plus
qu'un traité de politique. Si l'on passe aux Etats modernes, il est impossible de ne pas apercevoir l'intention de travailler pour les citoyens eux-mêmes et
pour leur bien, dans cette multitude de lois et d'institutions qui, souvent, donnent à la vie privée une forme
si définie. La constitution intérieure plus forte de nos
gouvernements, leur indépendance complète du caractère des nations; l'influence plus énergique des
théoriciens, qui, suivant leur nature, sont en état de
prendre les choses de plus haut et de plus loin; une
foule d'inventions qui apprennent à mieux tirer parti
des objets communs sur lesquels s'exerce l'activité
de la nation; enfin et surtout certaines notions religieuses qui rendent le souverain responsable de la
moralité et du bonheur futur des citoyens, se sont
réunies pour empêcher ce changement. Si l'on par-
court seulement l'histoire de certaines lois et ordonnances de police, on voit qu'elles naissent souvent du
besoin tantôt réel, tantôt feint, qu'a le Pouvoir de
lever des impôts sur ses sujets; et l'on retrouve la ressemblance avec les anciens États, en ce point que ces
dispositions ont également pour but le maintien de la
constitution. Mais quant aux restrictions qui ne con-

(1) « Voulez-vous prendre une idée de l'éducation publique, lisez
la *République* de Platon. Ce n'est point un ouvrage de politique comme
le pensent ceux qui ne jugent les livres que par leurs titres; c'est le
plus beau traité d'éducation qu'on ait jamais fait. » (*Émile*, liv. Ier.)

cernent pas tant l'État que les individus qui le composent, il existe toujours une profonde différence entre
les anciens et les modernes États. Les anciens se préoccupaient de la force et du développement de l'homme
comme homme; les nouveaux se préoccupent de son
bien-être, de sa fortune, de ses moyens de gagner.
Les anciens recherchaient la vertu, les nouveaux re-
cherchent le bonheur. Aussi les restrictions à la liberté
dans les anciens États étaient-elles d'un côté plus pe-
santes et plus dangereuses, car elles s'attaquaient à
l'élément vraiment constitutif de l'homme, à son moi
intérieur. Aussi les peuples de l'antiquité présentent-
ils tous un caractère d'exclusivisme qui, sans parler
de leur civilisation toute rudimentaire et de l'absence
de toute communication générale, fut en grande partie
causé et alimenté par l'éducation publique introduite
partout, et par la vie commune des citoyens organisée
d'après un plan préconçu. D'un autre côté, chez les
anciens, toutes ces lois de l'État maintenaient et aug-
mentaient la force active de l'homme. Et précisément
ce point de vue, le désir de former des citoyens énergiques et contents de peu, donna pourtant plus de
ressort à l'esprit et au caractère. Chez nous au contraire, l'homme est directement moins gêné, mais les
choses qui l'entourent le compriment; et c'est pourquoi il paraît possible de commencer à diriger ses
forces intérieures contre ces liens extérieurs. Aujour-
d'hui, comme le désir de nos États est de toucher
plutôt à ce que l'homme possède qu'à ce qui est
l'homme lui-même; comme ils ne tendent nullement

à exercer ses forces physiques, intellectuelles et morales, ainsi que le faisaient les anciens, bien que d'une manière exclusive, mais à imposer comme des lois leurs
idées et rien que leurs idées, la nature des restrictions
apportées par eux à la liberté supprime l'énergie, cette
source de toute vertu active, cette condition nécessaire
de tout développement large et complet. Chez les anciens, l'augmentation de la force compensait l'exclusivisme; chez les modernes, le mal qui résulte de l'amoin-
drissement de la force est augmenté par l'exclusivisme. Partout cette différence entre les anciens et les
modernes est évidente. Dans les derniers siècles, ce qui
attire surtout notre attention, c'est la rapidité des pas
faits en avant, la foule et la vulgarisation des inventions
industrielles, la grandeur des œuvres fondées. Ce qui
nous attire surtout dans l'antiquité, c'est la grandeur
qui s'attache à toutes les actions de la vie d'un homme
et qui disparaît avec lui; c'est l'épanouissement de
l'imagination, la profondeur de l'esprit, la force de la
volonté, l'unité de l'existence entière, qui seule donne
à l'homme sa véritable valeur (1). L'homme, et spécialement sa force, son développement, voilà ce qui exci-
tait toute l'activité; chez nous, on ne s'occupe trop
souvent que d'un ensemble abstrait dans lequel on paraît presque oublier les individus; ou, du moins, on
ne songe nullement à leur moi intérieur, mais à leur
tranquillité, à leur bien-être, à leur bonheur. Les an-

(1) Voyez, sur ces préférences pour l'antiquité, ce qui est dit vers
la fin de la notice du traducteur.

1.

ciens cherchaient le bonheur dans la vertu ; les modernes se sont appliqués trop longtemps à développer
la vertu par le bonheur (1), et celui même qui vit et
exposa la morale dans sa plus haute pureté (2), croit
devoir, par une série de déductions artificielles, donner le bonheur à son homme idéal, non pas comme un
bien propre, mais comme une récompense étrangère.
Je ne veux plus insister sur cette différence, et je finis
par une citation de l'*Éthique* d'Aristote : « Ce qui est
propre à chacun, suivant sa nature, est la chose la
meilleure et la plus douce. Aussi plus l'homme vivra
selon la raison, mais sans s'en écarter jamais, plus il
sera heureux (3). »

Les auteurs qui ont écrit sur le droit public ont déjà

(1) Cette différence n'est jamais plus frappante que dans les juge-
ments portés sur les philosophes anciens par les modernes. J'extrais
comme exemple un fragment de Tiedemann sur l'un des plus beaux
morceaux de la *République* de Platon : « Quanquam autem per se
» sit justitia grata nobis ; tamen si exercitium ejus nullam omnino
» afferret utilitatem, si justo ea omnia essent patienda, quæ fratres
» commemorant, injustitia justitiæ foret præferenda ; quæ enim ad
» felicitatem maxime faciunt nostram, sunt absque dubio aliis præpo-
» nenda. Jam corporis cruciatus, omnium rerum inopia, fames, infa-
» mia, quæque alia evenire justo fratres dixerunt, animi illam e jus-
» titia manantem voluptatem dubio procul longe superant, essetque
» adeo injustitia justitiæ antehabenda et in virtutum numero collo-
» canda. » (Tiedemann, *In argumentis Dialogorum Platonis*, lib. II,
de Republica.)   (*Note de l'auteur.*)

(2) Kant, *Du plus grand bien dans les éléments de la métaphysique des mœurs* (plus exactement : *Principes fondamentaux de la
métaphysique des mœurs*, Riga, 1785), et dans la *Critique de la raison
pratique*.   (*Note de l'auteur.*)

(3) Τὸ οἰκεῖον ἑκάστῳ τῇ φύσει, κράτιστον καὶ ἥδιστόν ἐσθ᾽ ἑκάστῳ
καὶ τῷ ἀνθρώπῳ δὴ ὁ κατὰ τὸν νοῦν βίος, εἴπερ μάλιστα τοῦτο ἀνθρω-
πος, οὗτος ἄρα καὶ εὐδαιμονέστατος. (*Aristotelis Hθικων, Νικομαχ.*
l. X, c. 7, *in fine*.)   (*Note de l'auteur.*)

plus d'une fois discuté la question de savoir si l'État
doit avoir en vue seulement la sûreté, ou le bien général,
matériel et moral, de la nation. La préoccupation de la
liberté de la vie privée a conduit à la première de ces
deux assertions, tandis que l'idée naturelle que l'État
peut donner autre chose encore que la sûreté, jointe à
une restriction abusive, possible mais non nécessaire
de la liberté, a fait admettre la seconde (1). Celle-ci est
incontestablement la plus répandue dans la théorie
comme dans l'application. On le voit dans les principaux systèmes de droit public, dans les codes modernes, faits d'après les théories philosophiques, et dans
l'histoire des ordonnances de la plupart des États.
Agriculture, métiers, industrie de tout genre, commerce, arts, sciences même, tout tire sa vie et sa direction de l'État. Ces principes ont fait que l'étude des
sciences politiques a changé de forme, comme le prou-
vent les sciences de l'économie politique et de la police,
d'où sont nées des branches d'administration entièrement neuves, telles que des chambres de commerce,
d'économie politique et de finances. Si général que
soit ce principe, il me semble qu'il mérite d'être plus

(1) L'histoire nous montre celte dernière théorie existant non-
seulement dans les livres des philosophes ou dans les lois des États,
mais encore dans le sentiment public. Dans l'ancienne France, par
exemple, les circonstances firent « qu'on voulut la royauté ; qu'on la
voulut forte pour qu'elle contînt les grands, et capable d'opprimer les
petits, afin qu'elle eût le moyen de les protéger. » Ce point a été justement signalé par un écrivain éminent, dont le caractère et la position considérable conservent aujourd'hui, dans le midi de la France,
les traditions d'un large libéralisme, professé par lui alors qu'il était
au pouvoir. (Voy. M. de Rémusat, *Politique libérale*, p. 30.)

rigoureusement étudié, et cette étude (1)... [on doit lui donner pour base l'homme considéré comme individu et ses plus hautes destinées].

(1) C'est ici que commence, dans le manuscrit original, la lacune dont il est parlé dans l'introduction du traducteur.

II

ÉTUDE DE L'HOMME CONSIDÉRÉ COMME INDIVIDU, ET DES FINS DERNIÈRES LES PLUS ÉLEVÉES DE SON EXISTENCE.

La dernière et la plus haute fin de chaque homme est le développement le plus élevé et le mieux proportionné de ses forces dans leur individualité propre et particulière. — Les conditions nécessaires pour qu'elle soit atteinte sont la liberté d'action et la variété des situations. — Application immédiate de ces principes à la vie intérieure de l'homme. — Leur justification par l'histoire. — Principe fondamental pour cette étude tout entière auquel conduisent ces considérations.

Le vrai but de l'homme, non pas celui que le penchant mobile de chacun, mais celui que la raison éternelle et immuable lui assigne, c'est le développement le plus large et le mieux proportionné de ses forces dans leur ensemble. Toutefois l'extension des forces humaines exige encore une autre condition qui se relie étroitement à la liberté, la diversité des situations. L'homme, même le plus libre, le plus indépendant, quand il est placé dans un milieu uniforme, progresse moins (1). Cette diversité est d'abord une conséquence

(1) Cette condition, exigée par Humboldt, l'a été rarement chez nous. Beaucoup, et des meilleurs, paraissent même la repousser. M. de Rémusat n'est pas de ce nombre. Il dépeint et combat la tendance de ceux pour qui *la formation d'une matière sociale similaire et malléable dans toutes ses parties a été, en France, la véritable*

de la liberté, et puis c'est une répression qui, loin
d'enchaîner l'homme, donne aux objets qui l'entourent une forme quelconque ; de sorte que ces deux
choses n'en sont pour ainsi dire qu'une seule. Il est
bon cependant, pour la clarté des idées, de les bien
séparer et de les distinguer l'une de l'autre. Chaque
homme ne peut agir en une fois qu'avec une seule et
même force ou plutôt son être ne se livre tout entier
qu'une seule fois à une action donnée. Aussi l'homme
paraît-il créé pour la spécialité exclusive, puisque son
énergie s'affaiblit dès qu'elle s'étend à plusieurs objets.
Mais il échappe à ce spécialisme étroit quand il travaille à réunir ses forces isolées, souvent exercées isolément, à faire agir, dans chaque période de sa vie,
celles qui sont près de s'éteindre en même temps que
celles qui commencent à briller, et à multiplier ces
forces au lieu de multiplier les objets sur lesquels il
agit. Ce que produit ainsi l'union du passé et de l'avenir avec le présent résulte encore, dans la société, de

œuvre nationale du Pouvoir (voy. Politique libérale, p. 59 et suiv.).
— D'autres sont tombés dans une méprise différente. Ceux-ci ont
reconnu l'importance de la diversité comme élément de la liberté ;
puis, frappés du caractère uniforme de nos lois actuelles et du caractère tout opposé des lois de l'ancienne France, ils ont affirmé que
celles-ci étaient plus favorables au libre développement des forces
humaines. C'est ce que l'on trouve dans le livre de M. Raudot : La
France avant la Révolution, 1847. L'erreur est manifeste, et Torque-
ville a bien su s'en garder (voy. l'Ancien régime et la Révolution).
Dans l'ancienne France cette diversité n'était que la diversité dans
le pouvoir, sinon dans le despotisme. Ce n'est certes pas celle-là
que Humboldt réclame et que les amis de la liberté doivent désirer.
— Notre auteur revient plus loin sur cette idée pour la mettre plus
vivement en lumière. (Voyez le chapitre suivant, § 1.)

l'union avec nos semblables. Dans toutes les périodes de la vie, chaque homme n'atteint cependant que l'une des perfections qui forment pour ainsi dire le caractère de tout le genre humain. Par les rapports qui naissent des qualités essentielles des êtres, les uns doivent nécessairement s'approprier les richesses des autres. Un tel lien, favorable au progrès du caractère, que l'expérience nous montre existant chez tous les peuples, c'est, par exemple, l'union des deux sexes. Mais si, dans ce cas, la diversité aussi bien que le désir de l'union se manifestent d'une façon moins énergique, ni la première ni le second ne sont moins forts; ils sont seulement moins apparents, quoiqu'ils agissent plus puissamment, même quand cette diversité disparaît, et entre personnes du même sexe. Ces idées, mieux étudiées et plus exactement développées, conduiraient peut-être à une plus juste explication d'un phénomène utilisé dans l'antiquité, surtout chez les Grecs, par le législateur lui-même ; je veux parler de ces liaisons que l'on a souvent et toujours à tort appelées, soit amour ordinaire, soit simplement amitié. L'utilité de pareilles liaisons pour le progrès de l'homme se reconnaît au degré d'indépendance que garde chacune des parties, dans l'intimité qui les unit. Car sans cette intimité, l'un ne peut pas suffisamment comprendre l'autre ; mais, d'un autre côté, l'indépendance est nécessaire pour faire que celui qui comprend puisse s'approprier ce qu'il a compris. Toutefois ces deux conditions exigent la force des individus et une différence pas trop grande, afin que l'on puisse comprendre

l'autre; et pas trop petite, afin que l'un puisse admirer
et désirer pour soi-même ce que l'autre possède. Cette
énergie et cette différence variée s'unissent dans l'originalité de la force et de l'éducation, d'où dépend en
dernière analyse toute la grandeur de l'homme, vers
laquelle l'individu doit toujours tendre, et que celui
qui veut agir sur les hommes ne doit jamais oublier.
De même que cette propriété, que ce caractère propre
est le produit de la liberté de l'action et de la diversité
des agents, de même elle les crée à son tour. La nature
inanimée elle-même, dont la marche est toujours régulière et soumise à des lois immuables, paraît cependant avoir plus d'originalité aux yeux de l'homme qui
s'est formé lui-même. Il se fond en elle pour ainsi
parler, et il est vrai de dire, dans le sens le plus élevé,
que chacun aperçoit l'abondance et la beauté qui l'entourent, suivant qu'il la garde l'une et l'autre dans son
sein (1). Mais combien l'influence de cette cause ne
s'exerce-t-elle pas davantage quand l'homme ne se
borne plus à sentir et à percevoir des impressions extérieures, mais quand il devient lui-même actif?

Cherche-t-on à déterminer ces idées avec plus d'exactitude, en les appliquant plus immédiatement à l'individu, tout se réduit ici à la Forme et à la Matière. La
forme la plus pure, avec la plus délicate enveloppe,
nous la nommons idée; la matière la moins pourvue
de forme, nous la nommons perception sensible. La

(1) *Système de l'identité du subjectif et de l'objectif.* Comp. chap. v
et les notes.

forme naît de la combinaison des matières. Plus la matière est abondante et variée, plus la forme est sublime. Un enfant divin ne peut être le fruit que de parents immortels. La forme redevient pour ainsi dire la matière d'une forme plus belle encore. Ainsi la fleur se change en fruit, et ce fruit lui-même fournit la semence d'une nouvelle tige qui se couvrira de fleurs. Plus la variété augmente avec la délicatesse de la matière, plus grande est la force, car plus intime est la liaison. La forme paraît pour ainsi dire se fondre dans la matière et la matière dans la forme ; ou bien, pour parler sans figure, plus les sentiments de l'homme contiennent d'idées et plus ses idées contiennent de sentiments, plus sa supériorité devient inaccessible. De cet accouplement éternel de la forme et de la matière, de la diversité et de l'unité dépend la fusion de l'homme dans l'homme, des deux natures réunies, et de cette fusion dépend sa grandeur. Mais la force de cette union dépend de la force de ceux qui s'unissent. Le plus beau moment dans la vie de l'homme est le moment de la fleur (1). Le fruit de la forme la moins gracieuse, la plus simple, fait deviner la beauté de la fleur qui sortira de lui pour s'épanouir. Tout se précipite vers la floraison. L'objet qui naît immédiatement est bien éloigné de la forme charmante à laquelle il arrivera plus tard. La tige grosse et lourde, les feuilles larges, pendant chacune de leur côté, ont besoin d'une forme

---

(1) *De la fleur, de la maturité (Nouveau Muséum allemand*, 1791, 22, 23 juin). (*Note de l'auteur.*)

plus achevée. Elle apparaît graduellement aux yeux, quand on considère la tige ; des feuilles plus tendres se montrent comme pour s'unir ; elles se resserrent plus étroitement, jusqu'à ce que le calice paraisse donner satisfaction au désir de la plante (1). Cependant le règne végétal n'est pas favorisé du sort. La fleur tombe et le fruit reproduit immédiatement la tige, qui, d'abord informe, se parfait aussitôt. Quand la fleur se flétrit chez l'homme, elle fait place au fruit qui est plus beau ; et l'infini éternellement insondable voile à nos yeux le charme du fruit le plus magnifique. Or, ce que l'homme reçoit du dehors n'est que la semence. Si belle qu'elle soit en elle-même, c'est l'énergie de son activité qui doit la rendre féconde. Mais sa bienfaisante influence sur l'homme existe toujours en proportion de ce qu'elle est elle-même originale et vigoureuse. Pour moi, l'idéal le plus élevé de la société des êtres humains serait l'État où chacun se développerait par lui-même et suivant sa propre volonté. La nature physique et morale rapproche ces hommes les uns des autres, et, de même que les luttes de la guerre sont plus glorieuses que celles du cirque, de même que les combats des citoyens irrités sont plus honorables que ceux des mercenaires qu'on pousse, de même les luttes entre les forces de tels hommes prouveraient et produiraient en même temps la suprême énergie.

N'est-ce pas là ce qui nous attache si vivement à l'antiquité grecque et romaine ? Et non-seulement nous,

_____

(1) Gœthe, *Des métamorphoses des plantes.*   (*Note de l'auteur.*)

nais tous les âges, si éloignée, si reculée que soit pour
eux cette époque ? N'est-ce pas parce que les hommes
dans ces temps eurent à soutenir de si rudes combats
contre le sort et contre leurs semblables ? Chacun d'eux
y puisa de la force, agrandit ses qualités originelles ;
chacun y trouva pour soi-même une forme nouvelle et
admirable. Chaque âge qui suit doit être au-dessous
de ceux qui l'ont précédé; — et avec quelle rapidité
cette décadence ne s'augmentera-t-elle pas dans l'avenir ! — Il est au-dessous pour la variété : variété de la
nature, les immenses forêts sont défrichées, les marais
desséchés, etc.; variété de l'homme, elle se détruit par
le progrès de communication et d'union dans les œuvres
humaines; et cela par les deux raisons indiquées plus
haut (1). C'est là une des principales causes qui rendent si rare l'idée du beau, de l'insolite, de l'étonnant,
La stupéfaction, la couardise, la découverte de ressources nouvelles et inconnues rendent aussi moins
souvent nécessaires les résolutions subites, imprévues

(1) Cette observation a été faite une seule fois par Rousseau dans
Émile. (*Note de l'auteur.*) — Voici en quels termes : « Il faut avouer
que les caractères originaux des peuples, s'effaçant de jour en jour,
deviennent en même raison plus difficiles à saisir. A mesure que les
races se mêlent et que les peuples se confondent, on voit peu à peu
disparaître ces différences nationales qui frappaient jadis au premier
coup d'œil. Autrefois chaque nation restait plus renfermée en elle-
même; il y avait moins de communications, moins de voyages, moins
d'intérêts communs ou contraires, moins de liaisons politiques et
civiles de peuple à peuple, point du tout de ces tracasseries royales
appelées négociations, point d'ambassadeurs ordinaires ou résidant
continuellement ; les grandes navigations étaient rares; il y avait peu
de commerce éloigné, et le peu qu'il y en avait était fait, ou par le
prince même, qui s'y servait d'étrangers, ou par des gens méprisés
qui ne donnaient le ton à personne et ne rapprochaient point les na-

et pressantes. Car d'abord la pression des faits extérieurs sur l'homme est moins considérable parce que
l'homme est muni de plus d'instruments pour y obvier ;
ensuite, il n'est plus guère possible de leur résister
avec les seules forces que la nature a données à chacun
et que chacun n'a qu'à employer. Enfin la science plus
perfectionnée rend l'invention moins nécessaire, et
l'enseignement qu'on reçoit vient encore émousser la
faculté que nous avons d'apprendre (1). Mais il est
incontestable que quand la variété physique s'amoindrit, une variété morale et intellectuelle plus riche et
plus consolante vient prendre sa place ; des nuances,
des différences frappent notre esprit plus raffiné ; elles
pénètrent notre caractère moins fortement accusé,
mais plus délicatement cultivé, et influent sur la vie
pratique. Si ces nuances eussent existé, sans doute l'Antiquité, ou du moins les penseurs de ce temps ne les
eussent pas laissées passer inaperçues. Il en a été du
genre humain tout entier comme de l'individu. Ce qu'il

tions. Il y a cent fois plus de liaisons maintenant entre l'Europe
et l'Asie qu'il n'y en avait jadis entre la Gaule et l'Espagne : l'Europe
seule était plus éparse que la terre entière ne l'est aujourd'hui.....
    » Voilà pourquoi les antiques distinctions des races, les qualités de
l'air et du terroir marquaient plus fortement de peuple à peuple les
tempéraments, les figures, les mœurs, les caractères, que tout cela
ne peut se marquer de nos jours, où l'inconstance européenne ne
laisse à nulle cause naturelle le temps de faire ses impressions, et où
les forêts abattues, les marais desséchés, la terre plus uniformément,
quoique plus mal cultivée, ne laissent plus, même au physique, la
même différence de peuple à peuple et de pays à pays. »
                        (*Émile*, lib. V, *Des Voyages*.)
    (1) Voyez plus loin (chapitre V) une application de ceci faite à l'art
militaire.

avait de grossier a disparu; ce qu'il y avait de délicat est resté. Sans doute cela serait heureux si le genre humain était un homme, ou si la force d'une époque, de même que ses livres et ses découvertes, passait aux âges suivants. Mais il n'en est pas ainsi. Il est vrai que notre civilisation a aussi son genre de force; et c'est peut-être par la mesure de sa délicatesse qu'elle surpasse la force de l'antiquité; mais reste à savoir si tout ne doit pas commencer par une civilisation primitive, celle de la barbarie. Partout la sensibilité est le premier germe et la plus vive expression de toute idée. Ce n'est pas ici le lieu, ne fût-ce que de tenter cette recherche. De ce qui précède, il résulte que nous devons veiller sur notre force, sur notre originalité, et sur tous les moyens de les entretenir.

Je considère donc comme acquis que *la vraie raison ne peut désirer pour l'homme d'autre état que celui où non-seulement il jouit de la plus entière liberté de développer en lui-même et autour de lui sa personnalité propre ; mais encore où la nature ne reçoit des mains de l'homme d'autre forme que celle que lui donne librement chaque individu, dans la mesure de ses besoins et de ses penchants bornée seulement par les limites de sa force et de son droit.* A mon sens, la raison doit maintenir ce principe dans son intégrité, sauf ce qui concerne la conservation de l'homme. Cela doit toujours servir de base dans toute étude politique, et spécialement pour la solution de notre question.

III

TRANSITION A NOTRE VÉRITABLE ÉTUDE. — DIVISION. — DU SOIN DE L'ÉTAT POUR LE BIEN POSITIF, ET EN PARTICULIER POUR LE BIEN - ÊTRE PHYSIQUE DES CITOYENS.

Étendue de cette division. — Le soin de l'État pour le bien matériel des citoyens est mauvais : — il produit l'uniformité ; — il diminue la force ; — il trouble et empêche l'influence des actes extérieurs et purement corporels, et celle des rapports extérieurs, sur l'esprit et le caractère des hommes ; — il s'exerce nécessairement sur une foule hétérogène ; — il compromet ainsi l'individu par des règles générales, qui ne pèsent sur chacun que par suite d'erreurs considérables ; — il empêche le développement de l'individualité et de l'originalité personnelle de l'homme ; — il rend plus difficile l'administration même de l'État, multiplie les charges nécessaires pour y arriver, et devient la source d'inconvénients de toute sorte ; — enfin il déplace les points de vue justes et naturels de l'homme dans les plus graves matières. — Justification contre la prétendue exagération des inconvénients signalés. — Avantages du système opposé au système que l'on combat. — Principe fondamental tiré de ce chapitre. — Moyens employés par l'État dans sa préoccupation pour le bien positif des citoyens. — Différence du cas où une chose est faite par l'État, comme État, et celui où elle est faite par les citoyens isolés. — Examen d'une objection : Le soin de l'État pour le bien positif des citoyens n'est-il pas nécessaire ? Sans lui, ne serait-il pas impossible d'arriver au même but, d'obtenir les mêmes résultats nécessaires ? Preuve de cette possibilité, surtout grâce à l'action spontanée et commune des citoyens. — Supériorité de cette action sur l'action de l'État.

En se servant d'une formule tout à fait générale, on pourrait déterminer comme suit la véritable étendue de l'action de l'État : tout ce qu'il pourrait faire pour le bien de la société sans porter atteinte au principe établi plus haut (1). Et l'on peut dès maintenant donner cette définition : l'État s'ingère à tort dans les affaires privées des citoyens, toutes les fois qu'elles n'ont pas un rapport immédiat avec une atteinte portée au droit de l'un par les autres. Toutefois, pour épuiser entièrement la question proposée, il est nécessaire de passer en revue les divers aspects de l'influence ordinaire ou possible de l'État.

Son but peut être double. Il recherche le bonheur, ou bien il se borne à empêcher le mal ; et, dans ce dernier cas, à empêcher le mal venant de la nature ou le mal causé par les hommes. S'il ne s'attaque qu'au second de ces maux, c'est la sûreté seule qu'il cherche ; et c'est cette sûreté que j'opposerai à tous les autres buts possibles compris sous le nom de bien positif. La différence des moyens employés par l'État donne à son action une étendue diverse. En effet, ou bien il cherche à réaliser immédiatement son vœu, soit par la contrainte, par les lois prohibitives et impératives, par les peines ; ou bien, de quelque manière que ce soit, il donne à la situation des citoyens la forme favorable à la réalisation de ses vues, et les empêche d'agir dans un autre sens ; ou enfin il tend à mettre leurs inclinations en harmonie avec sa volonté, à agir sur leurs pensées et sur leurs sentiments. Dans le premier cas il

(1) A savoir, que le vrai but de l'homme est le développement le plus large et le mieux proportionné de ses forces dans leur ensemble, et que la liberté et la variété des situations sont indispensables pour atteindre ce but. (Relire les premières lignes du chapitre précédent.)

ne restreint que des actes isolés ; dans le second, il détermine déjà davantage leur façon d'agir en général ; dans le troisième, enfin, il détermine leur caractère et leur manière de penser. Aussi, dans le premier cas l'influence de la délimitation est-elle fort petite, dans le second plus grande ; énorme dans le troisième, en partie parce que l'on agit sur la source d'où découlent plus d'actions, en partie parce que la possibilité de l'action même exige plus de dispositions.

Toutefois, autant les branches de l'influence de l'État paraissent différentes, autant il est difficile de trouver une disposition de l'État qui ne touche pas à plusieurs choses à la fois : c'est ainsi, par exemple, que la sûreté et le bonheur dépendent étroitement l'un de l'autre. Ce qui ne restreint que des actions isolées agit d'une manière générale sur le caractère, lorsque la fréquence de l'emploi qu'on en fait devient une habitude. Il serait fort difficile de trouver une distribution de tout ceci convenable pour la marche de notre étude. Le mieux est avant tout de rechercher si l'État doit se proposer pour but le bien-être positif de la nation, ou seulement sa sûreté, d'examiner dans toutes ses prescriptions ce qu'elles ont *surtout* pour objet et pour conséquences, et d'étudier les moyens que l'État essaye pour atteindre chacun de ces deux buts.

Je parle ici de tout travail de l'État pour augmenter le bien-être positif de la nation, de tout soin pour la population du pays, pour l'entretien des habitants ; soit direct, par l'établissement de maisons de charité, soit indirect, par l'encouragement de l'agriculture, de l'in-

dustrie et du commerce ; je parle de toutes les opérations financières et monétaires, de toutes les pro-
hibitions d'importer ou d'exporter (en tant qu'elles sont
établies pour cette fin); en un mot, de toutes les dispositions prises pour éviter ou réparer les dommages
causés par la nature ; enfin, de toute disposition de
l'État, ayant pour but de maintenir ou de créer le bien
matériel de la nation. Quant au bien moral, en effet,
ce n'est pas précisément pour lui-même, mais pour le
maintien de la sécurité qu'on le recherche. C'est là le
premier des points que j'aborderai par la suite.

Toutes ces dispositions ont, suivant moi, des conséquences fâcheuses ; elles ne sont pas conformes à la
vraie politique, celle qui procède de points de vue
élevés, mais toujours humains.

1° L'esprit du gouvernement domine dans chacune
de ces dispositions ; et, quelque sage, quelque salutaire
que soit cet esprit, il impose à la nation l'*uniformité* ;
il lui impose une manière d'agir étrangère à elle-même.
Les hommes alors obtiennent des *biens* au grand préjudice de leurs facultés, au lieu d'entrer dans l'état
social pour y augmenter leurs forces, fût-ce au prix de
quelques-uns de leurs avantages ou de leurs jouissances
naturels. C'est précisément la diversité naissant de
l'union de plusieurs individus qui constitue le plus
grand bien que puisse donner la société ; et cette diversité croît à mesure que décroît l'ingérance de l'État.
Les membres d'une nation où la vie est en commun
n'ont plus de caractère propre ; ce sont des sujets
séparés, mis en rapport avec l'État, c'est-à-dire avec

CHRÉTIEN.   2

l'esprit qui domine dans le gouvernement ; et ce rapport est tel que la puissance supérieure de l'État entrave bientôt le libre jeu des forces. Semblables causes,
semblables effets. Plus l'État concourt à l'action, plus
la ressemblance grandit, non-seulement entre les
agents, mais encore entre les actes. C'est là précisément le désir des États. Ils veulent le bien-être et la
tranquillité. On obtient toujours facilement l'un et
l'autre à un degré tel que les intérêts individuels lut-
tent moins vivement entre eux. Mais ce que l'homme
considère, ce qu'il doit considérer, est tout autre chose,
c'est la variété et l'activité. Elles seules forment les
caractères riches et puissants ; et certes il n'est pas
d'homme, si abaissé qu'il soit, qui préfère pour lui le
bien-être et le bonheur à la grandeur. Mais quand on
raisonne ainsi pour les autres, on se fait tout naturellement soupçonner de méconnaître l'humanité et de
vouloir transformer les hommes en machines.

2° Le second mal causé par ces dispositions de l'État
est qu'elles énervent la force de la nation. De même
que la forme qui naît d'une matière douée d'une activité consciente d'elle-même donne à la matière plus
de plénitude et de beauté ; — car le beau est-il autre
chose que l'alliance d'éléments qui d'abord se com-
battaient ? alliance à laquelle l'indication de nouveaux
points de jonction, et, par suite, un grand nombre de
découvertes nouvelles, est toujours nécessaire ; alliance
qui grandit toujours en même temps que la diversité qui
existait avant elle ; — de même la matière est anéantie
par la forme qu'on veut lui donner en la prenant hors

d'elle-même. En effet, le Néant supprime l'Être. Tout dans l'homme est organisation. Tout ce qui doit croître en lui doit être semé en lui. Toute force suppose l'enthousiasme; et peu de choses l'alimentent autant que l'idée que ce qui l'inspire est une propriété présente ou à venir (1).

L'homme considère comme à lui, non pas tant ce qu'il possède que ce qu'il fait, et l'ouvrier qui cultive un jardin en est peut-être plus exactement le *propriétaire* que l'homme oisif et désœuvré qui en jouit (2). Peut-être ce raisonnement ne paraît-il permettre aucune application à la réalité des faits. Peut-être même paraît-il que l'extension de beaucoup de sciences, attribuée surtout par nous à ces dispositions de l'État, lequel ne peut faire que des essais en gros, est plus utile au déve-

(1) La propriété est considérée ici comme cause productive de l'enthousiasme, mais non comme cause unique. Il est certain en effet que l'enthousiasme, et le plus violent peut-être, provient souvent de la foi, sociale, politique, religieuse, philosophique, artistique, littéraire; causes qui ne touchent que bien peu ou point du tout au sentiment ou à l'espérance de la propriété. Cette réserve faite, l'aperçu de Humboldt reste profondément vrai. Michelet l'a merveilleusement développé dans son livre *le Peuple*, à propos de la propriété de la terre.

(2) Ceci est une manière de parler. Qui dit propriété dit travail, mais dit aussi jouissance absolue et exclusive, faculté d'user et de disposer de l'objet du droit. Or, le jardinier n'a que le premier lot, le travail, rémunéré par un salaire, point par une portion quelconque du droit de jouissance ou de disposition. Ce qu'on pourrait dire, c'est que dans ce cas, et à aptitude égale, le travail sera rarement aussi bien fait par un étranger que par le propriétaire. L'enthousiasme, fils de la propriété, y manquera, mais il pourra être remplacé par le sentiment du devoir qui lui aussi sait, grâce à Dieu, créer l'enthousiasme. — (Rapprocher ce passage d'un autre passage de ce chapitre, vers la fin, et les notes.)

loppement des facultés intellectuelles, de la civilisation
et surtout du caractère. Mais toute acquisition nouvelle de connaissances ne conduit pas immédiatement
à un perfectionnement même des seules facultés intellectuelles, et quand ce perfectionnement se produit en
réalité, il profite non pas à la nation tout entière, mais
à une partie seulement, à la partie qui tient en main le
gouvernement. En général, l'intelligence de l'homme
et toutes ses autres forces ne progressent que par son
activité propre, son industrie propre, ou par l'usage
qu'il tire lui-même des découvertes étrangères. Les
dispositions de l'État sont toujours plus ou moins accompagnées de contrainte, et même lorsqu'il n'en est
point ainsi, elles habituent l'homme à compter sur un
enseignement étranger, sur une direction étrangère,
sur un secours étranger, plutôt qu'à chercher lui-
même des ressources. La façon presque unique dont
l'État peut instruire les citoyens n'est pas autre que
celle-ci : ce qu'il croit le meilleur, c'est-à-dire ce qu'il
a trouvé, il le pose ; puis il y conduit les citoyens, soit
directement par une loi, soit indirectement par quelque institution toujours obligatoire pour eux, ou par
son crédit, par la proposition de récompenses, par
quelque autre moyen d'encouragement ; ou bien enfin
il se borne à le recommander par le seul raisonnement.
Mais quelle que soit celle de ces méthodes qu'il prenne,
il s'éloigne toujours beaucoup du meilleur procédé à
suivre. Celui-là consiste sans nul doute à présenter
toutes les solutions possibles du problème, afin de
préparer l'homme à choisir lui-même la plus heureuse,

ou mieux encore afin de le préparer à *trouver* cette solution, en se bornant à la dégager des obstacles qui l'entourent. L'État ne peut suivre cette méthode d'enseignement envers des citoyens formés, d'une manière négative, que par la liberté qui, tout en laissant naître les obstacles, en confie l'enlèvement à leur force et à leur habileté; d'une manière positive, en se formant lui-même tout d'abord par une éducation vraiment nationale. On examinera plus amplement par la suite l'objection qui se présente ici. Elle consiste à dire que le soin des affaires dont nous parlons a pour effet l'accomplissement de la chose plutôt que l'enseignement de celui qui l'exécute; il fait que le champ soit bien cultivé, mais il fait moins que celui qui le laboure devienne un habile agriculteur.

Les soins trop étendus de l'État font souffrir encore davantage l'énergie active et le caractère moral. Ceci n'exige guère plus de développement. Celui qui est fortement et souvent mené en arrive à sacrifier presque volontairement ce qui lui reste d'activité propre. Il se croit dispensé du soin qu'il voit dans des mains étrangères; il croit assez faire en attendant leur direction et en la suivant. Les notions du mérite et de la faute se déplacent en lui. L'idée du mérite ne l'enflamme plus; le sentiment importun de la faute ne se fait sentir en lui que plus rarement et d'une manière moins efficace (1); il la met sur le compte de sa situation et

(1) Ceci a été admirablement développé par Proudhon : « .... Comment sous cette loi qui ne procéderait plus de son individualité pure, l'homme pourrait-il être encore vertueux ou lâche, coupable ou re-

de ceux qui la lui ont faite. S'il en vient à penser que
les intentions de l'État ne sont pas entièrement justes,
s'il croit voir que l'État ne cherche pas seulement son
avantage et qu'il a encore un autre but secondaire
quelque peu étranger à celui-là, ce n'est plus seulement
l'énergie, c'est la pureté de sa volonté morale qui est
atteinte. Non-seulement il se considère comme affran-
chi de tout devoir qui ne lui est pas expressément imposé par l'État, mais les améliorations même qu'on
tenterait d'apporter à sa situation lui sont suspectes ;
il craint qu'il n'y ait là quelque occasion pour l'État
d'en tirer profit. Il cherche à transgresser autant qu'il
le peut les lois de l'État lui-même. Chaque violation
à ses yeux est un gain. Quand on songe qu'une partie
notable de la nation ne conçoit pas de morale au delà
des lois et des ordonnances de l'État, n'est-ce pas un
décourageant spectacle de voir les plus saints devoirs
et les ordres les plus arbitraires formulés par la même
bouche, ayant souvent pour sanction la même peine ?
Cette influence pernicieuse n'agit pas moins sûrement
sur les rapports des citoyens les uns avec les autres.

pentant? Comment serait-il moral? On conçoit très-bien le remords
procédant du péché contre soi-même : que sera-t-il né de la déso-
béissance à une loi factice, adventice, étrangère.....? Qui s'arrogera
le droit de punir, même en alléguant le bien du coupable, le soin de
son âme, le salut de sa dignité? Quel accord possible entre la société
et le moi? Et si l'accord est impossible, si la société doit toujours,
nécessairement, même sans compensation, prévaloir, que devient
l'individualité, obligée de s'effacer, d'abdiquer?... Que vont devenir
la liberté, l'audace, le génie entreprenant, toutes nos manifestations
les plus généreuses, sans lesquelles notre existence n'est plus rien? »
(*De la justice dans la Révolution et dans l'Église*, étude première,
chap. 11.)

Comme chacun se confie soi-même à la sollicitude de l'État, chacun se repose bien mieux encore sur elle du sort de ses concitoyens. La conscience qu'ils ont de l'intervention de l'État affaiblit l'intérêt qu'ils devraient se porter les uns aux autres et les pousse à l'indifférence réciproque. Au contraire, l'aide donnée en commun est d'autant plus active que chaque homme sent plus vivement que tout dépend de lui-même; et, l'expérience nous l'apprend, c'est dans les classes opprimées, abandonnées du gouvernement, que le sentiment de l'union redouble d'énergie. Mais quand le citoyen n'a qu'indifférence pour son concitoyen, il en est de même de l'époux pour son époux, du père pour sa famille.

Abandonné en tout au mouvement et à l'action, privé de tout secours étranger qu'il ne se serait pas procuré lui-même, l'homme sans doute, par sa faute ou sans sa faute, serait souvent en butte à l'embarras et au malheur. Mais le bonheur réservé à l'homme n'est autre que celui qu'il se procure à lui-même par sa propre force ; et c'est là ce qui aiguise l'intelligence et forme le caractère. Quand l'État entrave l'activité individuelle par une intervention trop spéciale, combien de maux ne surgissent-ils pas? Ils surgissent et abandonnent à un sort bien plus désespéré l'homme qui a pris une fois l'habitude de se confier à une force étrangère. Autant, en effet, la lutte et le travail actif allégent le malheur, autant, et dix fois davantage, l'attente sans espoir, déçue peut-être, le rend plus amer. Dans les cas même les plus heureux, les États dont je parle ressemblent trop souvent à ces médecins qui attirent

la maladie et éloignent la mort. Avant qu'il existât des
médecins, on ne connaissait que la santé ou la mort (1).

3° Tout ce qui occupe l'homme, qu'il tende directement ou indirectement à satisfaire ses besoins physiques ; qu'il marche vers un but extérieur quelconque,
tout cela se relie intimement à ses sentiments intérieurs.
Quelquefois aussi le but extérieur est accompagné d'un
autre but intérieur ; et parfois c'est celui-ci qu'on se
propose surtout d'atteindre. Quant à l'autre, on ne fait
que l'y rattacher nécessairement ou accidentellement.
Plus l'homme a d'unité, plus l'objet extérieur qu'il
choisit jaillit librement de son être intérieur ; et l'un
se relie à l'autre d'une manière d'autant plus étroite et
fréquente qu'il n'a pas été choisi librement. C'est ainsi
que l'homme digne d'intérêt est digne d'intérêt dans
toutes ses situations et dans tous ses actes ; c'est ainsi
qu'il fleurit et arrive à une beauté sublime, dans une
existence qui concorde avec son caractère.

C'est ainsi peut-être que tous, paysans et ouvriers,
deviendraient des _artistes_, c'est-à-dire des hommes
qui aimeraient leur industrie pour elle-même, qui l'a-
mélioreraient par une direction et un génie à eux propres, qui, par là même, cultiveraient leurs forces
intellectuelles, anobliraient leur caractère, élèveraient
leurs jouissances. C'est ainsi que l'humanité serait
anoblie par ces choses, qui, quoique belles en elles-
mêmes, ne servent souvent qu'à la déshonorer. Plus

(1) On reconnaît ici l'influence de la lecture de Platon. (Voy. _Répu-
blique_, liv. III.)

l'homme est habitué à vivre dans le monde des idées et des sentiments, plus son intelligence et sa moralité sont vigoureuses et délicates, plus il recherche les situations extérieures qui enrichissent son moi intérieur, ou du moins les côtés qui présentent cet avantage dans toutes celles que le destin lui attribue. On ne saurait dire combien l'homme gagne en grandeur et en beauté quand il s'applique sans relâche à donner toujours la première place à son être intérieur, quand il le considère comme la cause première et le but final de tout son labeur, quand le corps n'est pour lui qu'une enveloppe, les objets extérieurs que des outils.

Pour choisir un exemple, combien le caractère développé dans un peuple par l'agriculture laissée libre (1) ne se montre-t-il pas nettement dans l'histoire ? Le travail qu'il consacre au sol et la récolte qui l'en dédommage rapprochent tendrement l'homme de son champ et de son foyer. La participation à la fatigue bénie, la jouissance en commun de ce qu'on a gagné, établissent dans chaque famille une douce liaison, dont n'est pas exclu l'animal lui-même, compagnon du travail. Les fruits qu'il faut semer et récolter, mais qui poussent chaque année et ne trompent que rarement l'espérance, rendent l'homme patient, confiant, économe. Le don toujours reçu directement des mains de la nature ; le sentiment toujours vivant que, si c'est la main de l'homme qui répand la semence, ce n'est pas

(1) C'est la gloire des économistes physiocrates d'avoir les premiers réclamé cette liberté.

elle qui la fait germer et croître ; la continuelle dépendance de la saison favorable ou défavorable donne aux
cœurs la pensée tantôt terrible, tantôt douce d'êtres
supérieurs ; elle inspire tour à tour la crainte et l'espoir ; elle pousse à la prière et à la reconnaissance.
L'image vivante de la grandeur simple, de l'ordre indestructible, de l'immense bonté, donne aux âmes la
grandeur, la simplicité, la douceur, la soumission
libre et heureuse aux lois et à la morale. Toujours
habituée à produire, jamais à détruire, l'agriculture
est pacifique ; elle est ennemie de la cruauté et de la
violence ; mais, remplie du sentiment que toute agres-
sion non provoquée est injuste, elle est animée d'une
haine insurmontable contre tout destructeur de sa
paix.

Toutefois la liberté est la condition absolument nécessaire, sans laquelle les actes qui portent le plus
nettement le cachet de l'âme ne peuvent entraîner
aucune de ces conséquences salutaires. Ce que l'homme
ne choisit pas lui-même, ce en quoi il est gêné ou vers
quoi il est mené, ne s'identifie jamais avec son être et
lui reste toujours étranger. Pour l'accomplir, il emploie,
non ses forces d'homme, mais une adresse de mécanique. Les anciens, les Grecs surtout, considéraient
comme mauvaise et déshonorante toute occupation
ayant pour objet, non le développement du moi, mais
seulement celui des forces corporelles ou l'acquisition
de biens extérieurs. Leurs philosophes les plus philan-
thropes approuvaient à cause de cela l'esclavage. Pour
eux, c'était un moyen, injuste et barbare sans doute,

d'assurer le développement de la force et de la beauté d'une partie du genre humain par le sacrifice de l'autre partie. Mais le jugement et l'expérience font aisément voir l'erreur qui sert de base à ce raisonnement. Tout travail peut anoblir l'homme, lui donner une forme bien définie et digne de son être. Ce résultat ne dépend que de la manière dont l'homme se livre à ce travail ; et l'on peut considérer comme règle générale qu'il produit de salutaires effets tant que lui-même et l'énergie qui s'y rattache remplissent principalement l'âme de l'homme (1) ; qu'au contraire, ses effets sont moins bons, qu'ils sont même souvent pernicieux quand l'homme voit surtout le résultat auquel il conduit, et quand il ne considère plus le travail que comme un moyen. Car tout ce qui est attrayant en soi excite l'estime et l'amour ; ce qui ne représente qu'un moyen utilitaire n'éveille que les intérêts ; et, autant l'homme est anobli par l'estime et l'amour, autant il est exposé à être ravalé par les intérêts. Si donc l'État prend des soins positifs de la nature de ceux dont je parle, il ne peut se placer qu'au point de vue des *résultats*, et que fixer les règles dont l'observation est la plus utile pour leur bon accomplissement.

Ce point de vue étroit n'est jamais plus pernicieux

---

(1) L'espoir que nous éprouvons de triompher des obstacles qui nous séparent de tel ou tel résultat, et de nous prouver ainsi à nous-mêmes notre force, est plus excitant que l'espoir d'obtenir ce résultat. C'est là l'explication de ce que l'on appelle la *curiosité*. L'archevêque Whately l'a fort bien dit : « Men are never so ready to study the » interior of a subject, as when there is something of a veil thrown » over the exterior. » (*Thoughts and Apophthegms.* London, 1856.)

que quand le véritable but de l'homme est purement
intellectuel ou moral ; ou lorsque l'objet lui-même,
indépendamment de ses conséquences, et ces conséquences elles-mêmes, ne font que s'y rattacher fatalement ou accidentellement. Il en est ainsi des études
scientifiques, des opinions religieuses, de tous les liens
qui unissent les hommes les uns aux autres, et du
lien le plus naturel de tous, de celui qui, pour les individus comme pour l'État, est le plus important,
du mariage.

Une union de personnes de sexe différent, fondée
principalement sur cette différence de sexe, suivant la
définition la plus exacte peut-être qu'on puisse donner
au mariage, peut se comprendre d'autant de manières
diverses qu'il y a de manières diverses de comprendre
cette différence, et, par suite, qu'il existe de penchants
de cœur, de buts proposés par la raison. Pour tout
homme, c'est une occasion d'éprouver avec sûreté son
caractère moral tout entier, et principalement la force
et la nature de sa sensibilité. L'homme se propose-t-il
surtout d'atteindre un but extérieur, ou au contraire
donne-t-il la prééminence à son moi intérieur ? Est-ce
l'intelligence qui en lui est la plus active, ou bien est-ce
le sentiment ? A-t-il l'entreprise prompte et l'abandon
facile ? ou bien est-ce le contraire ? Les liens qu'il se
donne sont-ils éphémères ou solides ? Jusqu'à quel
point conserve-t-il son activité personnelle et spontanée
dans l'union la plus intime ? Tous ces points, et d'autres
encore en nombre infini, modifient de manière ou
d'autre ses rapports dans la vie conjugale. Mais de

quelque manière qu'ils soient déterminés, leur action sur la personnalité, sur le bonheur de l'homme, est évidente. L'effort qu'il fait pour réaliser son idéal réussit bien ou réussit mal ; mais de là dépend en grande partie l'élévation ou l'affaissement de son être. Cette influence est grande surtout sur la partie la plus intéressante de l'humanité, sur ceux dont l'organisation morale est tendre et délicate, dont la sensibilité est profonde. Dans cette classe il faut ranger les femmes plutôt que les hommes ; et le caractère de celles-là dépend de la nature qu'ont les rapports de famille dans une nation. Dispensées d'un grand nombre d'occupations extérieures ; livrées principalement à celles qui laissent le moi intérieur presque à l'abri de tout trouble ; plus fortes par ce qu'elles peuvent être que par ce qu'elles peuvent faire, plus expressives dans le silence que dans la description de leurs sentiments, plus richement douées de la faculté d'exprimer directement et sans le secours des signes, possédant une organisation physique plus délicate, un œil, plus mobile, une voix plus saisissante; destinées dans leurs rapports avec autrui à attendre et à recevoir plutôt qu'à aller au-devant ; plus faibles par elles-mêmes, mais s'attachant plus profondément par l'admiration de la grandeur et de la force d'autrui ; aspirant sans cesse, dans l'union, à recevoir de l'être auquel elles sont unies, à former en elles ce qu'elles ont reçu, et à le rendre tout formé; plus animées du courage qu'inspire la préoccupation de l'amour et le sentiment de la force qui ne brave pas l'adversité, mais qui ne succombe pas

à la douleur, les femmes *approchent* plus que l'homme
de l'idéal de l'humanité ; et, s'il est vrai qu'elles l'atteignent *plus rarement*, c'est uniquement parce qu'il
est toujours plus difficile de suivre le sentier direct
que de prendre le détour. Mais aussi, n'est-il pas besoin de rappeler combien un être qui a en soi tant de
charme et d'unité, en qui, par conséquent, tout est
influence, et dont chaque influence sur nous est non
point partielle mais universelle, combien un tel être
est profondément troublé par les froissements extérieurs. Toutefois, on ne saurait énumérer tout ce qui,
dans la société, dépend du développement du caractère de la femme. Si je ne me trompe, et si je puis
ainsi parler, toute qualité éminente apparaît dans une
certaine classe d'êtres : le caractère de la femme est de
sauvegarder le trésor des mœurs,

> L'homme veut la liberté, la femme la pureté (1).

et, suivant ce mot profond et vrai du poëte, si l'homme
s'efforce de reculer les barrières extérieures qui font
obstacle à sa croissance, la main soigneuse de la femme
pose les bienfaisantes limites intérieures sans lesquelles
la force ne saurait fleurir jusqu'à la plénitude ; elle
établit ces limites avec d'autant plus de délicatesse
qu'elle connaît plus profondément l'existence intérieure de l'homme, et qu'elle pénètre mieux ses rapports multiples ; en effet, sa faculté de perception n'est
jamais entravée et la dispense d'employer ces raison-

(1) Gœthe, *Torquato Tasso*, acte II, scène 1re.

nements subtils qui obscurcissent si souvent la vérité.

Si cela était nécessaire, l'histoire pourrait prêter son appui à cette proposition, et montrer combien la moralité des nations se relie étroitement à la considération dont jouissent les femmes. De ce qui précède, il résulte que les effets du mariage sont aussi divers que les caractères des individus, et que les conséquences les plus fâcheuses peuvent se produire si l'État cherche à définir par les lois un lien aussi étroitement uni à la nature personnelle des individus, ou à le rendre, par ses décrets, dépendant d'autres choses que de la seule volonté. Il en sera de même s'il peut, ne fût-ce que se préoccuper des conséquences du mariage, de la population, de l'éducation des enfants (1), etc. A la vérité, il est facile de prouver jusqu'à l'évidence que ces choses conduisent aux mêmes résultats, quand elles sont accompagnées de beaucoup de soin pour la beauté de l'existence intérieure. Des études consciencieuses ont fait voir que l'union indissoluble et perpétuelle de l'homme et de la femme est la plus favorable à la population, et qu'évidemment aucune autre ne saurait découler de l'amour vrai, naturel et libre (2). Cet amour-là ne conduit pas à d'autres rapports que ceux que les mœurs et la loi établissent parmi nous, tels que l'éducation physique des

(1) L'auteur n'entend parler ici que d'un *mode* particulier d'éducation que l'Etat prétendrait imposer directement ou indirectement. (Voyez plus loin les chapitres vi et xiv.)

(2) Il est, je pense, inutile de dire que sous ce dernier mot il faut comprendre l'amour qui n'est point troublé par les dispositions arbitraires de l'Etat : *unverstimmte Liebe*, dit le texte.

enfants, l'enseignement privé, l'association de la vie,
la communauté des biens, la direction des affaires extérieures par l'homme, le gouvernement de la maison
par la femme. Le mal consiste selon moi en ce que la
loi *commande,* alors que de tels rapports ne peuvent
naître que de la volonté, point de prescriptions étrangères ; et, lorsque la contrainte ou la direction imposée
contrarient la volonté, celle-ci nous ramène d'autant
moins au droit chemin. Aussi pensé-je que l'État, non-
seulement devrait rendre les liens plus libres et plus
larges, mais, — s'il m'est permis de me prononcer ici,
seulement d'après les considérations présentées plus
haut, alors qu'il est question, non du mariage en
général, mais d'un inconvénient spécial, saisissant, qui
provient des prescriptions restrictives de l'État, — je
pense encore qu'il devrait s'abstenir de toute action
sur le mariage, l'abandonner avec les divers contrats
qui en découlent en général, et dans leurs modifications, au libre arbitre des individus. La crainte de bouleverser par ce procédé tous les rapports de famille, ou
peut-être d'en empêcher la formation, — quelque fondée qu'elle soit, à cause de telles ou telles circonstances
locales, — ne m'effraye point, en tant que je considère
exclusivement la nature des hommes et des États en
général. Car l'expérience nous fait voir souvent que les
mœurs défendent ce que la loi permet ; l'idée de contrainte extérieure est entièrement étrangère à ces rapports qui, comme le mariage, reposent uniquement
sur le penchant et le devoir intérieur. D'ailleurs, les
conséquences des institutions coercitives ne répondent

en rien au but que l'on se propose en les édictant (1).

4° [Le soin pour le bien positif des citoyens a de plus grands inconvénients encore, car il s'applique à une foule composée d'éléments divers; les individus se trouvent froissés par des règles générales qui ne s'appliquent à chacun d'eux qu'avec des erreurs considérables.

5° Il empêche le développement de l'individualité et du caractère propre de l'homme...] Dans la vie morale et, en général, dans la vie pratique, l'homme, pourvu qu'il observe à peu près les règles qui n'ont peut-être d'autres limites que les principes du droit, a sans cesse devant les yeux le point de vue élevé de son propre développement original et de celui d'autrui; et surtout il fait librement plier tout autre intérêt devant celui-là, sans y être en rien poussé par le motif grossier d'une loi positive et expresse. Mais tous les côtés que l'homme peut cultiver en lui sont fort étroitement unis; si cette liaison dans l'ordre des choses intellectuelles, sans être plus profonde, est déjà plus importante et plus remarquable qu'elle ne l'est dans l'ordre des choses physiques, elle l'est encore bien davantage dans le monde moral. Les hommes doivent donc s'unir les uns aux autres pour faire disparaître, non leur personnalité originale, mais leur état d'isolement exclusif. L'union ne doit pas fondre un être dans un autre, mais ouvrir

_____

(1) Voyez sur ce grave sujet, traité ici d'une manière quelque peu paradoxale, ce qui en est dit au chapitre XI de l'ouvrage. — C'est là que se termine le morceau inséré par Schiller dans la *Thalia*, et que se trouve cette malheureuse lacune dont il est parlé dans la notice du traducteur.

les voies de l'un à l'autre, si l'on peut ainsi parler ;
chacun doit comparer ce qu'il possède de son propre
fonds avec ce qu'il reçoit d'autrui ; il doit modifier,
mais non laisser étouffer l'un par l'autre. De même, en
effet, que dans l'ordre intellectuel pour la vérité, de
même dans le domaine de la morale, la vraie dignité
de l'homme n'est jamais en conflit avec elle-même, et,
par conséquent, les liens étroits et variés qui unissent
entre eux les caractères originaux sont aussi nécessaires pour anéantir ce qui ne peut subsister entre eux,
et ce qui, par suite, ne peut donner à chacun ni grandeur ni beauté, que pour conserver, alimenter, renou-
veler et faire renaître plus belle la partie de nous-mêmes
qui reste intacte dans nos rapports les uns avec les
autres. De là un effort et un désir continu de bien
comprendre le caractère le plus profondément personnel d'autrui, de l'utiliser et d'agir sur lui, tout en
conservant le plus grand respect pour ce caractère qui
est la propriété d'un être libre. Pour cette action, contenue par le respect dont nous parlons, un seul moyen
sera permis : se montrer soi-même à découvert et se
livrer aux yeux d'autrui comme objet de comparaison.
C'est là le principe le plus élevé de l'art des relations,
celui de tous peut-être qui a été le plus négligé jusqu'aujourd'hui. Pour tenter d'excuser cette négligence, si
l'on disait que les relations doivent être un délasse-
ment, non un travail fatigant, et que malheureusement
bien des gens ont à peine en eux un côté intéressant
et original dont on puisse tirer profit, il s'ensuivrait
que chacun aurait trop de respect envers soi-même

pour rechercher d'autres délassements que l'échange d'un travail intéressé, ne rechercherait que ceux qui laissent inactives les plus nobles facultés ; et que chacun aurait trop de respect envers l'humanité pour déclarer un seul de ses membres entièrement incapable d'être utilisé ou modifié par l'influence d'un autre. Mais du moins cette règle doit toujours être présente à l'esprit de ceux qui font profession de manier et de gouverner les hommes. Par suite, quand l'État prend un soin positif, ne fût-ce que de ce bien extérieur et physique qui se relie intimement à l'être intérieur, il ne peut s'empêcher de devenir un obstacle au développement de la personnalité. C'est là une nouvelle raison de ne jamais prendre un tel soin hors des cas de nécessité absolue.

Telles sont à peu près les conséquences les plus fâcheuses qu'entraînent les soins positifs pris par l'État pour le bien-être des citoyens ; elles se rattachent, il est vrai, aux divers modes dont on peut appliquer ces soins dans la pratique ; mais on ne saurait, à mon avis, les en séparer d'une manière générale. Jusqu'ici, je n'ai voulu parler que du soin pour le bien physique ; je suis toujours parti de ce point de vue, et j'ai laissé de côté tout ce qui concerne exclusivement le bien moral. Mais je rappelais, en commençant, que ce sujet ne permet aucune distinction. Les développements que j'ai fournis peuvent donc presque toujours servir à décider les questions qui s'élèvent ; ils s'appliquent, la plupart du temps, au soin positif, quel que soit l'objet auquel il s'applique. Toutefois, j'ai supposé

jusqu'ici que les institutions de l'État dont nous parlons étaient déjà formulées et existantes ; je dois maintenant m'occuper de certaines difficultés qui se produisent dans leur établissement même.

6° Évidemment, il serait tout à fait nécessaire, lors
de cet établissement, de peser les avantages que l'on
trouve dans ces mesures, contre les inconvénients et
surtout les restrictions à la liberté qui s'y rattachent
toujours. Mais une telle comparaison ne se ferait que
difficilement ; peut-être serait-il impossible de l'établir
d'une manière exacte et complète. Car toute disposition restrictive est en lutte avec la manifestation libre
et naturelle des facultés ; elle crée jusqu'à l'infini de
nouveaux rapports, et il est impossible de prévoir tous
ceux qu'elle traîne après elle, même en supposant la
plus grande régularité dans la marche des événements,
et en faisant abstraction de toutes les conjonctures
graves et imprévues qui ne manquent cependant
jamais de se produire. Tout homme qui a l'occasion de
mettre la main au gouvernement supérieur de l'État
reconnaît par expérience, et à ne point s'y tromper,
combien les règles générales sont rarement de nécessité immédiate et absolue, combien d'entre elles, au
contraire, n'ont qu'une nécessité purement relative,
médiate, dépendante d'autres rapports qui les précèdent et les dominent. Aussi une quantité bien plus
considérable de moyens devient nécessaire, et ces
moyens eux-mêmes nous éloignent du but à atteindre.
Non-seulement un tel État a besoin de plus d'argent,
mais il exige une organisation plus compliquée pour

le maintien de la véritable sûreté politique. Moins les parties ont de cohésion entre elles, plus le soin de l'État doit être actif. De là naît la question difficile et malheureusement trop négligée de savoir si les forces naturelles de l'État sont suffisantes à produire tous les moyens forcément nécessaires dans ce système? Si ce calcul est inexactement fait, il en résulte un véritable chaos ; des dispositions nouvelles et compliquées viennent donner aux ressorts de l'État une tension exagérée. C'est là un mal dont souffrent, et pour bien d'autres raisons encore, un grand nombre d'États modernes.

Il ne faut surtout point oublier un inconvénient qui se produit ici, car il touche de très-près à l'homme et à son développement. Ce mal vient de ce que l'administration proprement dite des affaires d'État est tellement enchevêtrée que, pour ne pas devenir une vraie confusion, elle rend nécessaire une foule de dispositions de détail et occupe un grand nombre de personnes qui, pour la plupart, n'ont qu'à noircir du papier et à remplir des formulaires. Non-seulement un grand nombre et d'excellents esprits peut-être sont empêchés de penser, beaucoup de mains qui pourraient s'occuper plus utilement sont détournées du vrai travail (1); mais de plus, les forces intellectuelles elles-mêmes souffrent de cette occupation ou vaine, ou trop spéciale. De là vient communément un résultat nouveau : c'est que le soin des affaires d'État rend les

(1) Union entre la liberté individuelle et l'économie politique.

3.

serviteurs de l'État aussi complétement dépendants de
la partie gouvernante, qui les paye, que de la nation (1).
Et combien d'autres maux encore l'expérience ne nous
montre-t-elle pas d'une manière incontestable : l'attente du secours de l'État, le manque d'initiative personnelle, la fausse présomption, la paresse et l'insuffisance. Le vice d'où naissent ces maux est ensuite
engendré par eux. Ceux qui traitent ainsi les affaires
d'État tendent de plus en plus à négliger les choses
elles-mêmes pour n'en considérer que la forme; ils
apportent à celle-ci des améliorations peut-être réelles;
mais, comme ils n'accordent pas à la chose principale
une attention suffisante, ces améliorations lui sont
souvent funestes. De là naissent des formes nouvelles,
de nouvelles complications, souvent de nouvelles
prescriptions restrictives, qui tout naturellement donnent lieu à un nouveau renfort de fonctionnaires. De là
tous les dix ans, dans la plupart des États, une extension du personnel des employés, un agrandissement
de la bureaucratie, une restriction à la liberté des sujets (2). Dans une pareille administration, tout dépend
de la surveillance la plus stricte, de l'activité ponc-
tuelle et consciencieuse, car les occasions de manquer
à cette surveillance et à cette activité sont d'autant
plus nombreuses. Aussi s'efforce-t-on alors, et avec
une sorte de raison, de faire tout passer par le plus de

(1) Union entre la liberté individuelle et la liberté politique.
(2) Ces opinions se retrouvent dans le mémoire écrit par Humboldt
vingt-sept ans plus tard, en 1819, sur l'*Organisation constitutionnelle
de la Prusse*. (Voyez l'Introduction.)

mains qu'il se peut afin d'empêcher jusqu'à la possibilité d'une erreur ou d'une malversation. Mais aussi
un tel système est cause que les affaires se font méca-
niquement et que les hommes deviennent des machines ; la véritable habileté, la probité, disparaissent
de plus en plus, et avec elles la confiance. Enfin ces
occupations, dont je parle, prennent aux yeux de chacun une importance énorme, de telle sorte que forcément le point de vue de l'importance et du peu d'importance des choses, de l'honneur et de la honte, du
but principal et du but accessoire en est entièrement
bouleversé. Et comme la nécessité d'occupations de
cette nature a des conséquences salutaires qui sautent
aux yeux et qui dédommagent de leurs inconvénients,
je m'arrête ici et je passe à la dernière considération,
à laquelle tous les développements qui précèdent
n'étaient qu'une préparation nécessaire, pour réfuter
les raisons générales invoquées en faveur du soin positif de l'État.

7° Rattachons cette partie de notre étude à une considération générale qui découle des points de vue les
plus élevés. On néglige les hommes pour s'occuper
des choses, et les facultés pour ne voir que les résultats. D'après ce système, un État ressemble à un amas
d'instruments, morts ou vifs, d'influence et de jouissance, plutôt qu'à une réunion de forces capables d'agir
et de jouir. En négligeant la spontanéité personnelle
des êtres actifs, il semble qu'on ne travaille qu'à leur
bonheur et à leur jouissance. Mais, en supposant même
qu'il en soit vraiment ainsi, car après tout c'est la sen-

sibilité de l'être qui jouit qui est le seul juge de sa
félicité et de sa jouissance, cela serait toujours contraire à la dignité humaine. S'il en était autrement, on
ne pourrait pas s'étonner de ce que ce système, qui
n'a d'autre visée que le calme, renonce à la plus élevée
des jouissances humaines, par crainte, pour ainsi dire,
de ce qui lui est contraire. L'homme jouit surtout
dans les moments où il se sent en pleine possession
de sa force et de son unité. Sans doute, l'homme alors
est bien près d'être aussi malheureux qu'il peut l'être.
Car l'instant de la tension est forcément suivi d'une
tension pareille ; mais c'est l'insurmontable destin qui
nous lance vers le bonheur ou vers la souffrance. Toutefois, du moment où le sentiment de ce qu'il y a de
plus élevé dans l'homme mérite seul le nom de bonheur, la douleur et la souffrance prennent une forme
nouvelle. Le moi intérieur de l'homme devient le siége
du bonheur ou du malheur, il ne varie pas suivant les
agitations du courant qui l'emporte. Ce système conduit, suivant moi, à de terribles efforts faits pour
échapper à la douleur. Celui qui se connaît vraiment
en bonheur supporte la douleur, qui sait bien joindre
ceux qui la fuient, et se réjouit incessamment de la
marche inflexible de la destinée (1). Que les choses
naissent ou disparaissent, la vue de la grandeur est
pour lui douce et attachante. L'homme en arrive ainsi

---

(1) Cette philosophie est bonne en présence de faits qui échappent
à nos forces et à notre activité ; c'est alors de la résignation rationnelle ; elle est mauvaise dans les autres cas ; ce n'est plus qu'un pa-
resseux fatalisme digne de Turcs.

à sentir que le moment de sa propre destruction est pour lui un de ces moments de délices réservés quelquefois, mais bien rarement, aux imaginations exaltées.

Peut-être m'accusera-t-on d'avoir exagéré les inconvénients qu'on vient d'énumérer. Mais je devais dépeindre en entier l'influence exercée par l'immixtion de l'État, dont il est question ici. On comprend sans peine que tous ces inconvénients sont très-différents selon le mode et le degré d'énergie de cette ingérance. Je supplie que pour tout ce que ces pages contiennent de général, on veuille bien ne faire aucun rapprochement ni comparaison avec les faits. Dans la réalité on trouve bien rarement un cas simple et complet; ce qui fait que l'on ne voit pas distinctement l'action particulière de chaque chose séparée. Il ne faut pas oublier non plus, qu'étant donnée une fois l'existence d'influences mauvaises, le mal fait de bien rapides progrès. De même qu'une grande force unie à une grande force en produit une deux fois plus grande, de même la faiblesse unie à la faiblesse produit une faiblesse infime. Quelle pensée oserait déterminer la rapidité de ce mouvement? Toutefois, en admettant même que les inconvénients soient moins considérables, il me semble que la théorie ci-dessus développée est plus qu'amplement justifiée par les avantages incalculables qu'en présenterait l'application, en supposant, ce qui peut faire doute, que cette application soit de tout point possible. En effet, par la nature même des choses, la force toujours active, jamais oisive, combat toute institution qui lui est contraire, provoque toute institution qui lui est salutaire; de telle sorte qu'on peut dire en toute vérité que l'agitation la plus ardente produit nécessairement et toujours plus de bien qu'elle ne peut produire de mal.

Je pourrais ici présenter comme contraste l'heureux tableau d'un peuple vivant au milieu de la liberté la plus complète et la plus illimitée, vivant pour lui-même au milieu de la plus grande variété de rapports existant en lui et autour de lui; je pourrais montrer combien l'originalité, la diversité des forces y paraîtrait plus belle, plus grande, plus admirable que dans cette antiquité superbe où le caractère propre d'un peuple moins cultivé est toujours plus rude et plus grossier, où les forces et la richesse même du caractère grandissent avec la délicatesse, où l'union presque infinie de toutes les nations et de toutes les parties du monde donnent une bien plus grande richesse d'éléments; je pourrais montrer quelle vigueur se développerait nécessairement si chacun s'arrangeait soi-même, si chacun, entouré sans cesse de forces excellentes, s'assimilait ces forces avec une activité spontanée sans limites et toujours excitée par la liberté; je pourrais faire voir combien l'existence intérieure de l'homme deviendrait tendre et délicate, combien ses occupations se multiplieraient, combien tout ce qui est physique et extérieur pénétrerait l'être intérieur, moral et intellectuel, combien le lien qui unit les deux natures de l'homme gagnerait de force durable, si rien ne venait plus troubler la libre réaction des travaux humains sur l'esprit et le caractère; je pourrais faire voir comment personne ne serait sacrifié à autrui, comment chacun conserverait pour soi la force qui lui a été départie, et serait par suite plus noblement disposé à lui imprimer une direction salutaire à ses semblables; combien, si chacun grandissait dans son originalité propre, le caractère humain gagnerait de nuances variées, délicates et belles; combien l'aptitude exclusive deviendrait rare, car elle n'est en général que la conséquence de la petitesse et de la débilité; comme quoi chacun n'ayant plus rien qui le contraindrait à se faire semblable aux autres, serait plus fortement poussé à se modifier d'après eux par la nécessité toujours croissante de l'union avec autrui; comment, chez un tel peuple, toutes les facultés et toutes les mains travailleraient à l'élévation et au bonheur de la vie humaine; je pourrais montrer enfin comment chacun n'aurait d'autre mobile que celui-là, et serait détourné de tout autre but faux ou moins digne de l'humanité. Je pourrais terminer en faisant remarquer combien les effets salutaires d'une telle constitution, répandus chez un peuple, quel qu'il soit, enlèveraient à ses misères, qu'il est impossible, hélas! de faire entièrement disparaître, aux ravages de la nature, à l'action mauvaise des passions hostiles, aux excès des penchants assouvis, une immense part de leur horreur. Mais il me suffit d'en avoir esquissé le contraste; je me contente de crayonner des idées et de les offrir à un examen plus approfondi.

Si j'essaye de tirer la conclusion de tout ceci, je

trouve que le premier principe fondamental de cette
partie de mon étude est celui-ci :

Que l'État se dispense de tout soin pour le bien positif des citoyens ; qu'il n'agisse jamais plus qu'il n'est
nécessaire pour leur procurer la sécurité entre eux et
vis-à-vis des ennemis extérieurs ; qu'il ne restreigne
jamais leur liberté en faveur d'un autre but.

Je devrais maintenant m'occuper des moyens suivant lesquels un tel soin peut être exercé activement ;
mais comme mes principes me conduisent à le désapprouver en lui-même, je puis garder le silence sur ces
moyens et me contenter de remarquer en général que
les moyens par lesquels on restreint la liberté dans
l'intérêt du bien-être peuvent être de nature fort diverse. Ils peuvent être directs, tels que les lois, les
encouragements, les primes ; ou indirects, tels que la
situation faite au souverain, lequel est le propriétaire
le plus important, les concessions qu'il fait à des citoyens isolés de priviléges, de monopoles, etc. Tous,
suivant le degré et le mode dont on les emploie, entraînent des maux divers. A supposer même qu'on ne
soulève aucune objection contre ma critique, il paraît
étrange de vouloir interdire à l'État ce que chacun
peut faire : établir des récompenses, distribuer des
secours, être propriétaire. S'il était possible en pratique, comme il est concevable en théorie, que l'Ét t
jouàt ainsi un double rôle, il n'y aurait rien à dire là
contre. Ce serait là exactement ce qui a lieu lorsqu'un particulier acquiert une grande influence. Mais,
sans tenir compte de la profonde différence qui existe

entre la théorie et la pratique, l'action d'un particulier peut être arrêtée par la concurrence des autres citoyens, par la dépense de ses biens, par la mort, et par d'autres causes encore qui n'existent plus quand il s'agit de l'État (1). Reste donc toujours ce principe que l'État ne doit se mêler en rien de ce qui ne concerne pas exclusivement la sûreté; ce devoir d'abstention est d'autant plus certain que ce principe ne repose pas seulement sur des motifs tirés exclusivement de la nature de la contrainte. Les actions des particuliers ont d'autres mobiles que celles de l'État. Qu'un citoyen par exemple propose des récompenses : en admettant qu'elles aient la même influence que celles proposées par l'État, ce qui n'a jamais lieu, ce citoyen agit ainsi un peu dans son propre intérêt. Mais son intérêt, à lui qui est en commerce permanent avec le reste des citoyens et qui se trouve dans la même condition qu'eux, est en rapport intime avec l'intérêt ou le préjudice des autres citoyens et par suite avec leur situation. Le résultat qu'il veut obtenir est préparé d'une manière déterminée dans le présent, et, par suite, son influence est salutaire. Tout au rebours, les mobiles de l'État se composent d'idées ou de principes sur lesquels le jugement, même le plus sain, se trompe souvent; il existe même de ces mobiles qui naissent de la situation privée de l'État, laquelle, de sa nature, n'est que trop souvent opposée au bien-être et à la sûreté des citoyens, et n'est d'ailleurs jamais la même

(1) Voyez plus bas une importante application de ceci, en matière de religion (chap. VII, p. 89).

que celle de ces derniers. Si cette similitude existait, ce ne serait plus par le fait l'État qui agirait, et la nature de ce raisonnement fait qu'on ne peut l'invoquer (1).

En ceci et dans tout ce qui précède, on s'est placé à ces points de vue d'où l'on ne considère que la force de l'homme, comme homme, et son perfectionnement intérieur. Le reproche d'exclusivisme pourrait nous être adressé, si l'on négligeait absolument les résultats dont l'existence est si nécessaire, et sans lesquels cette force ne peut agir. Aussi se présente maintenant la question de savoir si ces choses, du soin desquelles l'État doit s'abstenir, peuvent prospérer toutes seules et sans lui. Ce serait le moment d'examiner séparément les divers modes de l'industrie, de l'agriculture, du commerce, de toutes ces choses dont je m'occupe en bloc, et de dire, en connaissance de cause, quels sont pour chacune d'elles les avantages et les inconvénients de la liberté et de l'activité livrée à elle-même. Le manque de connaissances techniques m'empêche d'entreprendre cet examen. Je considère d'ailleurs qu'il n'est pas nécessaire à mon sujet. Toutefois, s'il était bien fait, surtout au point de vue historique, il pourrait être fort utile (2); il recommanderait davantage ces

(1) En effet c'est une pétition de principe. La majeure du raisonnement repose sur ce fait que l'État, en agissant comme être privé, peut dépouiller l'influence excessive et malgré lui despotique qu'il possède ; ce qui est démontré faux suivant l'auteur.

(2) Ce travail est fort avancé aujourd'hui, grâce aux travaux des économistes français et anglais dont les idées ont triomphé en 1859, grâce aux écrits de M. Laboulaye sur l'histoire des États-Unis.

dées, il démontrerait la possibilité de leur application
largement modifiée, car dans l'ordre de choses existant, on n'oserait la permettre d'une manière absolument libre dans aucun État peut-être. Je me contente
de quelques observations générales. Toute chose, quelle
qu'elle soit, est mieux faite quand on agit plutôt pour
elle-même que par amour pour ce qui peut en résulter.
Cela est tellement dans la nature de l'homme que bien
souvent une chose entreprise pour sa seule utilité finit
par présenter du charme. Cela vient de ce que l'action
est plus douce que la possession, pourvu que cette
action soit libre et spontanée. Car l'homme le plus
vigoureux et le plus actif préférerait le désœuvrement
au travail forcé. De plus, l'idée de la propriété ne s'é-
veille qu'avec l'idée de la liberté, et nous devons
surtout à l'idée de la propriété l'énergie de notre
activité (1). L'unité dans l'organisation est nécessaire
à l'obtention de tout grand résultat. Cela est certain.
Elle est nécessaire encore pour empêcher ou détourner
les grands fléaux : la famine, les inondations, etc. Mais
on peut arriver à cette unité au moyen de dispositions
prises par la nation, et non pas seulement au moyen
de dispositions édictées par l'État. Pour cela il ne faut
qu'une chose : donner aux diverses parties de la nation
et à la nation tout entière elle-même la liberté de contracter des obligations. Il existe toujours évidemment
une différence profonde entre les dispositions prises
par la nation et les prescriptions de l'État. Les pre-

(1) Voyez plus haut, même chapitre, § 2, note, p. 27.

mières ont un pouvoir médiat, les secondes un pouvoir
immédiat. Les premières, par suite, laissent plus de
liberté pour former, dissoudre ou modifier l'obligation. A l'origine, tous les engagements contractés par
les États n'étaient probablement que des alliances
entre les nations. Mais l'expérience nous montre ici les
conséquences funestes qui se produisent quand le désir
de conserver la sûreté se relie à d'autres buts encore.
Il faut que celui qui doit mettre la main à ces choses
possède, en ce qui concerne la sûreté, un pouvoir
absolu. Mais il l'étend et en use pour tout le reste ; et
plus l'institution s'éloigne de son origine, plus le pouvoir grandit et plus le souvenir du pacte fondamental
s'efface (1). Or, une mesure ne peut avoir de force dans
l'État qu'autant qu'elle maintient l'existence et l'autorité de ce pacte. Cette raison seule pourra bien déjà
paraître suffisante. Mais alors même que le pacte fondamental serait entièrement respecté, que le contrat
passé par l'État serait, dans le sens le plus strict du
mot, un contrat national, la volonté des individus
séparés ne pourrait encore s'exprimer que par la représentation ; et il est tout à fait impossible que le
représentant de plusieurs personnes soit un organe
absolument fidèle de l'intérêt de ses représentés pris
isolément. Or, tout ce qui vient d'être dit suppose la
nécessité de l'adhésion de chaque individu. Cela exclut
la décision à la majorité des voix, et pourtant on n'en

(1) Adoption de la théorie de Rousseau, du *Contrat social*. Humboldt ne voit pas que cette théorie favorable au *pouvoir* du peuple,
est meurtrière pour la *liberté individuelle*.

peut concevoir une autre pour les obligations de l'État ayant un objet qui se rattache au bien positif des citoyens. Il ne reste donc aux dissidents qu'à sortir de la société pour se soustraire à sa compétence, et pour rendre nulles à leur égard les décisions prises par la majorité (1). Mais ceci est rendu difficile jusqu'à l'impossibilité, si sortir de cette société c'est sortir de l'État. D'ailleurs, il vaut mieux contracter des obligations déterminées pour des raisons déterminées, que d'en contracter de générales pour les besoins indéterminés de l'avenir. Enfin, les associations d'hommes libres dans une nation se forment très-difficilement. En admettant d'un côté que les obstacles qui s'y opposent nuisent à l'obtention des résultats, il ne faut pas oublier que ce qui se forme difficilement a plus de durée et de solidité, les forces longtemps éprouvées se réunissant avec une cohésion plus énergique. Mais en admettant tout cela, il n'en reste pas moins certain que toute association vaste est peu salutaire. Plus l'homme agit pour lui-même, plus il se développe. Dans une grande association, il devient trop aisément un outil. Souvent encore, ces associations sont cause que le signe prend la place de la chose même, ce qui est un obstacle à tout progrès (2). Les hiéroglyphes

(1) Lire sur ces questions surtout politiques le *Gouvernement représentatif* de John Stuart Mill, et la *Liberté politique* de M. Dupont-White.

(2) Ceci a déjà été dit des Etats qui ne savent pas limiter leur action. Le même vice affecte les vastes associations, parce que celles-ci tendent le plus souvent à imiter les façons de faire de l'Etat. (Voyez l'Introduction.)

morts ne peuvent nous enthousiasmer comme la nature vivante. Pour tout exemple, je rappellerai ici les
maisons de charité. Est-il une chose qui tue plus complétement toute compassion vraie, qui arrête toute demande pleine d'espoir et de douceur, toute confiance
de l'homme dans l'homme? Qui donc ne mépriserait
le mendiant qui aimerait mieux être tranquillement
nourri à l'année dans un hôpital que d'être assisté dans
ses souffrances, non par une main distraite, mais par un
cœur compatissant (1)? Je concède volontiers que sans
ces vastes groupes, en qui, si je puis ainsi parler,
l'humanité a agi pendant ces derniers siècles, nous
n'aurions pas fait tous nos progrès rapides, mais seulement rapides. Les fruits seraient venus plus lentement
mais ils auraient mûri ; et ne seraient-ils pas devenus
plus doux? Je crois donc devoir écarter cette objection.
Il en reste deux autres qui seront examinées par la
suite. L'une consiste à demander, si, avec l'insou-
ciance de l'État, telle qu'on l'a dépeinte, la conserva-

(1) Que j'aime bien mieux les idées de M. Jules Simon sur le même
sujet : « Quand l'Etat élève des asiles pour l'enfance, pour la vieillesse
et pour les malades, il obéit simplement à l'une de ses obligations les
plus étroites..... Cet enfant, sur le seuil de la vie, est abandonné par
ses parents? A l'Etat de punir les coupables s'il y en a, et d'élever
leur victime. Ce vieillard impotent n'a plus la force de gagner sa vie?
C'est un ouvrier qui a servi à son heure et qui, maintenant, a le droit
de se reposer. S'il reste à ses enfants un morceau de pain, qu'ils le
partagent avec lui. S'il meurt le dernier des siens, c'est une épave de
l'Etat : l'Etat n'est tenu qu'au nécessaire ; cela seul est de justice, le
reste est de générosité..... Encore doit-il mettre une sage mesure
dans sa munificence et ne pas rendre l'abandon et l'isolement désira-
bles en faisant d'un hospice un palais. *Même en matière d'assistance il
ne doit pas se substituer à la famille, il ne doit que la remplacer quand
elle fait défaut.* » (*La Liberté,* 2e édit., t. Ier, p. 379-380.)

ion de la sécurité est possible ; l'autre à demander du moins la création des moyens jugés nécessaires pour que l'action de l'État puisse s'exercer mul- plie fatalement les atteintes portées aux rapports des citoyens par les rouages de la machine gouverne- mentale.

IV

DU SOIN DE L'ÉTAT POUR LE BIEN NÉGATIF DES CITOYENS,
POUR LEUR SURETÉ.

Ce soin est nécessaire ; — il constitue le véritable but de l'État. — Grand principe tiré de ce chapitre. — Sa justification par l'histoire.

Aucun accord entre les États ne serait nécessaire si le mal, qui pousse les désirs de l'homme à empiéter sans cesse sur le domaine d'autrui en violant les justes limites à eux opposées (1), et qui excite la discorde fille

(1) Ce que je définis ainsi, les Grecs l'expriment par le seul mot πλεονεξία, dont je ne trouve l'équivalent exact dans aucune autre langue. Peut-être pourrait-on le traduire en allemand par ces mots : *Begierde nach mehr* (désir du plus) ; mais encore ils n'expriment pas l'idée d'illégitimité qui se trouve dans le mot grec, sinon par son étymologie du moins (autant que j'en puis juger), par l'acception où le prennent les auteurs. On pourrait le traduire pour l'usage, avec une exactitude non pas absolue mais plus grande, par le mot *Uebervortheilung*, prétention injuste. (*Note de l'auteur.*) — La πλεονεξία, parfaitement définie par le texte, est le *désir d'accaparer plus que sa part d'avantages* (voy. John Stuart Mill, *On Liberty*, chap. IV ; et p. 235 de la traduction de M. Dupont-White, 2ᵉ édit.). — On se rappelle les vers de la Fontaine :

> Fureur d'accumuler, monstre de qui les yeux
> Regardent comme un point tous les bienfaits des dieux.....

Fables, VIII, 27. — On peut dire que le désir d'organiser la résistance contre la πλεονεξία a fait naître tous les systèmes socialistes.

de cette violation, ressemblait aux maux physiques de la nature ou aux maux moraux qui s'en rapprochent sur ce point et qui aboutissent aux ravages, soit par l'excès de la jouissance ou des privations, soit par d'autres faits qui ne concordent point avec les conditions nécessaires à la conservation. Aux premiers maux s'opposerait le courage, la bravoure, la prudence des hommes ; aux seconds, on opposerait leur sagesse éclairée par l'expérience et, dans les deux cas, il faudrait toujours en finir par un combat. Il n'existe donc nécessairement aucun pouvoir suprême et inviolable qui détermine nettement l'idée de l'État. Il en est tout autrement des discussions des hommes; elles appellent toujours et fatalement une puissance de cette nature. Car dans la discorde, les luttes naissent des luttes. L'offense provoque la vengeance et la vengeance est une nouvelle offense. Il faut donc en arriver à une vengeance qui ne permette aucune nouvelle vengeance, — c'est-à-dire à la peine infligée par l'État (1), — ou à une décision qui force les parties à rentrer dans le calme, à la décision du juge. Aussi le commandement obligatoire et l'obéissance absolue ne sont-ils jamais aussi nécessaires que dans les entreprises des hommes

(1) Ces lignes contiennent la réfutation, — d'ailleurs facile, — de la théorie de Droit pénal appartenant à M. de Girardin, et consistant à remplacer toute peine légale par une inévitable et universelle publicité donnée aux méfaits. Que le lecteur se reporte à la polémique de MM. de Girardin et de Lourdoueix, aujourd'hui réunie en un volume sous ce titre : *La Liberté*, il y trouvera la discussion de cette idée plus hardie que justifiable; il y verra surtout le modèle de l'urbanité la plus exquise, conservée de part et d'autre dans un débat prolongé.

contre les hommes, qu'il s'agisse de repousser l'ennemi étranger, qu'il s'agisse de maintenir la tranquillité dans l'État. Sans la sûreté, l'homme ne peut ni
développer ses facultés, ni jouir de leurs fruits; car
sans sûreté il n'est point de liberté. C'est là un bien
que, seul, l'homme ne peut pas se procurer à lui-
même. Cette vérité est établie par les raisons que nous
n'avons fait qu'indiquer plutôt que nous ne les avons
approfondies; elle l'est encore par l'expérience. Nos
États, que tant de traités et d'obligations lient les uns
aux autres, où la crainte empêche si souvent l'explosion
des violences, sont dans une situation bien plus favorable qu'il n'est nécessaire pour pouvoir songer à
l'homme dans son état naturel ; et cependant ils n'ont
pas la sûreté dont jouissent les plus humbles citoyens,
même sous la constitution politique la plus défectueuse.
Si j'ai repoussé précédemment sur bien des points
l'intervention de l'État, par le motif qu'aussi bien que
lui la nation peut se procurer toutes ces choses sans
qu'elles soient accompagnées de tous les inconvénients
qu'entraîne l'action de l'État; par la même raison, je
dirige cette action vers la sûreté comme vers la seule
chose que l'homme isolé, livré à ses seules forces, ne
puisse pas se procurer à lui-même (1). Je crois donc
pouvoir poser ici ce premier principe positif, sauf, par
la suite, à le définir plus nettement et à le limiter; à
savoir que la conservation de la sûreté, soit contre les

(1) La sûreté et la liberté personnelle sont les seules choses qu'un
être isolé ne puisse s'assurer par lui-même. (Mirabeau, sur l'*Education
publique*, p. 119.)   (*Note de l'auteur.*)

ennemis du dehors, soit contre les troubles intérieurs, est le but que doit se proposer l'État, et l'objet sur lequel il doit exercer son action. Jusqu'ici, j'avais essayé d'établir ce principe négativement, en disant que l'État ne doit point étendre davantage les bornes de son influence.

Cette proposition est justifiée par l'Histoire. Nou voyons, en effet, qu'à l'origine les rois n'ont été chez toutes les nations que des chefs pendant la guerre, ou des juges pendant la paix. Je dis les rois; car, qu'on me permette cette digression, l'histoire, chose remarquable, ne nous montre que des rois ou des monarchies précisément à l'époque où le sentiment de sa liberté est le plus cher à l'Homme qui, n'ayant encore que fort peu de propriété, ne connaît, ne prise que la force personnelle, et place sa plus grande jouissance dans la possibilité de l'accroître sans entraves. Telle fut la forme politique adoptée par les États de l'Asie, de l'ancienne Grèce, de l'Italie, et par les tribus germaniques, de toutes les plus jalouses de leur liberté (1).

(1) « Reges (nam in terris nomen imperii id primum fuit), etc., » Sallust. in Catilina, c. II. — Κατ'αρχας απασα πολις εβασιλευετο. Dionys. Halicarn., *Hist. Rom.*, l. V (à l'origine toutes les villes grecques étaient gouvernées par des rois). (*Note de l'auteur.*) — Il faudrait écrire plus que quelques lignes pour contrôler la justesse de cet aperçu historique. Est-ce que la liberté eut d'aussi fervents adorateurs en Asie qu'en Grèce? dans les troupeaux humains que Xercès lançait à coups de fouet, que dans les armées de Thémistocle et d'Epaminondas? L'individualité s'épanouit-elle aussi puissante et aussi originale sous les successeurs de Romulus qu'à côté des *rois* germains?..... Humboldt paraît être tombé ici dans une de ces embûches que tendent si souvent les mots; et même, la traduction qu'il donne du passage de Denys d'Halicarnasse n'est pas irréprochable.

Si l'on réfléchit sur la cause de ce fait, on est saisi de cette vérité que le choix d'une monarchie est la preuve de la grande liberté de ceux qui choisissent. L'idée d'un maître, qui commande, ne vient, comme on l'a déjà dit, que du sentiment qu'un chef ou un arbitre est nécessaire. Un homme qui dirige ou qui juge, voilà évidemment ce qu'on veut avoir (1). L'homme vraiment libre ne sait même pas qu'un chef ou qu'un arbitre puisse devenir un maître; il n'en soupçonne pas la possibilité; il ne donne à aucun homme le pouvoir de subjuguer sa liberté, et n'attribue à aucun homme libre la volonté de devenir son maître. En réalité, même l'ambitieux qui ne peut comprendre tout ce que la liberté a de beau, n'aime l'esclavage que parce qu'il ne veut pas, lui, être esclave; il en est ainsi de la morale vis-à-vis du vice, de la théologie vis-à-vis de l'hérésie, de la politique vis-à-vis de la servitude. Seulement, il est certain que nos monarques ne parlent pas une langue aussi douce que le miel, comme les rois d'Homère ou d'Hésiode (2).

(1) C'était précisément ce que les grenouilles, lasses de l'état démocratique, demandèrent si haut à Jupiter. On sait comment le dieu les contenta.

(2)   Οντινα τιμησουσι Διος κουραι μεγαλοιο
    Γεινομενον τ'εσιδωσι διοτρεφεων βασιληων,
    Τω μεν επι γλωσση γλυκερην χειουσι εέ ροην
    Του δ'επε εκ στοματος ρει μειλιχα....

Et plus loin.

    Τουνεκα γαρ βασιληες εχεφρονες ουνεκα λαοις
    Βλαπτομενοις αγορηφι μετατροπα εργα τελευσι
    Ρηιδιως, μαλακοις παρχιφαμενοι επεεσσιν.
        (Hesiodus in *Theogonia*, v. 81 et suiv., 88 et suiv.)

Celui d'entre les rois issus des dieux, que les filles
Du grand Jupiter honorent, celui sur la naissance de qui leur regard
Dont elles humectent la langue d'une rosée favorable,   [brille,]
Celui-là laisse tomber de ses lèvres un langage doux comme le miel.....

Les rois éclairés dominent parce qu'ils ramènent les peuples
Troublés par la discorde, de la confusion à l'union,
En les apaisant par de douces paroles.

(Note de l'auteur.)

4.

V

DU SOIN DE L'ÉTAT POUR LA SURETÉ CONTRE LES ENNEMIS EXTÉRIEURS.

Du point de vue que l'on a choisi dans cette étude. — Influence générale de la guerre sur l'esprit et sur le caractère de la nation. — Comparaison de cette situation elle-même et de toutes les institutions qui s'y rapportent chez nous. — Inconvénients divers de l'état de guerre par rapport au développement intérieur de l'homme. — Grand principe qui ressort de cette comparaison.

Revenons à notre sujet. En ce qui concerne la sûreté contre les ennemis extérieurs, j'aurais à peine besoin de dire un mot, si l'application de l'idée générale faite successivement à tous les objets ne lui donnait plus de clarté. Et ce travail sera d'autant moins inutile que je me bornerai à examiner l'influence de la guerre sur le caractère de la nation, et qu'ainsi je ne quitterai pas le point de vue choisi par moi comme étant le point de vue dominant dans cette étude tout entière. Les choses ainsi considérées, la guerre me paraît être l'un des phénomènes les plus salutaires au progrès du genre humain, et c'est avec peine que je la vois disparaître de plus en plus de la scène du monde (1). Sans doute,

(1) Humboldt a eu le temps de se consoler de 1792 à 1815.

c'est l'extrémité redoutable qui fait que toute âme active s'éprouve, se retrempe en luttant contre le danger, le labeur, la peine, qu'elle se modifie par suite en une foule de nuances à travers la vie humaine, et qu'elle donne à la personnalité entière la force et la variété, sans laquelle la légèreté n'est que la faiblesse, l'unité que le vide.

On me répondra qu'à côté de la guerre il existe des moyens analogues de développement; qu'il est des dangers physiques dans beaucoup de professions; qu'il est, si je puis ainsi parler, des dangers moraux de toute nature, qui peuvent atteindre le grave et ferme politique dans son cabinet, comme le libre philosophe dans sa cellule solitaire. Mais il m'est impossible d'abandonner l'idée que dans ce cas-ci, comme toujours, toute entité purement intellectuelle n'est que la fleur d'une entité physique (1). Sans doute le tronc sur lequel cette fleur peut naître vit dans le passé. Mais la pensée du passé s'éloigne sans cesse; les hommes sur lesquels elle agit deviennent de plus en plus rares dans le peu-

_____

(1) Ces mots renferment l'application d'une théorie qui jouit quelque temps d'une grande vogue dans l'école romantique allemande. On peut lui donner en français le nom de *Philosophie de l'identité* (*Identitätsphilosophie*). Elle établit, entre l'ordre physique et l'ordre intellectuel, un parallélisme bien plus rigoureux que ne le fit l'école sensualiste de Condillac. Suivant ses adeptes, toute pensée, tout sentiment repose sur un fait, ou plus exactement, sur un objet matériel correspondant. Par conséquent, suivant Humboldt, le danger purement moral qui assiége les résolutions du politique, ou les spéculations du penseur, dans leur cabinet d'étude, manque de base, de réalité et par suite d'efficacité. Pour que le danger puisse agir efficacement sur le développement humain, il faut que ce danger presse tout à la fois l'intelligence et le corps, l'âme et la vie; or, la guerre seule réunit

ple; et sur ceux-là même son action devient de jour
en jour plus faible. Les autres travaux, bien que dangereux, tels que la navigation, l'exploitation des mi-
nes, etc., sont plus ou moins dépourvus de cette idée
de grandeur et de gloire qui se rattache étroitement à
la guerre. Et, en réalité, cette idée n'est pas chiméri-
que. Elle repose sur la conception de la puissance supérieure. On s'efforce d'échapper à l'action des éléments, de la subir avec résignation plutôt que de la
vaincre :

> Aucun homme
> Ne doit se mesurer
> Avec les dieux (1).

Le sauvetage n'est pas la victoire. Ce que le sort favorable nous envoie, et dont tirent parti le courage
ou la sensibilité de l'homme, n'est ni le fruit ni la
preuve de la puissance suprême. Ajoutons que dans la
guerre chacun croit avoir le droit de son côté; chacun
croit venger une offense. Et l'homme simple, sous l'empire d'un sentiment que, de son côté, l'homme le plus

à un haut degré cette double condition. —Telle est, en quelques mots,
l'idée métaphysique et l'application qu'en fait Humboldt dans ce passage. Contentons-nous d'observer que, pour le plus grand nombre,
la guerre ne présente qu'un danger purement physique? Quand deux
de ces armées comme notre temps sait les organiser se trouvent en
présence, est-ce que le simple soldat a à faire vraiment œuvre d'intelligence? Evidemment non. Et quant à l'enthousiasme, on le lui représente souvent comme mauvais. Par suite la guerre, telle qu'elle
existe aujourd'hui, ne peut aider que bien rarement le développement
de l'homme. Il n'en peut être ainsi que quand chaque soldat sait et
veut ce pour quoi il se bat. Voyez du reste ce qui est dit un peu plus
loin.

(1) Gœthe, *Poésies, Des limites de l'humanité.*

civilisé ne saurait nier, songe bien plus à laver son honneur qu'à prendre ce dont il a besoin pour vivre.

Personne ne voudra me concéder que la mort du guerrier qui tombe en combattant soit plus belle que la mort héroïque d'un Pline, ou, pour citer des hommes que peut-être on n'admire pas assez, que la mort d'un Robert ou d'un Pilâtre de Rozier. Mais ces exemples sont rares; et qui sait si, outre ceux-là, on en pourrait découvrir d'autres? Aussi n'ai-je choisi pour la guerre aucun cas particulièrement favorable. Qu'on prenne les Spartiates aux Thermopyles. Je demande à tout venant quelle est l'influence d'un tel exemple sur une nation? Je sais bien que l'on peut montrer, que l'on montre en effet, le même courage dans toutes les situations de la vie. Mais ira-t-on blâmer l'homme sensé qui se laisse entraîner par ce qui est la plus vivante manifestation de ces sentiments? Peut-on nier qu'une telle manifestation agit du moins sur la foule en général? Et, malgré tout ce que j'ai entendu dire de maux qui seraient plus terribles que la mort, je n'ai encore vu aucun homme qui jouît de la plénitude de la vie, et qui, à moins d'être un fanatique, méprisât la mort. Il est vrai qu'il existait de tels hommes dans l'antiquité; en ces temps où l'on estimait encore la chose plus que le nom, le présent plus que l'avenir. Ce que je dis ici des guerriers ne s'applique qu'à ceux qui, moins éclairés que ceux de la République de Platon, prennent les choses, la vie et la mort, pour ce qu'elles sont, qu'à ces guerriers qui ont devant leurs yeux la grandeur et qui prennent la grandeur pour enjeu. Toutes les situations où les extrêmes se touchent, pour ainsi parler, sont les plus intéressantes et les plus fertiles en enseignements. Mais, où voyons-nous qu'il en soit ainsi en dehors de la guerre, dans laquelle le penchant et le devoir, le devoir de l'homme et celui du citoyen paraissent être en lutte continuelle, et où, cependant, toutes ces collisions trouvent la plus complète solution, pourvu que ce soit la légitime défense qui ait fait prendre les armes?

Le point de vue où je me place, et qui me fait considérer la guerre comme salutaire et nécessaire, fait déjà voir suffisamment de quelle manière je pense qu'il faille en user dans l'État. L'esprit qui la soulève doit pouvoir avec certitude se manifester librement dans tous les membres de la nation (1). Ceci combat tout d'abord l'institution des armées permanentes. Ces armées et tous les procédés modernes de faire la guerre sont bien loin de l'idéal qui serait si nécessaire au progrès de l'Homme. S'il faut déjà que le guerrier fasse d'une manière générale le sacrifice de sa liberté et qu'il devienne une machine, il en est ainsi à un bien plus haut degré dans nos guerres contemporaines, où la part de la force, de la bravoure, de l'habileté individuelles, est si restreinte. Combien de maux arriveront fatalement si des parties considérables de la nation sont retenues dans cette vie mécanique pendant la paix, et seulement en vue d'une guerre possible, non

_____

(1) Ce correctif plein de sens doit être rapproché de ce qui est dit au commencement de ce chapitre.

pas durant quelques années, mais souvent pendant leur existence entière !

Peut-être est-ce ici plus que partout ailleurs le cas de dire qu'avec le développement de la théorie des entreprises humaines, celles-ci perdent de leur utilité pour ceux qui y prennent part (1). Il est incontestable que l'art de la guerre a fait chez les modernes d'immenses progrès; mais il est aussi incontestable que la noblesse du caractère des guerriers est devenue plus rare; on ne le rencontre dans toute sa beauté que dans l'histoire de l'antiquité (2), ou du moins, — à supposer que l'on voie ici une exagération, — chez nous trop souvent l'esprit guerrier n'entraîne que des conséquences fâcheuses pour les nations, tandis que dans l'antiquité nous le voyons bien souvent en produire de fort salutaires. Mais nos armées permanentes apportent la guerre jusqu'au sein de la paix, si je puis ainsi parler. Le courage et la discipline militaires ne sont honorables que quand ils s'allient, celui-là aux plus belles vertus de la paix, celle-ci au profond sentiment de la liberté. S'ils s'en séparent, — et combien cette séparation n'est-elle pas favorisée par le soldat armé en temps de paix ! — la discipline dégénère

(1) La multiplicité croissante des règles formulées, l'habitude bien vite acquise de les suivre aveuglément, fait que l'esprit de ressource disparaît, que l'imprévu dans les résolutions devient plus rare. La gloire des capitaines éminents, des généraux de la république française, par exemple, est d'avoir substitué aux principes reçus de l'ancienne tactique des procédés nouveaux qui leur appartenaient en propre. (Voyez plus haut chap. II, p. 20.)

(2) Dans Homère, oui, mais non dans l'histoire. (Voyez l'Introduction, vers la fin.)

facilement en esclavage, l'esprit militaire en licence et en brutalité.

A côté de cette critique des armées permanentes, qu'il me soit permis de rappeler que je n'en parle ici qu'autant que mon point de vue l'exige. Loin de moi la pensée de méconnaître leur grande et incontestable utilité ; c'est cette utilité qui les fait résister aux causes de dissolution provenant des vices qui leur sont inhérents et qui les entraîneraient, comme toutes les choses humaines, à une perte irrésistible. Elles sont une partie de l'ensemble construit, non par les vaines conceptions de la raison humaine, mais par l'infaillible main de la destinée. Ce serait la tâche d'un historien futur qui entreprendrait de nous comparer d'une manière impartiale et complète avec une époque plus reculée, ce serait sa tâche de dépeindre l'influence des armées permanentes sur tous les faits propres à notre temps, et leur part de mérite et de responsabilité dans le bien et le mal qui peut nous distinguer.

Mais il faudrait que j'eusse été bien malheureux dans l'exposition de mes idées, si l'on pouvait en conclure que, suivant moi, l'État doit de temps en temps faire la guerre. Qu'il donne la liberté, et que l'État voisin jouisse de la même liberté. En tout temps les hommes sont hommes et ne perdent point leurs passions originelles. La guerre naîtra d'elle-même ; et, si elle ne naît point, on sera certain que la paix n'est ni imposée par la force, ni produite par une paralysie artificielle. De cette manière la paix des nations sera un bien aussi supérieur en bienfaisance que l'image du laboureur paisible est plus douce que celle du guerrier couvert de sang. Et, si l'on songe aux progrès de l'humanité entière faits par chaque génération, il est sûr que les temps à venir deviendront de jour en jour plus pacifiques. Quand la paix proviendra des facultés intérieures des êtres, les hommes, et surtout les hommes libres seront devenus pacifiques. Aujourd'hui — l'histoire de l'Europe pendant une année le prouve — nous jouissons des fruits de la paix, mais non de ceux du calme. Les forces humaines tendant toujours et indéfiniment à l'action, du moment qu'elles se rencontrent, s'unissent ou se combattent. Quelle forme prendra le combat? Sera-ce la guerre, ou la concurrence, ou telle autre nuance quelconque? Cela dépendra surtout du degré de perfectionnement des facultés humaines.

Je dois maintenant tirer de ces prémisses un principe servant à mon but final.

L'État ne doit en aucune manière provoquer la guerre; il doit aussi peu l'empêcher violemment, quand les faits la rendent nécessaire; il doit laisser son influence sur l'esprit et le caractère s'exercer librement sur toute la nation; il doit surtout s'abstenir de toutes prescriptions positives pour former la nation à la guerre; ou, du moins, quand elles sont absolument indispensables, comme le sont les exercices militaires des citoyens, il doit leur donner une direction telle qu'elles ne se bornent pas à produire la bravoure, l'habileté, la subordination du soldat, mais l'esprit du vrai guerrier; ou plutôt qu'elles suscitent de nobles citoyens toujours prêts à combattre pour leur patrie.

VI

DU SOIN DE L'ÉTAT POUR LA SURETÉ DES CITOYENS LES UNS
VIS-A-VIS DES AUTRES. — MOYENS D'ATTEINDRE CE BUT.
— DISPOSITIONS CONCERNANT LE PERFECTIONNEMENT
DE L'ESPRIT ET DU CARACTÈRE DES CITOYENS. — DE
L'ÉDUCATION PUBLIQUE.

Étendue possible des moyens de favoriser cette sûreté. — Moyens
moraux. — Éducation publique. — Elle est pernicieuse, surtout
parce qu'elle empêche la variété du développement ; — inutile,
parce que dans une nation jouissant d'une liberté convenable, une
bonne éducation privée ne manquera pas de se trouver ; — elle
va trop loin, parce que le soin de la sûreté ne rend pas nécessaire
le complet perfectionnement des mœurs. — Elle est donc en dehors
des limites de l'action de l'Etat.

J'arrive au soin de l'État pour la sûreté intérieure
des citoyens les uns vis-à-vis des autres. Un examen
plus étendu et plus approfondi devient nécessaire ; car
il ne suffirait pas, ce me semble, de dire d'une manière
générale que l'État a pour devoir de maintenir cette
sûreté. Selon moi il faut absolument poser les bornes
que l'État sur ce point ne doit pas franchir ; ou du
moins si cela devenait tout à fait impossible, il faudrait
exposer les causes de cette impossibilité, et indiquer
les caractères distinctifs par lesquels on peut dans des
cas donnés les reconnaître. Nous savons déjà, par une

expérience bien défectueuse, que ce soin peut s'étendre plus ou moins loin pour atteindre son but. Il peut se contenter de réparer ou de punir les désordres commis. Il peut chercher à les prévenir d'une manière générale; il peut enfin s'efforcer d'imprimer aux citoyens, à leur caractère, à leur esprit, une direction qui conduise vers ce but. Cette extension peut encore exister à des degrés divers. On peut se borner à rechercher et à punir les offenses faites aux droits des citoyens ou au droit direct de l'État ; ou bien, en considérant le citoyen comme un être responsable envers l'État de l'accroissement de ses facultés, qui, par suite commet, en les détruisant ou en les affaiblissant, un vol envers l'État, on peut avoir l'œil toujours ouvert sur les actes dont les conséquences n'atteignent que l'agent lui-même. Je rassemble ici tout cela, et par suite je parle en général de toutes les prescriptions de l'État, édictées dans l'intention d'obtenir la sûreté publique. Ici se placent ensemble toutes celles qui, ne tendant en rien, ou ne tendant pas exclusivement à la sûreté, concernent le bien moral des citoyens ; car, ainsi que je l'ai remarqué plus haut, la nature des choses défend ici toute distinction, et ces prescriptions concernent ordinairement au premier chef le repos et la sûreté de l'État. En cette matière, je continuerai de suivre la marche que j'ai choisie jusqu'ici. J'ai admis tout d'abord la plus large influence possible de l'État, puis je me suis appliqué à déterminer successivement tout ce qui doit en être détaché. Maintenant il ne me reste plus qu'à m'occuper du soin pour la sûreté. A ce sujet

je procéderai comme je l'ai déjà fait ; je commencerai
par le considérer dans sa plus grande extension, puis
j'arriverai par une série de restrictions aux principes
qui me paraissent être les vrais. Peut-être trouvera-
t-on cette marche longue et diffuse ; je reconnais volontiers qu'une exposition dogmatique exigerait une
marche précisément opposée. Mais dans une simple recherche comme celle-ci, on est sûr du moins d'avoir
parcouru le sujet dans toute son étendue, sans avoir
rien négligé, et d'avoir exposé les principes dans
l'ordre où ils découlent logiquement les uns des autres.

On a beaucoup insisté, surtout depuis quelque
temps, en faveur de l'empêchement préventif des actes
illégaux (1) et en faveur de l'emploi de moyens moraux
dans l'État. Toutes les fois que j'entends parler de
semblables demandes, je me réjouis, je l'avoue, de ce
que de pareilles restrictions à la liberté diminuent de
plus en plus chez nous et deviennent de moins en
moins possibles dans la situation où se trouvent la
plupart des États.

On invoque l'exemple de la Grèce et de Rome. Mais
une connaissance plus exacte de leurs institutions
montrerait bientôt combien ces comparaisons sont in-
concluantes. Ces États étaient des républiques. Chez
eux les mesures de cette sorte servaient d'appui à leur
libre organisation, laquelle remplissait les citoyens
d'un enthousiasme qui faisait qu'on ressentait moins
l'influence mauvaise des restrictions à la liberté privée

(1) Voy. Jules Simon, *La Liberté*, 2ᵉ édit., t. II, p. 135.

et rendait moins dangereuse l'énergie du caractère.
D'ailleurs ils jouissaient aussi d'une plus grande liberté
que nous ; et ce qu'ils en sacrifiaient, ils le sacrifiaient
pour agir encore, pour participer au gouvernement.
Dans nos États, presque tous monarchiques, il en est
tout autrement. Ce que les anciens pouvaient employer
de moyens moraux, éducation nationale, religion, lois
morales, tout cela chez nous donnerait moins de fruits
et plus d'inconvénients. Ce qu'on prend aujourd'hui
pour l'effet de la prudence du législateur n'est le plus
souvent que la coutume nationale qui, existant encore
mais chancelant déjà, a appelé à son secours la sanction de la loi expresse. La concordance des institutions
de Lycurgue avec le mode de vie de la plupart des
nations barbares a été magistralement établie par Fer-
guson (1), et quand la civilisation vint policer le peuple,
il ne resta rien que le fantôme de ces institutions.
Enfin il me semble que le genre humain est arrivé
aujourd'hui à un degré de culture tel qu'il ne peut désormais le porter plus haut que par l'amélioration des
individus ; il s'ensuit que toutes les institutions qui
empêchent cette amélioration, et qui réunissent davantage les hommes en vastes groupes, sont maintenant
plus que jamais pernicieuses (2).

(1) *An Essay on the history of civil society*, chapitre intitulé : *Of
rude nations prior to the establishment of property*.
(2) Que les hommes ne soient pas réunis en grandes masses suivant le bon plaisir d'une diplomatie à expédients, au mépris des différences naturelles et morales de langue, de race, d'aspirations, de
caractère, rien de mieux. Mais aussi que la liberté soit laissée aux
divers tronçons d'un peuple morcelé de se réunir. Ce n'est point
cette réunion qui en soi est mauvaise. Selon nous elle est excellente

Ces quelques observations, pour parler d'abord de
ce seul moyen moral dont l'influence s'étend si loin,
font déjà voir que l'éducation publique, c'est-à-dire
organisée ou dirigée par l'État, est sous bien des rap
ports dangereuse. D'après ce qui précède tout aboutit
au progrès de l'homme dans la plus grande variété,
mais l'éducation publique favorise nécessairement une
forme déterminée, même quand elle veut éviter cet
inconvénient et se borner à créer et à entretenir des
maîtres. De là vient qu'elle renferme tous les maux
que j'ai suffisamment exposés dans la première partie
de cette étude (1). Je dois seulement ajouter que toute
limitation est plus pernicieuse quand elle porte sur
l'homme moral ; et s'il est une chose au monde qui
puisse exiger que l'action s'exerce sur l'individu pris
séparément, c'est l'éducation, dont le but est précisément de former l'individu. Il est incontestable que
cela donne lieu à des conséquences fort salutaires ; par
exemple que l'homme, tel que sa situation et les circonstances l'ont fait, devient actif par lui-même dans
l'État; que, si je puis ainsi parler, le conflit entre la
situation qui lui est imposée par l'État et celle qu'il
s'est en partie choisie lui-même lui donne une nouvelle
forme, et que l'organisation de l'État même subit cer-

quand elle est librement consentie. L'arbitraire seul est pernicieux;
qu'il ourdisse un lien contre nature, qu'il sépare et déchire un peuple
en lambeaux; qu'il attache la Pologne à la Russie, qu'il empêche
Venise d'être italienne. En ce qui concerne l'Allemagne, les événements contemporains font voir que la question est plus compliquée.
Nous l'étudierons peut-être quelque jour.

(1) Chapitre III.

tains changements qui, tout imperceptibles qu'ils soient tout d'abord, apparaissent nettement si l'on considère les modifications apportées au caractère national. Mais ces effets s'effacent toujours plus ou moins, suivant que l'individu dès son enfance a plus ou moins reçu l'éducation qui forme le citoyen. Évidemment il est bon que les rapports de l'homme et du citoyen concordent autant que possible ; toutefois il en est ainsi seulement quand le titre de citoyen exige assez peu de qualités spéciales pour que la forme naturelle de l'homme puisse se conserver sans rien sacrifier d'elle-même. C'est là le but unique où tendent toutes les idées que j'ai entre-pris de développer dans cette étude. Mais toutes les conséquences salutaires de ce système s'évanouissent quand l'homme est sacrifié au citoyen. Dans ce cas, en effet, bien que les conséquences mauvaises du manque d'harmonie ne se produisent point, l'homme perd les avantages qu'il s'était efforcé de s'assurer par son union avec l'État. Il faudrait donc, selon moi, que l'éducation la plus libre et le moins possible dirigée en vue des rapports civiques, se répandît partout. L'homme ainsi formé devrait entrer dans l'État, et l'organisation de l'État devrait, pour ainsi dire, s'é-prouver sur lui. Ce ne serait que dans une telle lutte que j'espérerais avec confiance et certitude l'amélio-ration vraie de l'organisation sociale par la nation, et que je ne craindrais pas l'influence de l'organisation civile sur l'homme. En supposant même que celle-ci fût fort défectueuse, on peut penser combien gagnerait l'énergie de l'homme résistant à ses liens, ou se maintenant en dépit d'eux, dans sa grandeur. Mais il n'en pourrait être ainsi qu'autant qu'elle se serait développée dans toute sa liberté. Car, quelle force aurait-il encore à augmenter ou à conserver si ces liens l'avaient enserré dès sa première jeunesse? Toute éducation publique, en qui domine toujours l'esprit du gouvernement, donne à l'homme une certaine forme civique.

Quand cette forme est bien déterminée en soi, quand elle est belle, quoique spéciale et exclusive, comme elle l'était dans les anciens États, et comme nous la trouvons peut-être encore aujourd'hui dans quelques républiques, non-seulement la réalisation en est plus facile, mais aussi elle renferme en elle-même moins d'inconvénients. Avec nos constitutions monarchiques, il n'existe, fort heureusement pour le progrès de l'homme, aucune forme ainsi déterminée. Parmi leurs avantages, accompagnés pourtant de quelques défauts, se trouve évidemment celui-ci : le lien social n'étant jamais considéré que comme un moyen, il n'est pas besoin, autant que dans les républiques, d'employer les forces individuelles au profit de ce moyen. Tant que le sujet obéit aux lois, tant qu'il se maintient lui et les siens dans le bien-être et dans une activité innocente, l'État ne se soucie pas de son mode d'existence. Il suit de là que l'éducation publique ne se proposerait pas pour but une vertu ou une manière d'être déterminée ; par elle-même, en effet, bien qu'on ne l'ait pas remarqué, elle considère, non pas l'homme, comme le fait l'éducation privée, mais le sujet et le citoyen. Il en résulte au contraire qu'elle rechercherait avant

tout cet équilibre de toutes choses qui, mieux que tout
le reste, produit et maintient la tranquillité ; la tranquillité, pour qui ces États réservent la plus large part
de leur estime et de leur zèle. Une pareille tendance,
ainsi que j'ai tâché de l'établir dans une autre occasion, ou ne produit aucun progrès, ou conduit au
manque d'énergie ; au contraire, la séparation des
routes suivies, propre à l'éducation privée, produit dans
la vie cet équilibre entre les divers liens et rapports,
avec plus de sûreté et sans rien sacrifier de l'énergie.

Que si l'on veut interdire à l'État d'exiger tel ou tel
mode d'éducation publique ; si l'on veut lui faire un
devoir de se borner à favoriser le développement original des forces, on arrive à une chose impraticable
en soi : où l'unité d'organisation existe, se produit
toujours une certaine uniformité dans les effets. Par
suite nous n'avons pas à examiner dans cette supposition l'utilité d'une éducation publique, car le seul
but est d'empêcher que les enfants ne restent entièrement privés d'éducation ; il est mieux ou c'est un
moindre de mal de donner des tuteurs aux parents
négligents et d'aider les indigents (1). Du reste l'éducation publique n'atteint pas le but qu'elle se propose,

(1) Fort bien, mais ceci ne répond point à la question de savoir si
l'Etat est *obligé* de procurer l'éducation, si l'enfant a *droit* à cette
éducation, et s'il peut l'*exiger* de l'Etat, quand son père ne peut pas
ou ne veut pas la lui donner. L'affirmative, vers laquelle nous pen-
chons, semble bien résulter de ce qui est dit au chapitre XIV. Mais,
à vrai dire, Humboldt n'a pas mesuré toute l'étendue de ce grave
problème, que M. Bertauld a étudié et résolu en ce sens que l'éducation
est pour l'Etat un *droit*, et un simple *devoir imparfait*. D'après ce

c'est-à-dire la formation des mœurs suivant le modèle
que l'État considère comme le plus convenable pour
lui. Si grave, si pleine d'action que puisse être sur la
vie entière l'influence de l'éducation, les circonstances
qui entourent l'homme durant toute sa vie sont bien
plus importantes encore. Aussi quand l'harmonie
manque cette éducation ne peut se faire jour. En général
l'éducation doit seulement cultiver les hommes, sans
s'occuper des formes civiques à leur donner; ce dernier point ne regarde point l'État. Chez des hommes
libres toutes les affaires progressent, tous les arts fleu-
rissent de plus en plus, toutes les sciences s'étendent.
Chez eux tous les liens de famille sont plus étroits;
les parents sont appliqués avec plus de zèle à soigner
leurs enfants, et, ayant plus d'aisance, ils sont plus à
portée de suivre en ce point leurs désirs. Chez les
hommes libres, l'émulation naît, et il se forme de
bien meilleurs professeurs là ou leur sort dépend du
succès de leurs travaux que là où il dépend des charges
qu'ils ont à attendre de l'État. Aussi ne manquera-t-on
ni d'une éducation domestique éclairée, ni d'établisse-
ments pour l'éducation en commun si utile et si nécessaire (1). Mais si l'éducation publique doit donner à

publiciste, l'enfant n'aurait jamais le *droit d'en exiger* l'accomplissement. Nous pensons que l'intérêt individuel du mineur, et aussi l'intérêt social, la *sauvegarde de la sûreté* imposent à l'Etat l'*obligation*, le *devoir parfait* de procurer l'éducation. Comparer le chapitre xiv de ce livre et le chapitre xi du livre de M. Bertauld, *La
liberté civile.*

(1) « Dans une société bien ordonnée, au contraire, tout invite les
hommes à cultiver les moyens naturels : sans qu'on s'en mêle l'éducation sera bonne; elle sera même d'autant meilleure qu'on aura

l'homme une forme déterminée, ne pourrait-on pas dire qu'elle vaut mieux que tout le reste pour empêcher la transgression des lois et pour consolider la sûreté. Car la vertu et le vice ne dépendent pas de telle ou telle manière d'être de l'homme ; ils ne sont pas liés nécessairement à tel ou tel côté du caractère. ils se rattachent bien plutôt à l'harmonie ou à la discordance des différents traits du caractère, au rapport de la force avec la somme des penchants, etc. Chaque mode déterminé d'éducation pour le caractère est par là susceptible d'écarts qui lui sont propres et dans lesquels elle s'abâtardit. Aussi quand une nation entière n'a conservé exclusivement qu'un seul mode d'éducation, elle manque de toute force pour résister à cette décadence et de tout équilibre. Là se trouve peut-être la raison des modifications fréquentes de l'organisation des anciens États. Chaque constitution agissait de telle sorte sur le caractère national, que celui-ci, formé d'une manière déterminée, dégénérait et produisait une constitution nouvelle. Enfin l'éducation publique, si on lui concède l'entier accomplissement de ses vues, a une action excessive. Pour maintenir la sûreté nécessaire dans un État, le perfectionnement des mœurs lui-même n'est pas nécessaire. Mais j'exposerai plus

plus laissé à faire à l'industrie des maîtres et à l'émulation des élèves.» (Mirabeau, sur l'*Education publique. Note de l'auteur.*) Ces idées de Humboldt et de Mirabeau, la dernière surtout, n'est pas en faveur aujourd'hui auprès des libéraux universitaires. (Voyez les discours de M. Jules Simon au Corps législatif.) Les économistes sont divisés depuis longtemps sur cette question. M. Michel Chevalier demande, M. Dunoyer repoussait l'intervention de l'Etat dans l'éducation.

loin les raisons qui viennent à l'appui de cette proposition (1), car elles se relient à l'effort tout entier fait
par l'État pour agir sur les mœurs, et il me reste
encore à parler de deux moyens particuliers qui s'y
rattachent plus spécialement. L'éducation publique
me paraît donc être entièrement en dehors des limites
dans lesquelles l'État doit renfermer son action (2).

(1) Chapitre VIII.
(2) « Ainsi, c'est peut-être un problème de savoir si les législateurs
français doivent s'occuper de l'éducation publique autrement que
pour en protéger les progrès, et si la constitution la plus favorable au
développement du *moi humain*, et les lois les plus propres à mettre
chacun à sa place, ne sont pas la seule éducation que le peuple doive
attendre d'eux..... (*Loc. cit.*, p. 11.) D'après cela les principes rigoureux sembleraient exiger que l'Assemblée nationale ne s'occupât
de l'éducation que pour l'enlever à des pouvoirs ou à des corps qui
peuvent en dépraver l'influence..... » (*Loc. cit.*, p. 12.)
(*Note de l'auteur.*)

VII

DE LA RELIGION.

Coup d'œil historique sur la manière dont les Etats se sont servis de la religion. — Toute ingérance de l'Etat dans la religion entraîne la protection de certaines opinions, l'exclusion de certaines autres, et par suite, la gouvernementation des citoyens à un degré ou à un autre. — De l'influence de la religion sur l'esprit et le caractère des hommes; — considérations générales. — La religion et la morale ne sont pas indissolublement liées l'une à l'autre : car, — la source originelle de toutes les religions est entièrement subjective; — l'existence ou l'absence du sentiment religieux peuvent l'une et l'autre produire des effets favorables à la moralité. — Les principes de la morale sont entièrement indépendants de la religion, — et l'influence de toute religion, quelle qu'elle soit, n'est fondée que sur la nature individuelle de l'homme, — de sorte que tout ce qui agit uniquement sur la moralité n'est pas du domaine exclusif du système religieux; — ce n'est que la forme qui recouvre ses éléments intrinsèques. — Application de ces considérations à la présente étude; — examen de la question de savoir si l'Etat doit se servir de la religion comme moyen d'action. — Tout encouragement donné par l'Etat à la religion a surtout pour effet de produire des actions conformes à la loi. — Mais ce résultat ne doit point suffire à l'Etat qui doit former des citoyens soumis aux lois et ne pas seulement faire que leurs actes s'accordent avec elles. — De plus ce résultat en soi est incertain, invraisemblable; — on peut l'obtenir par d'autres moyens plus sûrement que par celui-là. —— Ce moyen entraîne avec lui des inconvénients tels qu'ils en proscrivent absolument l'usage. — Réponse en passant à une objection que l'on pourrait faire ici et que l'on tirerait de manque de lumières de plusieurs classes du peuple. — Enfin ce qui tranche la question au point de vue le plus élevé et le plus général, l'accès à la forme intérieure de la religion, c'est-à-dire à

ce qui agit vraiment sur la moralité, est absolument fermé à l'État.
— Donc tout ce qui est du domaine de la religion est en dehors
des bornes de l'action de l'État.

Outre l'éducation proprement dite de la jeunesse, il est
encore un autre moyen d'agir sur le caractère et les
mœurs de la nation; en usant de ce moyen, l'État se saisit
de l'homme parvenu à son développement et à sa maturité; il dirige sa vie entière en dirigeant sa manière
d'agir et sa façon de penser; il cherche à lui imprimer
telle ou telle marche, ou, du moins, à lui épargner
tels ou tels égarements. Je veux parler de la religion.
L'histoire nous fait voir que tous les États se sont servis de ce moyen dans des mesures différentes et pour
arriver à diverses fins. Chez les anciens, la religion
était intimement liée à la constitution de l'État; c'était
l'un de ses appuis et l'un de ses ressorts politiques, et
toutes les observations que j'ai faites précédemment
sur les institutions antiques sont applicables ici. Lorsque la religion chrétienne, à la place des divinités particulières à chaque nation, vint enseigner l'existence
d'une divinité universelle et commune à tous les hommes, on vit s'écrouler une des plus funestes murailles
qui séparaient les unes des autres les diverses races
humaines; elle posa ainsi la vraie base de toute vraie
vertu, de tout vrai progrès, de toute vraie union dans
l'humanité, biens sans lesquels la civilisation, la lumière, les sciences même seraient demeurées bien plus
longtemps, sinon toujours, le partage exclusif d'un
petit nombre d'hommes. A ce moment le lien entre la
constitution de l'État et la religion se relâcha. Mais

plus tard, lorsque l'irruption des peuples barbares vint épouvanter la civilisation, cette religion, mal comprise, fit naître un aveugle et intolérant prosélytisme ; la forme des États fut modifiée de telle sorte qu'on ne trouva plus, au lieu de citoyens, que des sujets, et des sujets appartenant moins à l'État qu'au prince. Les rois s'imaginant que le soin de la religion leur était confié par Dieu même, s'appliquèrent scrupuleusement à la maintenir et à l'étendre. Dans les temps modernes, il est vrai, ce préjugé est devenu plus rare ; mais, au nom de la sécurité intérieure et de la moralité, on a réclamé aussi haut, comme la meilleure garantie à leur donner, l'encouragement de la religion par les lois et les institutions de l'État. Il me semble qu'on peut présenter ainsi à grands traits la division de l'histoire religieuse des États ; je ne veux pas nier cependant que partout toutes les considérations que j'ai rapportées, et surtout la dernière, aient pu exercer concurremment leur influence, quoique l'une d'elles ait dominé.

Dans les efforts faits pour agir sur les mœurs au moyen des idées religieuses, il faut distinguer la protection donnée à une religion déterminée, de la protection donnée aux sentiments religieux en général. La première est, sans aucun doute, plus oppressive et pire que la seconde. En effet, du moment que l'État considère la religiosité et la moralité comme inséparables, et qu'il tient pour légitime et permis de s'en servir comme de moyens d'action, il est à peine possible qu'en présence de la concordance inégale des diverses opinions religieuses avec les idées vraies ou convenues

sur la moralité telle qu'il se la représente, il ne prenne
pas l'une d'elles sous sa protection de préférence aux
autres. Supposons même qu'il se garde entièrement
d'agir ainsi, qu'il se pose seulement comme protecteur
et défenseur de tous les partis religieux ; comme il ne
peut juger que sur des actes extérieurs, il est obligé de
favoriser les opinions de ces partis, en opprimant les opinions dissidentes des individus, et, dans tous les cas du
moins, il s'intéresse à une opinion en tant qu'il cherche à faire dominer en général la croyance en Dieu,
comme croyance agissant sur notre vie. Avec tout cela
on en arrive à dire qu'avec l'équivoque de toutes les
expressions, avec la foule des idées qui, trop souvent,
sont contenues dans un mot, l'État devrait nécessairement donner aux mots *sentiment religieux* une signification déterminée, du moment qu'il voudrait s'en servir comme d'une règle et d'une boussole. Suivant
moi donc il ne peut exister aucune immixtion de
l'État dans les matières religieuses, qui ne se laisse
aller plus ou moins à favoriser certaines opinions déterminées et qui ne soulève contre elle les objections
que l'on oppose à une semblable protection. Aussi ma
pensée est-elle que toute immixtion de cette nature,
quel qu'en soit le mode, entraîne toujours avec elle
jusqu'à un certain point la direction, l'enchaînement
de la liberté individuelle (1). En effet, la contrainte
proprement dite, la simple exhortation, la recherche

(1) Ceci est notable. Humboldt ne veut pas que l'on enchaîne ; bien
plus, il ne veut pas que l'on *dirige* la liberté individuelle.

des occasions qui permettent de s'occuper des idées religieuses, ont une influence très-naturelle, quoique diverse; dans ce dernier cas même, comme on s'est efforcé précédemment de le démontrer avec plus de détail, à propos de plusieurs institutions semblables, il existe toujours au profit de la manière de voir de l'État une certaine prépondérance qui amoindrit la liberté (1). J'ai cru devoir présenter d'avance ces observations pour aller au-devant du reproche qu'on pourrait faire à l'étude qui va suivre, de ne pas s'occuper du soin pour l'encouragement de la religion en général, mais seulement de ses diverses manifestations séparées, et pour n'avoir pas besoin de trop la morceler par un examen embarrassé des divers cas qui peuvent se présenter.

Je veux parler ici de la religion en tant qu'elle se relie à la moralité et à la félicité et que, par suite, elle s'est transformée en un sentiment; je n'en parle ni en tant que la raison reconnaît ou croit reconnaître une vérité religieuse, car l'aperception de la vérité est indépendante de toutes les influences de la volonté ou de l'instinct; ni en tant que la révélation affirme une religion, car il ne faut pas que la foi historique soit assujettie à ces influences. Cela bien entendu, je pense que la religion repose sur un besoin de l'âme. Nous espérons, nous pressentons parce que nous désirons. Là où l'excitation, venant de la culture intellectuelle, fait entièrement défaut, le besoin vient uniquement

(1) Chapitre III, p. 53.

de la sensibilité. La crainte et l'espérance, au milieu
de phénomènes naturels que l'imagination transforme
en êtres conscients et actifs, composent toute la religion. Quand la culture intellectuelle commence à naître, cela ne suffit plus. L'âme s'élance vers le spectacle
d'une perfection, dont une étincelle brille en elle,
mais dont elle pressent en dehors d'elle une mesure
bien supérieure. Cette contemplation devient de l'admiration; et quand l'homme se croit en rapport avec
l'Être parfait, elle devient de l'amour, d'où naît le désir de se faire semblable et de s'unir à lui. Cela se
rencontre même chez les peuples qui n'en sont encore
qu'aux premiers éléments de la civilisation. La cause
en est que, chez les nations les plus barbares, les per-
sonnages principaux s'imaginent descendre des dieux
et croient qu'ils retourneront parmi eux. L'idée de la
Divinité varie seulement suivant que se modifie l'idée
de la perfection qui domine, et qui change à chaque
époque et dans chaque peuple. Les dieux des anciens
Grecs et des anciens Romains, ceux de nos premiers
ancêtres n'étaient que des idéalisations de la puissance
et de la force corporelles (1). Quand l'idée du beau

(1) La faculté d'idéaliser suppose chez l'homme un degré de culture relativement avancé. Le travail de l'idéalisation ne peut s'accomplir que dans un cerveau qui a observé et comparé. Il est la
synthèse, élevée, vigoureuse, poétique de pensées, de sentiments, de
sensations. L'homme primitif n'y pouvait parvenir directement. L'idée
de la Divinité a germé pour la première fois dans le cœur humain
sous l'empire d'un sentiment de reconnaissance et de terreur. (Voy.
Bernardin de Saint-Pierre, *De la nature de la morale.*) — Mais ce
qui suit est-il aussi vrai? L'homme a-t-il idéalisé, d'abord le beau
matériel, puis le beau *intellectuel et moral?* N'est-ce pas l'ordre

matériel naquit et se raffina, on éleva la beauté matérielle personnifiée sur le trône de la divinité, et l'on
vit surgir cette religion qu'on pourrait appeler la religion de l'art. Quand l'homme monta de la matière à
l'esprit pur, du beau au bien et au vrai, l'idée de toute
perfection intellectuelle et morale devint l'objet de
l'adoration; la religion commença d'appartenir à la
philosophie. Peut-être pourrait-on se servir de cette
balance pour peser et comparer la valeur des différentes religions, si les religions variaient suivant les nations et les sectes, point suivant les individus séparés.
Mais la religion est si entièrement subjective, qu'elle
repose seulement sur l'intelligence propre et personnelle de chaque homme.

(1) Quand l'idée de la Divinité est le fruit d'une vraie

inverse qui a été le plus souvent suivi? Certaines races aussi, et en
grand nombre, ne sont-elles point passées directement de l'idée d'une
Divinité terrible ou favorable, à l'idéalisation du beau *moral*, sans
arriver jamais à l'idéalisation du *beau matériel?* Prenons des exemples. En Egypte le caractère même des divinités principales indique
assez qu'elles sont nées du sentiment de la crainte ou de la reconnaissance; plus tard nous trouvons une religion savante où certaines
vertus morales sont personnifiées. Quant au beau *matériel*, les Egyp-
tiens ne paraissent jamais l'avoir compris, et pourtant les modèles ne
leur manquaient pas, témoin Cléopâtre. — On en pourrait dire autant des peuples de l'Asie orientale. — Enfin dans les religions des
hommes rouges de l'Amérique, on a trouvé des idéalisations morales très-vivantes et très-élevées; on n'y a point aperçu trace des
notions esthétiques même les plus simples. — C'est qu'en effet le
sentiment, et par suite l'idéalisation du beau plastique suppose, ou
une organisation exceptionnellement délicate comme celle des Grecs
et des anciens Hindous, ou bien une civilisation très-avancée, et la
connaissance de lois si obscures que la critique moderne n'est pas
encore parvenue à les démêler. Aujourd'hui encore la psychologie et
la morale sont bien mieux connues que l'esthétique.

culture intellectuelle, elle réagit sur la perfection intérieure d'une manière salutaire et bienfaisante. Toutes
les choses nous apparaissent sous une forme différente,
suivant que nous les considérons comme les créations
d'une volonté intelligente et prévoyante, ou comme le
produit du hasard aveugle. Les idées de sagesse, d'ordre, d'intention, qui nous sont si nécessaires pour nos
actions et même pour le progrès de nos facultés intellectuelles, poussent dans notre âme des racines bien
plus profondes quand nous les apercevons partout autour de nous. Le fini devient pour ainsi dire infini, ce
qui est fragile devient stable, ce qui est changeant devient immuable, ce qui est compliqué devient simple,
quand notre esprit place une cause ordonnatrice au
sommet des choses et attribue une durée sans terme
aux substances intellectuelles. Nos efforts pour trouver
la vérité, pour arriver à la perfection, gagnent en énergie et en sûreté quand il existe pour nous un être qui
est la source de toute vérité, le foyer de toute perfection. Les adversités deviennent moins dures à l'âme,
car l'espoir et la confiance se relient à elles. Le sentiment que tout ce que nous avons nous le recevons de
la main de l'Amour suprême, élève notre félicité et notre bonté morale. Par la reconnaissance pour le bonheur dont elle jouit, par la confiance en celui qu'elle
désire vivement, l'âme sort d'elle-même, elle cesse
d'être renfermée en elle-même et de couver ses propres
affections, projets, besoins, espérances. Si elle n'a pas
le sentiment sublime de se devoir tout à elle seule,
elle sent avec délices qu'elle vit dans l'amour d'un

autre être, et, grâce à cette idée, sa propre perfection s'unit avec la perfection de cet être. Elle devient pour les autres ce que les autres sont pour elle; elle ne veut pas que d'autres doivent tout tirer d'elle quand elle ne reçoit rien des autres. Dans cette revue historique rapide, je n'ai fait qu'effleurer les principales époques. Après l'étude magistrale et approfondie de Garve (1), pénétrer plus avant dans ce sujet, serait une inutile témérité.

Mais autant il est vrai, d'un côté, que les idées religieuses concourent à la perfection morale, autant d'un autre côté il est faux qu'elles soient liées à elles indissolublement (2). La seule idée de la perfection spirituelle est assez grande, assez nourrissante, assez sublime pour n'avoir pas besoin d'une enveloppe ou d'une forme étrangères. Et cependant il y a au fond de toute religion une personnification, une sorte de matérialisation, un anthropomorphisme plus ou moins accusé. Cette idée de la perfection sera toujours présente à l'esprit de celui qui n'est pas habitué à condenser la somme de tout le bien moral dans un être idéal, et à se considérer comme en rapport avec cet être; elle lui sera une excitation à

---

(1) Garve, né à Breslau le 7 janvier 1742, succéda à Gellert en 1769 comme professeur de philosophie à Leipzig. La faiblesse de sa santé le força, en 1772, d'abandonner sa chaire. Il mourut le 1er décembre 1789. Parmi ses nombreux écrits, les plus connus sont : *Ueber die Verbindung der Moral und der Politik* (1788). *Ueber den Charakter der Bauern und ihr Verhältniss gegen den Gutsherrn und die Regierung* (1786). *Ueber Gesellschaft und Einsamkeit* (1797-1800), etc., etc.

(2) Remarquons cette justification si mesurée de l'indépendance de la morale.

l'activité, élément de tout bonheur. Quand l'expérience lui aura bien fait voir qu'il lui est possible de
faire progresser son esprit en énergie morale, il avan-
cera avec courage vers le but qu'il se propose. La pensée de l'anéantissement de son existence ne l'effrayera
pas, pourvu que son imagination trompeuse ne vienne
pas à sentir le néant dans le néant. Sa dépendance nécessaire de destinées extérieures ne l'impressionnera
pas. Indifférent à la jouissance ou à l'indigence matérielle, il ne verra plus que ce qui est purement intellectuel ou moral, et le sort, quel qu'il soit, ne pourra
rien sur son âme même. Son esprit se suffisant à lui-
même se sentira indépendant; la plénitude de ses idées,
la conscience de sa force intime l'élèveront au-dessus
du changement des choses. Quand il fera retour sur
son passé, il recherchera pas à pas comment, tantôt
d'une manière, tantôt d'une autre, il aura utilisé chaque événement ; comment peu à peu il est devenu ce
qu'il est maintenant; quand il verra tout réuni en lui,
la cause et l'effet, le but et le moyen, alors, plein du
plus noble orgueil que puissent ressentir les êtres finis,
il s'écriera :

> N'as-tu pas accompli tout toi-même,
> Cœur brûlant d'une flamme sacrée (1)?

Comment doivent s'éteindre dans l'homme toutes les
idées d'isolement, d'abandon, de manque de protection, de consolation et d'appui, que l'on suppose souvent là où est absente l'idée d'une cause personnelle,

(1) Gœthe, *Prométhée.*

organisatrice, prévoyante, de l'enchaînement des choses finies? Ce sentiment de sa valeur propre, de son
existence en soi et par soi ne le rendra pas dur et in-
sensible envers les autres êtres; il ne rendra pas son
cœur inaccessible à l'amour compatissant et à tout mouvement bienveillant. Cette idée de la perfection qui,
certes, n'est pas seulement une froide perception de
l'entendement, mais qui peut être aussi un chaud sentiment du cœur; cette idée, à laquelle se rattache toute
l'activité de l'homme fait pénétrer son existence à lui
dans l'existence de ses semblables. Il existe en eux une
aptitude égale à une plus grande perfection, et l'homme
peut produire et augmenter cette perfection. Il n'est
pas encore pénétré du plus haut idéal de la moralité
tant qu'il peut se considérer comme séparé des autres
hommes, tant que tous les êtres intellectuels ne se confondent pas dans son esprit avec la somme de toute la
perfection qui se trouve disséminée en eux. Peut-être
son union avec le reste des êtres semblables à lui de-
viendra-t-elle encore plus profonde, sa compassion
pour leur sort plus vive, à mesure que son esprit verra
plus clairement que leur sort et le sien dépend seulement de lui et d'eux.

Il se peut faire que l'on reproche, et avec raison, à
ce tableau d'exiger pour rester vrai une force d'esprit
et de caractère non pas seulement ordinaire, mais tout
à fait exceptionnelle. Toutefois il ne faut pas oublier
que tout ceci a lieu également là où les sentiments religieux doivent produire une existence vraiment belle,
également éloignée de la froideur et du fanatisme. Ce

reproche serait encore fondé si j'avais dit que l'on dût
encourager la disposition générale que je viens de
dépeindre. Mais mon dessein tend exclusivement à
montrer que la moralité, même pour la logique la plus
sévère, n'est point du tout dépendante de la religion;
qu'en général la morale n'est pas liée nécessairement
à la religion. Mon désir est de contribuer pour ma
part à encourager ce respect dont l'homme devrait
être toujours rempli pour la manière de penser et de
sentir des autres hommes. — Afin de justifier mieux encore cette doctrine je pourrais maintenant présenter
comme contraste la peinture de l'influence mauvaise
dont est susceptible la disposition la plus religieuse
comme celle qui l'est le moins. Mais il n'est point
agréable de s'arrêter longtemps devant des tableaux
aussi odieux; et d'ailleurs l'histoire est là pour établir
suffisamment la vérité de mon dire. Peut-être aussi ar-
rivera-t-on à une plus complète évidence en jetant un
regard rapide sur la nature de la morale elle-même et
sur le lien étroit qui existe non-seulement entre la
religiosité, mais encore entre les systèmes religieux
des hommes et leurs manières de sentir.

Ni ce que la morale prescrit comme devoir, ni ce
qui donne à ses lois leur sanction et les fait accepter
par intérêt ne dépend des idées religieuses. Je ne vais
pas jusqu'à dire qu'une dépendance de cette nature
corromprait la pureté de la volonté morale. Peut-être
pourrait-on soutenir que ce principe n'a pas une valeur
suffisante dans une déduction qui, comme celle-ci,
est tirée en dehors des faits, et en même temps s'ap-

puie sur les faits. Mais les qualités essentielles d'une action, qui font d'elle un devoir, naissent en partie de la nature de l'âme humaine, en partie de l'application plus directe d'une règle morale aux rapports des hommes les uns envers les autres; et en supposant certain que les hommes soient saisis par le sentiment religieux plus vivement que par tout autre, il n'est pas moins vrai que ce moyen n'est pas le seul, et surtout qu'il n'est point applicable à tous les caractères. Il est bien plus vrai de dire que l'influence de la religion repose sur l'essence individuelle des hommes ; elle est subjective dans le sens le plus strict du mot. L'homme froid, purement raisonneur, chez qui la connaissance des choses ne se transforme jamais en sentiment, auquel il suffit de voir le rapport des choses et des actions pour déterminer sa volonté, n'a besoin d'aucun principe religieux pour agir vertueusement, et pour être vertueux autant que cela est possible à son caractère. Il en est tout autrement au contraire quand la faculté sensible est très-forte, quand chaque pensée devient aisément un sentiment. Mais dans ce cas même, les nuances sont infiniment diverses. Là où l'âme à une forte tendance à sortir d'elle-même pour pénétrer en autrui, à se joindre à autrui, les idées religieuses seront des ressorts efficaces. Au contraire, il existe des caractères en qui domine une logique étroite entre les idées et les sensations, qui possèdent une si grande profondeur de savoir et de sentiment, qu'il naît de là une force et une indépendance qui n'exige d'un être, ni lui permet de se livrer entièrement à un autre

CHRÉTIEN. 6

être, et de se fier à une force étrangère ; choses par
lesquelles se développe si fort l'influence de la religion.
Les situations même qui sont nécessaires pour faire
revenir l'homme aux idées religieuses ont une diversité
semblable à la diversité des caractères. Pour cela, il
suffit chez l'un de n'importe quelle émotion forte, de
joie ou de douleur, chez l'autre du suave sentiment de
la reconnaissance naissant du bonheur. Ces derniers
caractères peut-être ne sont pas ceux qu'il faut priser
le moins. D'un côté, ils sont assez forts pour ne pas
chercher dans le malheur des secours étrangers, et,
d'un autre côté, ils ont trop l'intelligence du sentiment de l'amour dont ils sont l'objet, pour ne pas
rattacher aisément à l'idée du bonheur l'idée d'un
dispensateur plein d'amour. Souvent aussi, la forte
tendance vers les idées religieuses a encore une source
plus noble, plus pure, et, si je puis ainsi parler, plus
intellectuelle. L'homme ne peut saisir ce qu'il voit
autour de lui qu'au moyen de ses organes ; nulle part
la pure essence des choses ne se révèle immédiatement à lui. C'est précisément ce qui excite davantage
son amour, ce qui saisit le plus irrésistiblement tout
son être, enveloppé d'un voile épais ; toute sa vie est
dans les efforts de son activité pour pénétrer ce voile ;
ses délices sont dans la divination de la vérité à travers
l'énigme du signe, dans l'espoir d'une intuition immédiate dans d'autres périodes de son existence. Quand,
au milieu d'une belle et admirable harmonie, l'esprit
cherche sans relâche la vue immédiate de l'Être véritable, quand le cœur l'appelle avec ardeur, quand la

profondeur de l'intelligence ne suffit point à la soif de l'idée, et quand la chaleur du sentiment ne suffit pas au rêve des sens et de l'imagination, alors la foi suit irrésistiblement la vraie tendance qu'a la raison d'élargir chaque idée jusqu'au renversement de toutes limites, jusqu'à l'idéal; elle s'attache étroitement à un Être qui comprend tous les autres êtres, qui existe, apparaît, crée, absolument et sans moyens intermédiaires (1). Mais, souvent, une timidité discrète limite la voie dans le domaine de l'expérience; souvent aussi le sentiment se contente volontiers de l'idéal purement rationnel; mais il trouve un charme mille fois plus doux, enfermé qu'il est dans le monde accessible à ses impressions, à combiner étroitement la nature matérielle et la nature immatérielle, à donner au signe un sens plus fécond, à la vérité un signe plus clair et plus fertile en idées. Ainsi l'homme est souvent dédommagé de l'absence de cet enthousiasme enivrant, fils de l'attente et de l'espoir, quand il défend à ses regards de s'enfoncer dans les espaces infinis, par la conscience du succès de ses efforts qui l'accompagne sans cesse. Pour lui, la marche la moins hardie est donc la plus sûre; comme il s'attache au bon sens, ses idées, moins riches, sont plus claires; la perception par les sens,

_____

(1) « Deus summus est ens æternum, infinitum, absolute perfectum..... Corpore omni et figura corporea prorsus destituitur, ideoque videri non potest, nec audiri, nec tangi, *nec sub specie rei alicujus corporeæ coli debet*..... Hunc cognoscimus solummodo per proprietates ejus et attributa, et per sapientissimas et optimas rerum structuras et causas finales, et admiramur ob perfectiones, veneramur autem et colimus ob dominum. » (Newton, *Philosophiæ naturalis principia mathematica.* Amsterdam, 1743.)

moins fidèle peut-être, il est vrai, lui paraît devoir être plus nécessairement reliée à l'expérience. L'esprit de l'homme n'admire rien aussi volontiers et avec plus d'adhésion de sentiment, que l'ordre plein de sagesse régnant dans une foule innombrable d'individus divers, et peut-être en antagonisme les uns vis-à-vis des autres. Toutefois, cette admiration est, à un bien plus haut degré, le propre de certains hommes, et ceux-ci adoptent, de préférence à tout, l'idée d'un être qui a créé et ordonné le monde, et qui le conserve avec une sagesse pleine de sollicitude. A d'autres, c'est la force de l'individu qui paraît par-dessus tout sacrée; elle les captive plus que l'ordonnance générale des choses : aussi est-ce, si j'ose ainsi dire, la route opposée qui se présente à eux plus souvent et plus naturellement; cette route par laquelle les individus tout en développant en eux-mêmes leur moi, et en le modifiant par les influences réciproques, arrivent à cette harmonie qui seule peut donner le repos à l'esprit comme au cœur de l'homme. Je suis loin de me faire illusion, en croyant avoir épuisé dans une courte esquisse cette matière complexe, dont la richesse s'oppose à toute classification. Je l'ai présentée à titre d'exemple, pour faire voir que le vrai sentiment religieux, comme tout vrai système de religion, découle, dans le sens le plus élevé des mots, de sa connexité profonde avec la sensibilité de l'homme. Est, à la vérité, indépendant de la sensibilité et de la différence de caractère ce qui, parmi les idées religieuses, est purement intellectuel. Telles sont les conceptions de prévoyance, d'ordre, de convenance;

de perfection. Mais il n'est pas tant question de ces idées considérées en elles-mêmes que de leur influence sur les hommes, laquelle n'est pas absolument indépendante d'autres considérations qui viennent s'y mêler. Elles ne sont pas, à proprement parler, exclusivement propres à la religion. L'idée de perfection est née tout d'abord de la nature animée; elle a été transportée à la nature inanimée; puis elle a été successivement étendue en dehors de toutes les limites jusqu'à l'Être infiniment parfait. Cependant la nature animée et la nature inanimée restent les mêmes. Ne serait-il donc pas possible de faire les premiers pas, puis de s'arrêter là sans faire le dernier? Si tout sentiment religieux repose en entier sur les diverses modifications du caractère et surtout du sentiment, son influence sur la moralité ne peut nullement dépendre de la substance, ou, pour ainsi parler, du contenu des principes admis, mais bien de la forme sous laquelle on les adopte, de la conviction, de la foi. Il me semble que j'ai suffisamment justifié dès maintenant cette observation qui me sera par la suite d'une grande utilité. Peut-être cependant me reprochera-t-on, dans tout ce que j'ai dit, d'avoir toujours eu devant les yeux l'homme très-favorisé de la nature et des circonstances, l'homme intéressant, et par suite l'homme rare. Mais la suite montrera, je l'espère, que je ne néglige pas le grand nombre. Il me paraît honteux de ne pas se placer aux points de vue les plus élevés toutes les fois que c'est l'homme qui forme l'objet de l'étude à laquelle on se livre.

6,

Après avoir jeté ce coup d'œil général sur la religion et son influence sur la vie, je reviens à la question de savoir si l'État doit ou ne doit pas agir par la religion sur les mœurs des citoyens. Il est bien évident que les moyens employés par le législateur, pour le développement du progrès moral, ont toujours une utilité et une convenance proportionnée au degré dans lequel elles favorisent le développement intérieur des facultés et des penchants. Car tout progrès a sa source uniquement dans le fond de l'âme. Les mesures extérieures peuvent bien lui donner l'occasion de se montrer, elles ne peuvent jamais la créer. Maintenant que la religion qui repose entièrement sur des idées, des sensations et sur la conviction intérieure, soit un de ces moyens, cela est incontestable. Nous formons l'artiste lorsque nous mettons devant ses yeux les chefs-d'œuvre de l'art, lorsque nous mettons son imagination en rapport avec les formes admirables des créations de l'antiquité. De même, l'homme moral doit se former par la contemplation d'une perfection morale supérieure, par les rapports avec ses semblables, par l'étude intelligente de l'histoire, enfin, par le spectacle de la perfection la plus complète, de la perfection idéale, dans l'image de la Divinité. Mais, ainsi que je crois l'avoir démontré plus haut, ce spectacle n'est pas fait pour tous les yeux, ou, pour parler sans figure, cette manière de penser n'est pas propre à tous les caractères. Et quand elle le serait, elle est efficace seulement lorsqu'elle naît de l'union de toutes les idées et de toutes les sensations, lorsqu'elle se produit d'elle-même dans le fond de l'âme, bien plus que quand elle y est mise du dehors. Enlever les obstacles qui arrêtent la confiance aux idées religieuses, favoriser le libre esprit d'examen, ce sont là les seuls moyens dont le législateur puisse se servir. S'il va plus loin, s'il cherche à patronner directement le sentiment religieux ou à le diriger, s'il prend en quoi que ce soit sous sa protection certaines idées déterminées, au lieu de la vraie conviction il produit la foi basée sur l'autorité ; il arrête ainsi l'essor de l'esprit et le développement des facultés de l'âme. Ce qu'il gagne du côté de l'imagination, des émotions momentanées, peut bien produire, de la part des citoyens, une manière d'agir conforme aux lois, mais jamais la vraie vertu. Car la vraie vertu est indépendante de toute religion, et incompatible avec une religion imposée et basée sur l'autorité.

Mais si certains principes religieux produisent une manière d'agir seulement conforme à la loi, n'est-ce pas assez pour autoriser l'État à les propager, même au détriment de la liberté générale de penser. Le but de l'État sera atteint si ses lois sont observées strictement ; et le législateur a suffisamment fait son devoir s'il a édicté des lois sages, et s'il sait conserver pour elles l'obéissance de ses concitoyens. D'ailleurs l'idée de la vertu, telle qu'on l'a exposée, n'est le partage que du petit nombre des membres d'un État, de ceux qui, par leur situation, peuvent consacrer une grande partie de leur temps et de leurs facultés à l'affaire de leur développement intérieur. Le soin de l'État devra forcément s'exercer sur le grand nombre, et la foule n'est pas susceptible de ce haut degré de moralité

Je ne reviens pas ici sur les propositions que j'a..
essayé de développer au commencement de cet écrit ;
elles abattent par le pied ces objections; elles affirment
que l'organisation de l'État n'est pas elle-même le but
mais seulement un moyen pour le progrès de l'homme,
et que, par suite, il ne peut suffire au législateur de
donner de l'autorité à ses décisions ; il faut encore que
les moyens employés pour établir cette autorité soient
bons, ou du moins qu'ils ne soient pas en eux-mêmes
mauvais. De plus, il n'est pas juste que l'État n'ait à
considérer que les actions des citoyens et leur conformité à la loi. Un État est une machine tellement complexe et compliquée que les lois qui sont toujours et
nécessairement simples, générales et peu nombreuses,
n'y peuvent jamais suffire. La plus grande part à faire
reste confiée aux efforts volontaires et unis des citoyens.
Il ne faut que comparer le bien-être des nations civili-
sées et éclairées avec la misère des peuples barbares
et sauvages, pour être convaincu de la vérité de cette
proposition. Aussi le travail de tous ceux qui se sont
occupés des institutions sociales a-t-il toujours tendu
à faire le bien de l'État dans l'intérêt propre du citoyen,
et à changer l'État en une machine qui fût maintenue
en mouvement par la force intérieure de ses ressorts,
et n'eût pas un besoin absolu de nouvelles influences
venant du dehors. S'il est un avantage dont les États
modernes puissent se prévaloir vis-à-vis des anciens,
c'est surtout de ce qu'ils ont plus qu'eux réalisé ce
principe. Je trouve une preuve de ceci en ce fait qu'ils

se servent de la religion comme d'un moyen de progrès. Et pourtant, à supposer, précisément comme
nous le faisons, que la religion seule puisse produire
le bonnes actions au moyen de certains principes
déterminés, ou agir sur les mœurs en général au
moyen d'une direction positive, la religion est un
moyen d'action dont le point d'appui est extérieur.
Aussi le vœu suprême du législateur doit-il être tou-
ours d'élever les lumières des citoyens assez haut pour
qu'ils puisent la force d'atteindre le but de l'État dans
la seule idée de l'avantage que celui-ci leur garantit
pour la réalisation de leurs vues individuelles; mais le
législateur ne saurait accomplir ce vœu nécessaire
qu'en laissant aux citoyens la plus grande liberté;
c'est ce que la connaissance de l'homme lui apprendra
bientôt. D'ailleurs, pour comprendre ces choses, il
faut chez eux un degré d'intelligence et de culture
auquel on ne peut arriver quand la liberté de l'esprit
d'examen est entravée par les lois.

On n'accorde aucune créance à ces considérations,
uniquement parce qu'on est convaincu que, sauf des
dogmes religieux délimités et acceptés par la foi, ou
du moins que sans la surveillance de l'État sur la
religion, le calme et la moralité, sans lesquelles le
pouvoir civil serait impuissant à maintenir l'observation des lois, ne peuvent exister. Toutefois, il faudrait
prouver et établir avec plus d'exactitude et de rigueur
l'influence que l'on attribue aux dogmes religieux ainsi
acceptés, et en général à toute espèce de religiosité
protégée par les institutions de l'État. Dans les parties

incultes du peuple, de toutes les vérités religieuses
celles qu'on place au premier rang sont les idées de
peines et de récompenses à venir. Elles ne diminuent
point la tendance aux actes mauvais, elles ne favorisent pas le penchant au bien, elles n'améliorent pas
le caractère, elles agissent uniquement sur l'imagination ; elles ont, par suite, comme tout ce qui vient de
cette faculté, une influence sur la manière d'agir ; mais
aussi leur influence est diminuée et anéantie par tout
ce qui vient affaiblir la vivacité de l'imagination. Ajoutez
à cela que l'attente est si longue, et, dans l'esprit même
des croyants, si incertaine ; que les idées de repentir
prochain, d'amendement à venir, de pardon espéré, qui
sont tant favorisées par certaines religions, leur enlè-
vent de nouveau une grande partie de leur efficacité.
De telle sorte qu'il est impossible de concevoir comment ces idées pourraient avoir plus d'influence que
l'idée des pénalités légales qui, elles, ne sont pas
éloignées, qui, avec de bonnes institutions de police,
sont presque certaines, et ne sont écartées ni par le
repentir, ni par l'amendement survenu depuis la faute,
pourvu qu'on ait enseigné, dès l'enfance, aux citoyens,
toutes les conséquences des actes moraux et des actes
immoraux. Il est incontestable que des idées religieuses
encore moins éclairées ont une influence meilleure
sur une grande partie du peuple. La pensée qu'on est
l'objet des soins d'un être infiniment sage et parfait,
donne à ceux qui la nourrissent plus de dignité ; la
perspective d'une existence éternelle élève leurs vues,
elle donne à leurs actes un but et un plan dont ils ont

nieux conscience; le sentiment de la bonté pleine
l'amour de la Divinité donne à leur âme une disposition qui répond à ce sentiment; en un mot, la religion
leur enseigne à sentir la beauté de la vertu. Mais pour
que la religion puisse avoir une pareille influence, il
faut qu'elle soit tout d'abord en harmonie parfaite avec
les idées et les sentiments; or, cela est bien difficile
quand la liberté de l'esprit d'examen est entravée, et
quand tout est ramené à la foi (1); il faut aussi que
l'intelligence des beaux sentiments existe d'avance. La
religion naît surtout d'une tendance non encore développée vers la moralité, sur laquelle elle ne fait à son
tour que réagir. Aussi personne ne songe à nier absolument l'influence de la religion sur la moralité; toute
la question est seulement de savoir si elle dépend de
certains dogmes religieux déterminés, et s'il faut considérer, par suite, que la moralité et la religion soient
unies l'une à l'autre d'une manière aussi indivisible?
Ces deux questions doivent, à mon avis, être résolues
par la négative. La vertu concorde si bien avec les
penchants originels de l'homme (2); les sentiments

(1) C'est là une vérité trop rarement admise. Un membre très-
savant et très-libéral de l'Eglise anglicane a dit, et dans un sens
très-précis : « Hand in hand and close by the side of Faith stands her
sister Harmony; when Faith departs, Chaos soon takes her place. »
(*The continuity of the schemes of nature and revelation*, a sermon
preached by Rev. C. Pritchard, president of the royal astronomical
society. London, Bell and Daldy, 1866.)

(2) « Lorsque Dieu fit les entrailles de l'homme, il y mit premièrement la bonté. » (Bossuet.) (Voy. dans Proudhon la critique de
cette théorie de la bonté native, *Système des contradictions économiques*, chap. VIII.)

d'amour, de douceur, de justice, ont quelque chos
de si suave, les idées d'activité désintéressée, de dé·
vouement pour autrui, quelque chose de si sublime.
les rapports qui en découlent dans la vie domestiqu
et dans la vie sociale apportent tant de bonheur, qu'i
est beaucoup moins nécessaire de chercher de nou
veaux ressorts à produire des actions vertueuses, qu
de procurer à ceux qui se trouvent naturellement dan·
le fond de l'âme une action sans entraves.

Si l'on voulait aller plus loin, si l'on voulait ajoute
de nouveaux moyens d'encouragement, encore fau·
drait-il ne jamais oublier de comparer leur utilité e
leurs inconvénients. Or, on l'a déjà dit et on le
répète, il est inutile de démontrer plus amplemen·
combien de maux entraîne la limitation de la libert·
de penser. Le commencement de ce chapitre contient
tout ce que j'ai jugé nécessaire de dire sur le vice de
tout encouragement positif du sentiment religieux par
l'État. Quand le mal qu'il produit ne s'étendrait qu'aux
résultats de nos études, quand il ne ferait que rendre
incomplètes et fautives nos connaissances scientifiques, .
cela pourrait bien être de quelque poids dans l'appré·
ciation qu'on ferait du caractère de l'utilité qu'on en·
attend. Mais l'inconvénient est bien plus considérable.
L'utilité de la libre recherche s'étend à notre être tout
entier, elle enveloppe non-seulement notre pensée,
mais encore nos actions. Chez l'homme habitué à·
juger et à entendre juger la vérité et l'erreur, sans
examiner les rapports extérieurs qui le touchent, lui·
et ses semblables, tout principe d'action se déduit plus

mûrement, plus logiquement, il est puisé à une source plus élevée que chez l'homme dont les études sont entièrement dirigées par des circonstances non inhé-rentes à l'étude elle-même. La recherche et la convic-tion qui naît de la recherche, voilà l'activité spontanée ; la foi, c'est la confiance en une force étrangère, en une perfection, intellectuelle ou morale, étrangère. De là vient que chez le penseur qui cherche, il y a plus d'activité spontanée, plus d'énergie ; chez le croyant plein de foi, plus de faiblesse, plus de paresse. Il est vrai que la foi, quand elle domine sans partage, quand elle chasse entièrement le doute, enfante un courage plus invincible, une force plus durable encore. L'his-toire de tous les enthousiastes nous l'apprend. Mais cette force-là n'est désirable que quand on a en vue un résultat extérieur déterminé, pour lequel il n'est besoin que d'un acte purement mécanique ; elle ne l'est pas quand on veut voir des résolutions originales, ou des actes réfléchis basés sur les principes de la raison, ou quand on désire la perfection intérieure. Car cette force des enthousiastes a pour unique base l'anéantissement absolu de l'activité rationnelle. Les doutes ne sont possibles qu'à celui qui croit, jamais à celui qui n'a foi qu'en sa propre recherche. En général, les résultats ont bien moins d'importance pour le second que pour le premier de ces deux hommes. Pendant sa recherche, celui-là a conscience de l'acti-vité, de la force de son âme ; il sent que sa vraie perfection, que son honneur repose vraiment sur cette force ; les doutes, naissant sur les points qu'il a jus-

CHRÉTIEN. 7

qu'alors tenus pour vrais, bien loin de l'affliger, le
remplissent de joie ; ils lui font voir que sa pensée a
gagné en vigueur, puisqu'il aperçoit maintenant des
erreurs qui lui avaient été cachées jusque-là. Au
contraire, la foi ne peut s'intéresser qu'au résultat;
pour elle il n'y a rien de plus dans la vérité connue.
Les doutes qui secouent la raison affligent le croyant.
Ce ne sont pas, comme pour le cerveau qui pense par
lui-même, de nouveaux moyens d'arriver à la vérité;
ils ne font que lui enlever la certitude, sans lui indiquer le moyen de la reconquérir d'une autre manière.
En élargissant ces considérations, nous sommes conduit à observer qu'en général il n'est pas bon d'attribuer aux résultats isolés une importance assez grande
pour croire, ou que beaucoup d'autres vérités, ou que
beaucoup de conséquences utiles, intérieures et extérieures, en dépendent. Cela entrave avec trop de facilité et de fréquence la marche de l'étude. C'est ainsi
que les aperçus les plus libres et les plus lumineux
vont parfois précisément contre le principe sans lequel
ils n'auraient jamais pu se produire. Plus la liberté de
penser est importante, plus on voit que toute limitation à cette liberté est pernicieuse. D'un autre côté,
l'État ne manque pas de moyens pour faire que les
lois restent debout, et pour empêcher qu'on ne les
brise. Que l'on tarisse autant que possible la source des
actes immoraux, qui se trouve dans l'organisation
même de l'État; que l'on rende l'œil de la police plus
perçant pour apercevoir les violations de la loi; qu'on
les punisse comme il convient, et l'on ne manquera

pas d'atteindre le but qu'on se propose. Et, oublie-t-on
donc que la liberté de penser elle-même, et la lumière
qui ne peut se répandre que sous ses auspices, est le
plus efficace de tous les moyens d'obtenir la sûreté ?
Tandis que les autres moyens n'empêchent que les
troubles et les explosions sociales, la liberté agit, elle,
sur les penchants et les inspirations ; tandis qu'ils ne
peuvent produire qu'un certain calme dans les actes
extérieurs, elle produit l'harmonie intime de la volonté
et de l'effort. Quand donc cessera-t-on enfin de prêter
aux conséquences extérieures des actions plus d'attention qu'à l'état intérieur de l'esprit d'où elles découlent ? Quand donc naîtra cet homme qui sera, pour la
législation, ce que Rousseau a été pour l'éducation, et
qui, cessant de se placer au point de vue des résultats
extérieurs et matériels, se mettra à celui du développement intime de l'homme ?

Qu'on ne croie pas non plus que cette liberté de
penser, que ces lumières ne soient que pour le petit
nombre ; qu'elles restent inutiles ou qu'elles deviennent
même nuisibles à la plus grande partie du peuple, à
celle dont l'activité est absorbée par le soin que réclament les besoins physiques de la vie ; et qu'on ne
puisse agir sur elle qu'en propageant des dogmes
arrêtés ou en limitant la liberté de penser. Il y a déjà
quelque chose de dégradant pour l'humanité dans la
pensée de refuser en quoi que ce soit à un homme le
droit d'être un homme. Il n'en est pas d'assez barbare
pour être incapable d'arriver à une culture quelconque ; et, s'il était vrai que les idées religieuses et phi-

losophiques les plus élevées ne peuvent pas arriver immédiatement au plus grand nombre des citoyens, on devrait, pour se plier aux idées de cette classe d'hommes, présenter la vérité sous un vêtement autre que celui que l'on choisirait, si l'on était dans la nécessité de parler à leur imagination et à leur cœur plus qu'à leur froide raison. Et pourtant, de même que cette propagation, qui conserve toutes les connaissances scientifiques par la liberté et la lumière, descend jusqu'à cette classe d'hommes, de même les conséquences salutaires de l'étude libre et sans entraves sur l'esprit et le caractère de toute la nation, s'étendent jusqu'aux plus humbles individualités qui en font partie (1).

Ce raisonnement s'applique d'une manière spéciale au cas où l'État tend à propager certains dogmes religieux déterminés. Mais je veux le généraliser davantage. Pour le faire je dois rappeler le principe développé plus haut : à savoir que toute influence de la religion sur la moralité, si elle ne dépend pas exclusivement, dépend à coup sûr bien plus de la forme sous laquelle la religion existe dans l'homme, que du contenu des dogmes qui la lui rendent sacrée. Mais, ainsi que je me suis efforcé de l'établir plus haut, toute institution de l'État n'agit que plus ou moins sur ce contenu, tandis que l'accès à cette forme, si je puis désormais me servir de cette expression, lui est entiè-

___

(1) M. Renan aurait dû méditer ces paroles avant de dire que : « la science n'est pas faite pour tous », et avant de développer l'aristocratique théorie qui dépare ses *Études d'histoire religieuse*.

rement fermé. Comment la religion naît-elle sponta-
nément dans un homme ? Comment la reçoit-il ? Cela
dépend entièrement de toute sa façon d'être, de
penser, de sentir. En admettant que l'État fût en
situation de la modeler et de lui donner une forme
concordante à ses vues — et l'impossibilité de ceci est
incontestable, — j'aurais été bien malheureux dans la
justification de toutes les idées exposées jusqu'ici, si
je devais maintenant ressasser toutes les raisons qui
défendent à l'État de se servir arbitrairement de
l'homme pour l'accomplissement de ses desseins, sans
vouloir considérer ses fins individuelles. Qu'il n'existe
ici aucune nécessité absolue, de celles qui seules
pourraient justifier une exception, c'est ce que prouve
l'indépendance de la moralité et de la religion ; indépendance que j'ai essayé d'établir. Ces principes seront
encore mieux mis en lumière quand je démontrerai,
ce qui ne tardera pas, que le maintien de la sûreté intérieure dans un État n'exige nullement qu'on impose
aux mœurs en général une réglementation déterminée.
Mais s'il est quelque chose qui puisse préparer dans
l'âme des citoyens un terrain fertile à la religion, si
quelque chose peut donner à la religion déjà reçue et
passée dans le système intellectuel et sensible du
peuple une influence salutaire sur la moralité, c'est la
liberté, laquelle, si peu que ce soit, souffre toujours
du soin positif de l'État. En effet, plus l'homme se
forme d'une manière variée et originale, plus ses sentiments s'élèvent, et plus aisément il dirige son regard
hors du cercle étroit et changeant qui l'entoure pour

l'élever vers Celui dont l'infini et l'unité renferment le
principe de ces limites et de cette mutabilité, qu'il
croie d'ailleurs trouver ou ne pas trouver un tel Être.
Plus l'homme est libre, plus sa personnalité se fortifie
en lui, plus sa bienveillance envers les autres grandit.
Et rien ne conduit à la Divinité autant que l'amour
bienveillant ; et rien ne rend l'absence de Divinité aussi
peu nuisible à la moralité que l'originalité, la force qui
se suffit à elle-même et se limite en elle-même. Enfin
plus le sentiment de la force est élevé chez l'homme,
plus la manifestation en est libre, plus l'homme cherche
un fil intérieur qui le conduise et le dirige. Il reste
ainsi favorable à la morale, que ce fil soit pour lui la
vénération et l'amour de la Divinité, ou la récompense
tirée du pur sentiment de sa dignité. La différence que
j'y aperçois est celle-ci : le citoyen laissé entièrement
libre en matière religieuse aura ou n'aura pas dans son
âme de sentiments religieux, suivant son caractère
personnel ; mais dans tous les cas ses idées deviendront
plus logiques, sa sensibilité plus profonde ; il y aura
dans son être plus d'unité ; il deviendra plus admirable de moralité et d'obéissance aux lois. Au contraire,
celui qui est entravé par des prescriptions de toute
sorte admettra, en dépit d'elles, des croyances religieuses diverses, ou bien il n'en admettra point ; mais,
dans tous les cas, il aura moins de logique dans les
idées, moins de profondeur de sentiment, moins
d'unité en lui ; et, par suite, il honorera moins la
morale, il voudra plus souvent esquiver la loi.

Sans ajouter d'autres raisons, je crois pouvoir poser

maintenant ce principe, qui n'est pas nouveau, à savoir, que tout ce qui se rapporte à la religion est en dehors les bornes de l'action de l'État; que la prédication et tout le culte en général doit échapper aux vues particulières de l'État et être entièrement abandonné à l'administration des communes.

VIII

DE L'AMÉLIORATION DES MŒURS.

Moyens possibles pour atteindre ce but. — L'amélioration des mœurs se réduit principalement à limiter la sensualité. — De l'influence de la sensualité sur l'homme ; — considérations générales. — Influence des sensations considérées en elles seules et comme telles ; variété de cette influence suivant leur nature diverse ; — spécialement : différence entre l'influence des sensations qui agissent énergiquement, et celle de toutes les autres. — Liaison du sensuel et du non-sensuel par le beau et le sublime. — Influence de la sensualité sur les facultés inquisitives ou intellectuelles, — créatrices ou morales de l'homme. — Maux et dangers de la sensualité. — Application de ces considérations à la présente recherche, et examen de la question de savoir si l'Etat doit s'efforcer d'agir positivement sur les mœurs. — Toute tentative de cette nature n'agit que sur les actes extérieurs ; — elle produit divers maux graves. — La corruption même des mœurs, contre laquelle elle est dirigée, n'est pas dépourvue de toute conséquence salutaire (1), — et ne rend point nécessaire l'emploi d'un moyen radical de réformation. — Un tel moyen est en dehors des bornes de l'action de l'Etat. — Grand principe déduit de ce chapitre et des deux précédents.

Les lois et les prescriptions détachées sont le dernier moyen dont se servent d'ordinaire les États pour

(1) On supplie le lecteur de ne pas froncer le sourcil en présence de cette hardiesse de langage. Qu'il ne rejette pas le livre, et qu'il veuille bien lire ce chapitre ; il verra que la pensée est aussi juste et aussi honnête que l'expression est malsonnante.

donner aux mœurs une certaine conformité avec leur but final, qui est d'obtenir la sécurité. Mais c'est là un moyen par lequel la moralité et la vertu ne peuvent être produites directement. Ces prescriptions séparées se bornent nécessairement à défendre ou à déterminer les actions séparées, ou qui sont immorales en elles-mêmes, sans toutefois porter atteinte aux droits d'autrui, ou qui conduisent trop facilement à l'immoralité.

C'est à cette classe qu'appartiennent surtout toutes les lois qui arrêtent le luxe. En effet, il n'est à coup sûr rien qui soit une source aussi abondante et aussi commune d'actes contraires à la morale et même à la loi que l'excès de sensualité dans l'âme (1), ou que l'absence de rapport entre les penchants, les désirs en général, et les moyens de satisfaction offerts par la situation extérieure. Quand la tempérance et la modération font que l'homme se contente du domaine dans lequel il lui a été donné de se mouvoir, l'homme cherche moins à les abandonner ou au préjudice des droits d'autrui, ou au détriment de son propre bonheur et de sa félicité. Par suite, il semble que le vrai but de l'État soit de maintenir dans les limites convenables cette sensualité, d'où naissent toutes les collisions entre les hommes, tandis que l'harmonie générale peut subsister quand les sentiments intellectuels dominent; il semble que l'État doive désirer d'étouffer, autant qu'il est possible, cette sensualité, car c'est là le

---

(1) C'est là qu'est le vice radical, le principe de l'impuissance des lois somptuaires : bien loin d'apaiser le désir des jouissances matérielles, elles ne font que l'accroître. (Voy. plus loin p. 128, note.)

7.

moyen qui paraît le plus simple pour obtenir le résultat qu'on vient de dire.

Toutefois, pour rester fidèle aux principes exposés jusqu'ici, et suivant lesquels il faut toujours examiner au point de vue des véritables intérêts de l'homme les moyens dont l'État doit user, il sera nécessaire de rechercher, autant que cela pourra servir à notre dessein, l'influence de la sensualité sur la vie, l'éducation, l'activité et le bonheur de l'homme. Cette recherche, tout en tendant à dépeindre en général le moi intérieur de l'homme actif et heureux, montrera néanmoins avec plus d'évidence comment, presque toujours, la réglementation lui est nuisible et la liberté salutaire. Cela fait, il nous faudra juger, dans sa généralité la plus étendue, le besoin qu'a l'État d'exercer une action positive sur les mœurs des citoyens. C'est à la solution de ce problème que nous consacrerons cette partie de notre travail.

Les impressions sensitives, les penchants et les passions, voilà ce qui apparaît et se manifeste tout d'abord chez l'homme avec le plus de vivacité. Quand elles se taisent, avant que la culture ne les ait embellies, ou n'ait donné à l'énergie de l'âme une autre direction, c'est que toute force est éteinte ; et alors rien de bon ou de grand ne pourra naître jamais. Ce sont les impressions sensitives et les passions qui, les premières du moins, donnent à l'âme la chaleur et la vie, ce sont elles qui l'excitent et la poussent à la vraie activité. Elles mettent dans l'âme ses ressorts vigoureux ; si elles ne sont pas satisfaites, elles la rendent active,

ingénieuse à concevoir des plans, courageuse pour les
exécuter; si elles sont satisfaites, elles rendent le jeu
des idées plus facile et plus libre. En général elles
donnent à toutes les conceptions plus de mouvement
et de variété, elles ouvrent de nouveaux horizons, elles
conduisent l'homme dans des régions jusque-là inconnues ou négligées; sans compter que les différentes
manières de satisfaire les passions réagissent sur le
corps et l'organisation, de même que celle-ci à son
tour réagit sur l'âme d'une manière qui, à la vérité, ne
devient sensible pour nous que par les résultats
qu'elle produit.

Toutefois l'influence des passions est variable et dans
son intensité et dans son mode d'action. Cela dépend
en partie de leur force ou de leur faiblesse, en partie
encore de leur parenté avec le monde spirituel, si je
puis ainsi parler, de la faculté plus ou moins grande
qu'elles ont de s'élever de la volupté animale aux joies
humaines. C'est ainsi que l'œil rend la forme des objets
matériels qu'il perçoit, et que l'oreille rend la série
harmonique des sons si féconde pour nous en idées
et en jouissances. On pourrait peut-être dire beaucoup
de choses belles et nouvelles sur la nature diverse de
ces sensations et sur leur mode d'action. Mais ce n'en
est point ici le lieu. Bornons-nous à une observation
sur leur utilité diverse pour le progrès de l'âme.

L'œil, si j'ose ainsi parler, livre à l'entendement une
matière mieux préparée. Le moi humain nous est pour
ainsi dire déterminé avec sa forme, et avec la forme de
toutes les choses que notre imagination rattache tou-

jours à lui ; il nous est présenté dans un état donné. L'ouïe considérée uniquement comme sens, et en tant qu'elle ne perçoit pas de mots, a un rôle beaucoup moins important (1). Aussi Kant donne-t-il aux arts plastiques la prééminence sur la musique (2). Seulement il observe avec beaucoup de justesse que la préférence dont il parle, suppose chez l'homme cette culture que les arts donnent à l'âme ; et je voudrais ajouter la culture qu'ils lui donnent *directement*.

On se demande toutefois si c'est là la vraie proportion. Suivant moi l'énergie est la première et l'unique vertu de l'homme (3). Ce qui augmente son énergie est plus précieux que ce qui ne fait que lui fournir

(1) Sur l'importance relative des sens de la vue et de l'ouïe, voyez Buffon, *Histoire naturelle de l'homme*, chap. *Des sens*, et les notes de M. Flourens. — Suivant les idées philosophiques qui dominaient en France au XVIII⁰ siècle, l'ouïe l'emporterait de beaucoup sur la vue. Qu'on relise à ce sujet la théorie de Condillac. — Humboldt ne s'est pas trouvé dans ce courant. A propos de l'ouïe il distingue nettement les deux phénomènes qu'elle renferme, la sensation et la perception ; la première se fait dans l'oreille, la seconde dans le cerveau. La même distinction relativement à la vue existe en réalité, mais dans notre auteur elle est un peu vague. La vision, elle aussi, renferme les deux phénomènes, sensible et intellectuel, le premier appartenant au rôle de l'œil, le second rentrant dans celui du cerveau.

(2) *Critique du jugement*, 2⁰ édition (Berlin, 1793), p. 220 et suiv.

(3) Cette formule est fausse en soi et contraire à la vraie morale. Schiller a été mieux inspiré quand il a rapproché, sans les confondre, la force et la vertu : « On peut dire que chaque homme a en lui une certaine mesure de force et de vertu, sur laquelle il se règle dans l'appréciation des actions morales. » « Jeder Mensch, kann man » annehmen, hat ein gewisses *Kraft- und Tugendmass* in sich, wornach » er sich bei der Grössenschätzung moralischer Handlungen richtet. » (*Considérations détachées sur divers sujets d'esthétique*, Stuttgart, 1860, t. II, p. 447.)

matière à exercer cette énergie. Mais comme l'homme
ne ressent qu'une chose à la fois, ce qui agit le plus
fortement sur lui est ce qui n'offre qu'un objet unique
à ses facultés sensitives ; de même dans une suite
d'impressions qui se succèdent les unes aux autres et
où chacune puise de la force dans celles qui la précèdent et en donne à celles qui la suivent, la similitude
des rapports existant entre les éléments séparés est ce
qui agit le plus énergiquement. Or tout ceci est vrai
de la musique. De plus cette succession est entièrement
propre à la musique ; c'est seulement en elle qu'elle se
trouve nettement accusée (1). La série qu'elle présente
n'impose pas, à vrai dire, une impression déterminée.
C'est comme un thème sous lequel on peut mettre un
nombre infini de textes. Les choses que l'auditeur met
de lui-même sous la musique, pourvu qu'il ne s'écarte
pas du genre et du caractère général de l'œuvre,
naissent librement et sans entraves de la plénitude de
son âme ; aussi saisit-elle certainement avec plus de
vivacité ces choses que celles qu'on lui donne du
dehors et dont la perception le préoccupe plus que la
sensation. Je néglige les autres caractères et les autres
avantages de la musique, par exemple celui qui fait
que quand elle tire des sons harmonieux des objets
naturels, elle reste bien plus près de la nature que la
peinture, la plastique ou la poésie. Je n'ai pas à examiner ici la musique en elle-même, je ne veux m'en

---

(1) Sans doute, mais c'est précisément pour cela qu'il est impossible d'établir une comparaison exacte entre la musique et les arts
plastiques.

servir que comme d'exemple pour mieux mettre en lumière la nature diverse des impressions des sens.

Le mode d'action qu'on vient de dépeindre n'est pas propre à la musique seule. Kant (1) observe qu'elle peut se rencontrer dans la combinaison des couleurs; elle se trouve bien davantage encore dans ce que nous ressentons par le tact. Dans le goût même il est impossible de ne pas reconnaître cette action. Il y a aussi dans le goût une augmentation du plaisir tendant vers la satisfaction, et qui, une fois satisfaite, se dissipe successivement dans des vibrations de plus en plus faibles. La même chose se rencontre aussi mais fort obscurément dans l'odorat. De même que, dans l'homme sensible, la marche de l'impression, son degré, son élévation et son abaissement alternatifs, sa pure et pleine harmonie, si j'ose m'exprimer ainsi, est ce qu'il y a de plus attrayant, et est plus attrayant que ce qui en fait l'objet même, en tant bien entendu que l'on oublie que la nature de l'objet détermine principalement le degré, et plus encore l'harmonie de cette marche; et de même que l'homme sensible, pareil au printemps dont la séve fait éclore les fleurs, est précisément le spectacle le plus intéressant; de même l'homme cherche, pour ainsi dire, l'image de son impression par-dessus tout dans les beaux-arts. C'est ainsi que la peinture et la plastique même s'approprient cette impression. L'œil de la madone de Guido Reni ne se renferme pas, pour ainsi dire, dans les limites

(1) *Critique du jugement,* p. 211 et suiv.

d'un instant fugitif. Les muscles tendus du *Gladiateur*
de Borghèse annoncent le coup qu'il est prêt à porter.
La poésie possède encore à un plus haut degré cet
avantage. Sans vouloir parler ici spécialement du rang
des beaux-arts, qu'il me soit permis d'ajouter quelques
mots pour mieux exposer mes idées. Les beaux-arts
produisent une double action que l'on réunit toujours
dans chaque art, mais que dans chacun d'eux on rencontre combinée d'une manière diverse. Les beaux-
arts fournissent directement les idées, ou bien ils
excitent la sensibilité ; ils donnent le ton à l'âme, ou,
si l'expression ne paraît pas trop recherchée, ils enrichissent et élèvent davantage sa force. Plus l'une de
ces influences tire secours de l'autre, plus elle affaiblit
sa propre impression. C'est la poésie qui le mieux et
le plus complétement les réunit l'une et l'autre. Aussi
est-elle d'un côté le plus parfait, mais de l'autre côté
le plus faible des beaux-arts. Tandis qu'elle représente
les objets moins vivement que la peinture et la plastique, elle parle à la sensibilité moins vivement que le
chant et la musique. Mais on oublie facilement ce défaut ; car, sans compter la multiplicité de ses faces,
elle touche de plus près l'âme de quiconque est vraiment homme ; elle couvre la pensée comme le sentiment du plus magnifique manteau.

Les sensations qui agissent énergiquement, — car
c'est uniquement pour les expliquer que je parle ici
des beaux-arts, — agissent encore diversement, en
partie suivant que leur marche est plus harmonique,
en partie suivant que leurs éléments, comme leur ma-

tière, saisissent plus fortement l'âme. C'est ainsi que la
voix humaine, quand elle est juste et belle, agit avec
plus d'énergie qu'un instrument inanimé. Mais rien ne
nous touche de plus près que la sensation corporelle.
L'action qu'elle exerce sur l'homme est de toutes la
plus vive. Toutefois, comme la force non pondérée de
la matière détruit toujours la délicatesse de la forme, il
s'établit souvent et il doit toujours exister entre elles
deux un juste rapport. Elles peuvent se balancer iné-
galement, soit par une augmentation de force d'un
côté, soit par un affaiblissement de l'autre côté. Mais
il est toujours mauvais de procéder par l'affaiblissement (1), à moins que la force soit artificielle, point
naturelle. Qu'elle se brise plutôt que de dépérir lentement. — C'en est assez sur ce sujet. J'espère avoir
suffisamment expliqué mes idées, tout en avouant volontiers l'embarras où je me trouve dans cette étude.
Car, d'une part l'intérêt du sujet, et l'impossibilité
d'emprunter seulement les résultats nécessaires à
d'autres livres, — je n'en connais aucun qui parte de
mon point de vue, — m'ont engagé à m'étendre davantage ; et, d'un autre côté, la considération que ces
idées ne s'y rattachent que comme accessoires et non
par elles-mêmes, m'a toujours ramené dans les limites
de mon sujet. Il me faut prier le lecteur de se rappeler
cette excuse en lisant ce qui va suivre.

(1) *Ex. gr. :* Quand un orateur, un écrivain sent que l'imagination
domine à l'excès ses facultés et laisse au raisonnement une part
d'action insuffisante, il doit s'appliquer non à refréner la première,
mais à fortifier le second.

Bien qu'il soit toujours impossible d'introduire en ces matières des distinctions absolument exclusives, je me suis efforcé jusqu'ici de ne parler de l'impression des sens que comme impression des sens. Mais un lien mystérieux unit la matérialité à l'immatérialité ; et s'il n'est pas donné à nos yeux de voir ce lien, notre âme le devine. C'est à cette double nature du monde visible et du monde invisible, c'est au désir profond et natif qui nous pousse vers le second et au sentiment du doux et impérieux besoin que nous avons du premier que nous devons tous les systèmes philosophiques logiques, ceux qui reposent réellement sur l'essence de notre nature. C'est de là aussi que naissent les rêveries les plus folles. Le travail continu tendant à unir ces deux aspirations, de telle sorte que chacune d'elles fasse aussi peu que possible tort à l'autre, m'a toujours paru être le vrai but de la sagesse humaine. Il est impossible de méconnaître cet universel sentiment esthétique qui fait que pour nous le monde physique est le vêtement du monde spirituel, et que le monde spirituel est le principe vivant du monde physique. L'étude non interrompue de cette science de la physionomie de la nature distingue l'homme vraiment digne de ce nom. Car il n'est rien qui ait une influence aussi étendue sur le caractère entier, que l'expression de l'immatériel dans le matériel, du sublime, du simple, du beau, dans toutes les œuvres de la nature et dans toutes les productions artistiques qui nous entourent. Et ici encore apparaît la différence qui existe entre les impressions qui agissent énergi-

quement et toutes les autres impressions physiques.
Comme le suprême effort de tout le labeur humain,
en nous et en autrui, tend à découvrir, à rapprocher,
à posséder l'Être unique et vraiment existant, quoique
dans sa forme originelle il soit éternellement invisible ;
comme c'est lui seul dont le pressentiment rend chacun de ses symboles si cher et si sacré pour nous, nous
faisons un pas vers lui, quand nous apercevons l'image
de son énergie éternellement active. Nous lui parlons,
pour ainsi dire, dans une langue obscure et souvent
inintelligible, mais aussi, souvent surprenante par le
pressentiment certain de la vérité, bien que la forme,
et, si j'ose employer cette expression, l'image de cette
énergie soit plus éloignée de la vérité.

C'est, sinon uniquement, du moins principalement
sur ce fond que fleurit le beau, que s'élève le sublime (1), qui transporte les hommes encore plus près
de la Divinité. La nécessité pour l'homme de trouver
dans un objet un plaisir pur et sans aucun intérêt,
sans même qu'il s'en rende compte, lui prouve qu'il
tire son origine de l'Être invisible, et qu'il se rattache
à lui par un lien de parenté ; et le sentiment de sa
disproportion avec l'Être suprême relie, de la manière
la plus humainement divine, la grandeur infinie à la
faiblesse confiante. Sans le beau, l'amour des choses
pour elles-mêmes manque à l'homme ; sans le sublime,
l'obéissance disparaît, cette obéissance qui dédaigne

---

(1) Voyez Schiller, *Zerstreute Betrachtungen über verschiedene
ästhesische Gegenstände*. (*Considérations détachées sur différentes
matières d'Esthétique*. Stuttgart, 1860, t. XI, p. 433 et suiv.)

la récompense et ne connaît pas la crainte vile. L'étude du beau donne le goût ; l'étude du sublime donne la grandeur bien proportionnée ; à supposer toutefois qu'une telle étude existe, et que le sentiment et l'expression du sublime ne soient pas seulement le fruit du génie. Mais le goût seul, qui doit toujours avoir pour base la grandeur, — car la grandeur n'a besoin que de proportion, et la forme n'a besoin que de conservation, — le goût seul unit tous les tons de l'être composé en une harmonie charmante. Il donne à tous nos penchants et à toutes nos impressions, même purement spirituelles, quelque chose de mesuré, de soutenu, de dirigé vers un point. Là où le goût n'existe pas, les appétits sensuels sont sauvages et effrénés, les études scientifiques peuvent être subtiles et profondes, mais elles n'ont ni délicatesse, ni poli, ni fécondité dans l'application. Sans le goût, la profondeur de l'esprit comme l'abondance du savoir, est frappée de mort et de stérilité ; sans lui la noblesse et l'énergie de la volonté morale elle-même est âpre et dépourvue de force persuasive et réchauffante.

Rechercher et produire, c'est là que tendent ou du moins c'est à cela que se rapportent, plus ou moins directement, toutes les occupations des hommes. La recherche pour atteindre les raisons des choses ou les dernières limites de la raison suppose, outre la profondeur, une variété de richesse et une chaleur d'esprit intérieure, une tension des facultés humaines réunies. Le philosophe purement analytique atteindra peut être son but par les simples opérations, non-seu-

lement de la calme, mais de la froide raison. Mais
pour découvrir le lien qui relie des propositions syn-
thétiques, il faut une vraie profondeur, il faut un esprit
qui ait appris à donner des forces à toutes ses facultés.
Ainsi on peut dire que la merveilleuse profondeur de
Kant peut souvent, dans sa morale et son esthétique,
être accusée d'extravagance. S'il m'est permis de l'a-
vouer, quelques rares passages me paraissent être dans
ce cas. Je citerai comme exemple la signification des
couleurs de l'arc-en-ciel, dans la *Critique du jugement* (1) ; la faute en est certainement au peu de profondeur de mes facultés intellectuelles. — Si je pou-
vais ici poursuivre plus loin ces idées, je me heurterais
certainement à la difficile mais intéressante question
de savoir quelle différence existe entre le perfectionnement intellectuel du métaphysicien et du poëte. Et
si un examen complet et multiplié ne renversait pas

(1) *Critique du jugement* (Berlin, 1793, 2ᵉ édition, p. 172).
Kant dit en effet, dans ce morceau, que les modifications de la lumière dans la production des couleurs est une langue que la nature
nous offre et qui lui paraît avoir le sens le plus élevé : « Ainsi,
dit-il, la couleur blanche du lis conduit notre esprit vers les idées
d'innocence, et, suivant l'ordre des sept couleurs depuis le rouge
jusqu'au violet, vers l'idée : 1° de grandeur ; 2° de hardiesse ; 3° de
loyauté ; 4° de sympathie ; 5° de modestie ; 6° de constance ; 7° de
tendresse. » Guillaume de Humboldt avoue ne pas comprendre ces
choses. De son côté Kant, après avoir lu les deux écrits de notre auteur : *De la différence sexuelle et de son influence sur la nature
organique* et *De la forme mâle et de la forme femelle*, déclare que
ces travaux sont pour lui des énigmes. Nobles et profonds penseurs,
n'ayez pas de paroles dédaigneuses pour cette France qui, en ne vous
comprenant qu'à demi, n'est pas toujours coupable, elle non plus,
d'inintelligence philosophique ou de légèreté ! — Rousseau n'ignorait
pas ce jeu d'esprit qui tend à faire de la combinaison des couleurs

sur ce point les conséquences de la théorie qui a été jusqu'ici la mienne, je dirais que cette différence consiste en ceci seulement que le philosophe ne s'occupe que des perceptions, le poëte que des sensations ; tous deux d'ailleurs doivent avoir des facultés intellectuelles aussi abondantes et aussi cultivées.

Mais cela me détournerait trop de mon but actuel, et j'ose espérer d'avoir suffisamment montré, par les quelques raisons exprimées plus haut, que pour former même le plus calme des penseurs, les jouissances des sens et de l'imagination doivent avoir caressé son âme. Mais si nous passons des études transcendantales aux études psychologiques, si l'homme tel qu'il se présente devient l'objet de notre étude, alors celui qui, par ses propres impressions, possède le plus grand nombre de notions artistiques, dépeindra l'humanité, cette espèce si riche en formes variées, avec le plus de vie et de vérité.

---

un mode d'exprimer les harmonies et les idées. Il le traite rudement. « Il n'y a, dit-il, sortes d'absurdités auxquelles les observations physiques n'aient donné lieu dans les combinaisons des beaux-arts. On a trouvé dans l'analyse du son les mêmes rapports que dans celle de la lumière. Aussitôt on a saisi vivement cette analogie, sans s'embarrasser de l'expérience et de la raison. L'esprit de système a tout confondu, et faute de savoir peindre aux oreilles, on s'est avisé de chanter aux yeux. J'ai vu ce fameux clavecin sur lequel on préten - dait faire de la musique avec des couleurs ; *c'était bien mal connaître les opérations de la nature de ne pas voir que l'effet des couleurs est dans leur permanence et celui des sons dans leur succession.* » (*Essai sur l'origine des langues,* chap. XVI.) Rapprocher ces derniers mots de ce qui est dit dans les premières lignes du précédent chapitre. Le clavecin oculaire, dont parle Rousseau, avait été inventé et construit par le P. Castel. Lire dans Voltaire le chapitre XIV, 2ᵉ partie de ses *Eléments de la philosophie de Newton.*

Il suit de là que l'homme ainsi formé apparaît dans sa plus grande beauté, quand il entre dans la vie pratique, quand il rend fertile en œuvres extérieures nouvelles tout ce qu'il a amassé en lui. L'analogie qui existe entre les lois de la nature plastique et celles de la création intellectuelle a déjà été observée par l'œil d'un homme de génie (1) ; elle a été prouvée par des observations pleines de justesse. Cependant une déduction encore plus intéressante eût peut-être été possible ; au lieu de se lancer à la poursuite des lois impénétrables du développement du germe, la psychologie eût été peut-être plus féconde et plus instructive, si elle eût représenté la création intellectuelle comme la fine fleur de la production corporelle.

Parlons d'abord de ce qui paraît être dans la vie morale l'œuvre exclusive de la froide raison. Seule l'idée du sublime fait qu'il est possible d'obéir à la prohibition absolue et générale, d'une manière humaine, par l'intermédiaire du sentiment, et pourtant d'une manière divinement désintéressée par l'absence de considération de la félicité ou du malheur. Le sentiment de la disproportion des forces humaines avec la loi morale, la conviction profonde que le plus vertueux n'est que celui qui sent le mieux en lui combien cette loi est inaccessible, tant elle est haut placée, produi-

(1) F. de Dalberg, *Organisation et invention*. (*Note de l'auteur.*) — Ce livre a eu en effet un grand succès en Allemagne. Il n'a pas été réédité moins de dix fois. Mais cela n'empêche pas que le brevet d'homme de génie, généreusement délivré par Humboldt à Dalberg, ne doive ici être considéré que comme une bienveillante hyperbole.

sent le respect ; et cette impression ne paraît enve-
loppée du vêtement matériel que juste ce qu'il faut
pour que nos yeux ne soient pas aveuglés par l'éclat de
la pure lumière. Si la loi morale nous oblige à voir
que tout homme a un but en lui-même, à elle s'unit
le sentiment du beau, qui donne si aisément à toute
poussière la vie et la joie de se sentir en possession
d'une existence propre ; qui saisit et enveloppe l'homme
d'une manière d'autant plus belle et complète que,
indépendant de l'idée, ce sentiment du beau n'est pas
limité par la petitesse du nombre des signes que l'idée
peut seule comprendre, et encore isolément et séparément.

L'intervention du sentiment du beau paraît nuire à
la pureté de la volonté morale ; cela pourrait être, et
cela serait en effet, si ce sentiment devait être le véritable mobile de l'homme vers la vertu. Mais le devoir
doit seulement consister dans la découverte pour la
loi morale d'applications plus variées, qui auraient
échappé à la raison froide et par cela même grossière ;
le droit doit servir à procurer les plus doux sentiments
à l'homme ; en effet, il est défendu à celui-ci, non de
recevoir la félicité qui se relie étroitement à la vertu,
mais d'agir vertueusement, seulement en vue de cette
félicité. Plus je réfléchis sur ce sujet, moins la différence que j'observe ici me paraît être une pure subtilité ou une rêverie. L'homme aspire à la jouissance ;
l'homme croit très-fermement, et au milieu même des
circonstances les plus défavorables, que pour lui la
vertu est éternellement liée à la félicité. Mais pourtant

son âme est capable de comprendre la grandeur de la
loi morale. Son âme ne peut pas échapper à la force
par laquelle cette grandeur l'oblige à agir, et, contrainte par ce seul sentiment, elle agit sans se préoccuper de la jouissance, parce qu'elle ne perd jamais
l'entière conscience que l'idée de tous les maux possibles n'obtiendrait point d'elle une autre manière
d'agir.

Seulement il est certain que l'âme n'arrive à cette
force que par une seule voie, par celle dont je parle
plus haut; par une puissante contrainte intérieure, et
par une lutte extérieure pleine de diversité. Toute
force, — comme la matière, — vient des sens; et,
quoique très-éloignée de sa source, elle ne cesse
jamais de s'y rattacher, si je puis ainsi parler. Donc,
celui qui s'efforce d'élever et de grandir ses facultés,
de les rajeunir par une jouissance fréquente; celui qui
use souvent de la force de son caractère pour rester
indépendant de la sensualité; celui qui s'efforce d'unir
cette indépendance à la plus haute sensibilité; celui
dont la raison cherche sans cesse directement et profondément la vérité; celui en qui un juste et délicat
sentiment du beau ne laisse passer inaperçue aucune
forme charmante; celui que son ardeur pousse à faire
entrer en soi les impressions du dehors et à les utiliser
pour de nouvelles productions, à fondre toute beauté
dans son individualité, et, en unissant son être avec
tout ce qui est beau, à engendrer une beauté nouvelle;
celui-là peut nourrir la douce croyance qu'il est dans
le droit chemin, et qu'il se rapproche de l'idéal même

que l'imagination humaine la plus hardie ose se re-
tracer.

Par ce tableau assez étranger aux études politiques,
mais nécessaire pour la déduction de mes idées, j'ai
essayé de montrer comment la sensualité pénètre de
ses influences salutaires toutes les occupations de
l'homme. Acquérir par elle la liberté et le respect, tel
a été mon but. Mais je ne veux pas oublier que la sensualité est aussi la source d'une foule de maux physiques et moraux. Lors même qu'elle est honnête, et par
suite salutaire, lors même qu'elle est dans un juste
rapport avec l'exercice des facultés intellectuelles, elle
prend très-aisément un ascendant pernicieux. Alors la
joie humaine se change en jouissance bestiale; le goût
s'oblitère ou prend des directions contre nature. A
propos de cette dernière expression, je ne puis m'empêcher, surtout par rapport à certaines critiques exclusives, de remarquer encore que ces mots ne dési-
gnent point ce qui n'atteint pas directement tel ou tel
but de la nature, mais ce qui rend vain, d'une manière
générale, le but que la nature donne à l'homme. Ce
but est, pour lui, de faire sans relâche avancer son être
vers une perfection plus élevée, et, par suite, d'unir
indissolublement les unes aux autres ses facultés sensi-
bles et ses facultés pensantes, en leur donnant à toutes
une juste mesure d'énergie. D'ailleurs il peut naître un
manque d'harmonie entre la manière dont l'homme
cultive et, en général, met en action ses facultés, et
entre les moyens d'action et de jouissance que sa situation lui offre. Cette disproportion est une nouvelle

source de maux. Suivant les principes développés
précédemment, il n'est pas permis à l'État d'agir sur
la situation des citoyens, en vue de certains desseins
positifs. Cette situation n'a pas de forme déterminée
et nécessaire ; plus grande est sa liberté, plus elle
diminue ce manque d'harmonie. C'est de cette liberté
même qu'elle tire surtout la force par laquelle elle
gouverne la manière de penser et d'agir des citoyens.
Et pourtant le danger, qui subsiste toujours et qui
n'est pas sans importance, pourrait réveiller l'idée de
la nécessité de combattre la corruption des mœurs
par des lois et des institutions politiques.

Mais, en supposant que ces lois et ces institutions
fussent vraiment efficaces, leur influence n'égalerait
jamais leurs inconvénients. Un État dans lequel on
userait de pareils procédés pour forcer ou pousser les
citoyens à suivre les meilleures lois, pourrait être tran-
quille, paisible, prospère ; mais ce ne serait jamais, à
mes yeux, qu'un troupeau d'esclaves entretenus ; ce ne
serait point une réunion d'hommes libres, qui ne sont
enchaînés que quand ils outre-passent les bornes du
droit. Sans doute, il existe bien des moyens de produire exclusivement certaines actions ou certaines
idées. Mais aucun ne conduit à la vraie perfection
morale. L'impulsion matérielle donnée pour arriver
à certains actes, ou la nécessité imposée de s'en abstenir, produisent l'habitude. Par l'habitude, le plaisir,
qui d'abord était attaché à l'acte lui-même, ou le penchant qui d'abord ne se taisait que devant la nécessité,
sont entièrement détruits. Ainsi l'homme est conduit à

des actes vertueux et, dans une certaine limite, à des idées vertueuses. Mais la force de son âme ne sera pas augmentée; ses idées sur ses fins et sa dignité ne se conserveront et ne s'éclaireront point; sa volonté de vaincre le penchant qui le domine ne se fortifiera point : par suite, il ne gagne rien du côté de la vraie et réelle perfection. Qui voudra instruire l'homme à ne pas tendre à des buts extérieurs ne se servira jamais de ces moyens. Car, sans compter que la contrainte et la direction ne produisent jamais la vertu, elles dimi-nuent toujours la force. Et, que sont les mœurs sans la force morale et sans la vertu ? Si grand que puisse être le mal de la corruption des mœurs, il n'est même pas dépourvu de conséquences salutaires. C'est par les extrêmes que l'homme arrive forcément au sentier moyen de la sagesse et de la vertu (1). Les extrêmes, comme les vastes corps qui brillent dans les profon-deurs de l'espace, agissent au loin. Pour fournir du sang aux plus petites veines du corps, il faut qu'il y en ait en abondance dans les grosses. Vouloir bouleverser en cela l'ordre de la nature, c'est appeler le mal moral pour prévenir le mal physique.

(1) En un mot, le spectacle de ses propres désordres le ramène souvent à l'observation des lois du juste et de l'honnête. C'est quand il est tombé bien bas et qu'il considère la profondeur de sa chute, qu'il se dit : « Décidément il faut sortir de ce bourbier, et rentrer dans l'air pur. » — Nous ne faisons ici que traduire, en la dévelop-pant, la pensée de Humboldt. Elle est vraie, mais à une condition, c'est que l'excès de la corruption n'ait pas entièrement éteint chez l'homme la faculté de désirer son retour au bien. S'il en était ainsi, la nécessité parlerait : il faudrait combattre le mal par des lois ou des institutions émanant de l'État.

Mais, de plus, il n'est pas vrai que le danger de la corruption soit si grand et si menaçant ; tout ce qu'on a dit déjà pour justifier cette proposition nous permet de nous servir des observations suivantes pour l'établir plus amplement.

1° L'homme tend de lui-même vers la bienfaisance plus que vers l'égoïsme (1). C'est ce que démontre l'histoire des sauvages. Les vertus domestiques ont quelque chose de si sympathique ; les vertus publiques du citoyen ont quelque chose de si grand et de si entraînant, que l'homme tout à fait primitif lutte rarement contre le charme qui est en elles.

2° La liberté augmente la force et entraîne toujours à sa suite, comme tout accroissement de force, une sorte de disposition libérale. La contrainte énerve la force et conduit à tous les désirs égoïstes, à tous les vils artifices de la faiblesse. La contrainte empêche peut-être quelques fautes, mais elle enlève leur beauté même aux nobles actions. La liberté occasionne peut-être quelques fautes, mais elle donne au vice lui-même une apparence moins ignoble.

3° L'homme laissé à lui-même arrive plus difficilement aux vrais principes ; mais ces principes se manifestent d'une manière indestructible dans ses actions. Celui qu'on dirige suivant un système préconçu les reçoit plus aisément ; mais ils s'affaiblissent en lui à cause de la diminution de son énergie.

4° Toutes les prescriptions de l'État, en créant dans

(1) Voyez plus haut chapitre précédent, page 107, note 2.

son unité des intérêts divers et contradictoires, causent des collisions de cette nature. Ces collisions amènent un manque d'harmonie entre les désirs et le pouvoir des hommes; de là des délits. Plus l'État est oisif, si je puis ainsi parler, moins le nombre en est grand. S'il était possible, dans certains cas donnés, de compter exactement les maux qu'occasionnent les ordonnances de police, et ceux qu'elles empêchent, on trouverait toujours que le nombre des premiers surpasse celui des seconds.

5° Jamais encore on n'a étudié, au point de vue pratique et d'une manière suffisante, la puissance énorme qu'aurait la poursuite sévère de toutes les infractions réellement commises, la justice, la bonne mesure, l'irrémissibilité de la peine et, par suite, la rareté de l'impunité.

Je crois maintenant avoir suffisamment démontré pour mon dessein combien est dangereux tout effort de l'État tendant à combattre ou seulement à prévenir la corruption des mœurs, pourvu qu'elle ne porte pas directement atteinte au droit d'autrui ; combien peu on doit en attendre de conséquences salutaires sur la moralité, et combien une pareille action, exercée sur le caractère du peuple, est peu nécessaire, même pour le seul maintien de la sécurité. Si l'on réunit les raisons développées au commencement de ce chapitre pour combattre toute action de l'État dirigée vers certains buts positifs, et qui sont d'autant plus fortes ici que l'homme moral ressent plus profondément les entraves qu'on lui impose ; si l'on n'oublie pas que

8.

toute espèce de progrès, et précisément le progrès du caractère et des mœurs, doit tout ce qu'il renferme de beau à la liberté, on ne pourra plus douter de la vérité du principe suivant, à savoir : que l'État doit s'abstenir entièrement de tout travail tendant à agir directement ou indirectement sur les mœurs et le caractère de la nation, si ce n'est lorsque ce travail se relie fatalement, comme conséquence naturelle et allant de soi, à ses autres prescriptions absolument nécessaires ; et que tout ce qui peut favoriser ces desseins, principalement toute surveillance exercée sur l'éducation, l'organisation religieuse, les lois somptuaires, etc., est tout à fait en dehors des bornes de son action.

IX

DÉTERMINATION PLUS NETTE ET POSITIVE DU SOIN DE L'ÉTAT
POUR LA SÛRETÉ. — DÉVELOPPEMENT DE L'IDÉE DE LA
SÛRETÉ.

Coup d'œil rétrospectif sur le cours de cette étude tout entière. —
Énumération des lacunes qui restent à combler. — Détermination
de l'idée de la sûreté. — Définition des droits qu'on doit s'efforcer
de garantir. — Droits des citoyens pris individuellement. — Droits
de l'État. — Actes qui troublent la sûreté. — Division de la dernière partie de cette étude.

J'ai terminé les parties les plus importantes et les
plus difficiles de ce travail. Comme j'approche de la
solution complète du problème proposé, il est nécessaire de jeter un coup d'œil rétrospectif sur tous les
développements présentés. D'abord on a écarté le soin
de l'État de tous les objets qui ne touchent pas à la
sûreté, tant extérieure qu'intérieure, des citoyens ; ensuite on a présenté cette sûreté comme l'objet propre
de l'action de l'État ; enfin on a posé et justifié le principe que, pour l'obtenir et la conserver, il n'est besoin
de s'efforcer, ni d'agir sur les mœurs et le caractère
de la nation même, ni de lui donner, ni de lui ravir une
direction déterminée. On pourrait donc, dans une certaine mesure, croire qu'il a été complétement répondu

à notre question de savoir quelles bornes l'État doit donner à son action ? En effet, cette action a été limitée au maintien de la sécurité. Quant aux moyens d'arriver à ce résultat, on n'a permis à l'État, d'une manière plus nette encore, de n'employer que ceux qui ne tendent ni à modeler la nation suivant les vues de l'État, ni surtout à l'amener à ces vues. Si cette définition est, pour ainsi dire, entièrement négative, ce qui reste encore après l'élimination se montre cependant assez clairement. Ainsi l'État se bornera à toucher aux actes qui empiètent immédiatement et directement sur le droit d'autrui, à décider le droit litigieux, à rétablir le droit violé et à punir le violateur. Mais l'idée de la sûreté, dont on s'est jusqu'ici borné à dire qu'on a entendu parler de la sûreté contre les ennemis extérieurs et relativement aux griefs des concitoyens les uns envers les autres, cette idée est trop large et trop complexe pour ne pas exiger une exposition plus exacte. Autant, en effet, sont diverses les nuances qui séparent le conseil simplement persuasif de l'ordre impératif, et l'ordre impératif de la contrainte despotique, autant sont divers et nombreux les degrés de l'injustice et de l'illégitimité, depuis l'acte accompli dans les limites du droit rigoureux, mais pouvant nuire à autrui, jusqu'à l'acte qui, sans outre-passer davantage ces limites, peut aisément troubler, ou trouble toujours autrui dans la jouissance de sa propriété, et depuis cet acte jusqu'à la véritable usurpation de la propriété d'autrui, autant est diverse l'étendue de l'idée de sûreté, puisqu'on peut y comprendre tel ou tel degré de contrainte, ou tel ou tel acte attaquant le droit de près ou de loin. Mais cette étendue est d'une importance capitale ; si elle est exagérée, ou si elle est trop restreinte, alors, de quelques mots que l'on se serve, toutes les limites sont confondues. Sans une détermination exacte de cette étendue, on ne saurait songer à poser justement ces bornes. Ensuite il faudra nécessairement exposer et examiner en détail les moyens dont l'État doit ou ne doit pas se servir. Car, si le travail de l'État tendant à la réformation des mœurs ne paraît pas bon, ainsi qu'on l'a soutenu ; cela une fois admis, il reste encore au jeu de l'action de l'État un champ beaucoup trop indéterminé ; par exemple, ce n'est point par ces seules paroles qu'on aura éclairci les questions de savoir combien les lois restrictives dictées par l'État s'écartent de l'acte qui porte directement atteinte au droit d'autrui, dans quelle mesure l'État doit empêcher les véritables infractions, en en coupant les sources, non dans le caractère des citoyens, mais dans les occasions que fournissent les faits. Toutefois on peut sur ce point aller beaucoup trop loin, et en ceci l'exagération fait naître de grands inconvénients ; aussi est-il certain que de bons esprits ont désiré rendre l'État responsable en tout du bien-être des citoyens, précisément par préoccupation et en faveur de la liberté ; c'est qu'ils ont pensé que ce point de vue plus général protégerait l'activité non entravée des forces (1). Ces considérations m'obligent d'avouer que

(1) Cette théorie est celle de la fraction modérée de l'école socialiste ou autoritaire. (Voy. sur la manière dont le problème se pose

jusqu'ici je n'ai signalé que les matières capitales, celles
qui sont certainement en dehors des limites de l'action
de l'État, plutôt que je n'ai déterminé ces limites quand
il y a place pour le doute ou la contestation. Voilà ce
qui me reste à faire et quand même je devrais ne pas y
réussir entièrement, je crois devoir essayer au moins
de faire connaître, de la manière la plus nette et la plus
complète qu'il sera possible, les raisons de cet insuccès.
Mais dans tous les cas, j'espère pouvoir être bref, car
tous les principes dont j'aurai besoin pour remplir cette
tâche, je les ai déjà examinés et établis dans ce qui précède, autant du moins que mes forces m'ont permis de
le faire.

Je dis que les citoyens jouissent de la *sûreté* dans
l'État, quand ils ne sont pas troublés par des usurpa-
tions étrangères dans l'exercice des droits qui leur
appartiennent, que ces droits aient trait à leurs personnes ou à leurs propriétés. Par conséquent la sûreté,
c'est l'assurance de la liberté légitime, si l'on peut parler
ainsi sans être taxé d'un excès de concision et par suite
d'obscurité. Cette sûreté ne sera donc pas troublée par
toutes ces actions qui empêchent l'homme de faire agir
ses facultés ou de jouir de son bien, mais seulement par
celles qui l'en empêchent *illégitimement* (1). Cette dé-

aujourd'hui, l'Introduction placée par le traducteur au commencement de ce volume.)

(1) Ce point de vue capital est négligé dans la définition de la
liberté formulée dans l'article IV de la *Déclaration des droits de
l'homme* : « La liberté consiste à pouvoir faire ce qui ne nuit pas à
autrui. » Du reste l'omission n'est que dans les termes, elle n'existait
point dans la pensée des rédacteurs : la preuve de ceci se trouve

finition, comme celle que j'ai donnée plus haut, n'a
pas été choisie et formulée arbitrairement par moi.
Elles découlent toutes deux directement des considérations développées ci-dessus. Ce n'est qu'en donnant
au mot *sûreté* cette signification qu'on peut arriver à
l'expliquer. Car il n'y a que les véritables violations du
droit qui appellent l'intervention d'une puissance autre
que celle de l'individu. Seul, l'empêchement de ces
violations profite réellement au vrai progrès humain,
et tout autre travail de l'État met des obstacles sur sa
route ; seul, il découle du principe infaillible de la nécessité, car tout autre empêchement ne se fonde que
sur le principe incertain d'une utilité calculée d'après
des vraisemblances trompeuses.

Ceux dont la sûreté doit être maintenue, ce sont d'un
côté tous les citoyens, et cela avec une parfaite égalité ;
d'un autre côté, c'est l'État lui-même. La sûreté de
l'État a un objet d'une étendue plus vaste ou plus
étroite suivant qu'on élargit ou qu'on resserre ses
droits ; et par suite leur délimitation dépend de la manière dont on détermine le but de la sûreté. D'après ce
que j'ai dit jusqu'ici, l'État ne devrait protéger la sûreté
que pour conserver le pouvoir qui lui est concédé et
les biens qui lui appartiennent. Mais il ne pourrait pas,

dans la Constitution du 3 septembre 1791 qui reproduit avec plus
d'exactitude le même principe : « ..... comme la liberté ne consiste
qu'à pouvoir faire tout ce qui ne nuit ni aux *droits d'autrui*, ni à la
sûreté publique, la loi peut établir des peines contre les actes qui,
attaquant ou la sûreté publique ou les *droits d'autrui*, seraient nuisibles à la société. » (Voy. *La liberté civile* de M. Bertauld, chap. v,
Droits naturels des individus.)

dans l'intérêt de la sûreté, entraver les actions par lesquelles un citoyen lui soustrait sa personne et sa propriété, cela sans porter atteinte au droit proprement dit, et en supposant par suite qu'il ne se trouve pas avec l'État dans un rapport personnel et temporaire, comme par exemple en temps de guerre. Car l'union de l'État n'est qu'un moyen subordonné auquel il ne faut pas sacrifier le véritable but qui est l'homme; autrement on en arriverait à cette contradiction que la foule aurait le droit de sacrifier l'individu, alors que celui-ci ne serait pas obligé de s'offrir en sacrifice. Enfin d'après les principes qui ont été exposés, l'État ne doit pas s'occuper du bien-être, du bonheur des citoyens; pour la conservation de leur bonheur, rien ne peut être nécessaire de ce qui détruit la liberté, et par suite la sûreté.

La sûreté est troublée ou par des actions qui en elles-mêmes portent atteinte au droit d'autrui, ou par des actions dont les conséquences seulement sont inquiétantes. L'État doit s'efforcer d'empêcher ces deux espèces d'actes, mais avec des différences qui vont devenir l'objet de notre étude ; si ces actes sont une fois commis, il doit chercher à les rendre autant que possible non préjudiciables, en ordonnant la juste compensation du dommage causé, et à les rendre plus rares dans l'avenir, en les punissant. C'est de là que naissent les lois de police, les lois civiles et les lois criminelles, pour me servir de la terminologie en usage. Mais il se présente ici un autre objet, qui, à cause de sa nature propre, mérite d'être traité d'une manière tout à fait spéciale. Il existe une classe de citoyens auxquels ne s'appliquent qu'avec de nombreuses modifications les principes ci-dessus exposés, car ces principes supposent toujours l'homme dans la plénitude de ses facultés ; je veux parler de ceux qui n'ont pas encore atteint la maturité de l'âge, et de ceux que la démence ou l'imbécillité prive de l'usage de leurs facultés humaines. L'État doit prendre soin de leur sûreté ; et leur situation, dès qu'on peut la reconnaître, exige évidemment une attention spéciale. Il nous faudra donc étudier le rapport suivant lequel l'État a, comme on dit d'habitude, la tutelle supérieure de tous ceux qui n'ont pas de tuteur parmi les citoyens. Je crois avoir tracé la ligne de démarcation qui entoure tous les objets vers lesquels l'État doit tourner son attention. Quant à la sûreté contre les ennemis extérieurs, après ce qui a été dit, je crois inutile d'ajouter quoi que ce soit. Bien loin de vouloir pénétrer profondément dans toutes les matières vastes et compliquées ci-après nommées, je me contenterai pour chacune d'elles de développer aussi brièvement que possible les principes qui la dominent, en tant qu'ils se rattachent à notre étude. Cela fait, nous pourrons dire que nous aurons fini ce travail qui tend à résoudre entièrement la question proposée et à imposer, de tous les côtés, à l'action de l'État les bornes qu'elle doit avoir.

CHRÉTIEN.   9

X

DU SOIN DE L'ÉTAT POUR LA SURETÉ, RELATIVEMENT A LA DÉTERMINATION DES ACTES DES CITOYENS QUI N'ONT TRAIT D'UNE MANIÈRE IMMÉDIATE ET DIRECTE QU'AUX AGENTS EUX-MÊMES (LOIS DE POLICE).

De l'expression : lois de police. — Le seul motif qui justifie ici l'action restrictive de l'État est que les conséquences de ces actes portent atteinte aux droits d'autrui. — Caractère des conséquences qui renferment une atteinte de cette nature. — Explication de ceci par l'exemple d'actes qui causent du scandale. — Précautions que doit prendre l'État dans le cas où il se produit de ces actes dont les conséquences pourraient devenir dangereuses pour les droits d'autrui. — Il faut beaucoup de jugement et d'intelligence pour écarter le danger. — Quelle étroitesse doit avoir le lien qui rattache ces conséquences à l'acte lui-même pour donner lieu à des dispositions restrictives? — Grand principe déduit de ce qui précède. — Exceptions qu'il reçoit. — Avantages qu'auraient les citoyens à faire librement, par des conventions, ce que l'État est obligé de faire par des lois. — Examen de la question de savoir si l'État peut contraindre les citoyens à accomplir des actes positifs? — Adoption de la négative parce que — cette contrainte est honteuse — et qu'elle n'est pas nécessaire au maintien de la sûreté. — Exceptions qui naissent de la nécessité. — Actes accomplis sur la propriété commune, ou qui s'y rattachent.

Il nous faut maintenant suivre l'homme dans tous les rapports si variés que renferme la vie. Pour le faire il sera bon de commencer par le plus simple de tous, c'est-à-dire par le cas où l'homme, tout en vivant uni avec ses semblables, se maintient tout à fait en deçà des limites de son domaine propre, et n'entreprend rien sur ce qui concerne directement et immédiatement autrui. C'est de ce cas que s'occupent la plupart de ces lois qu'on appelle lois de police. Cette expression n'est pas bien déterminée. Sa signification la plus importante et la plus commune est que ces lois, sans se rapporter aux actes mêmes par lesquels atteinte est portée au droit d'autrui, ne parlent que des moyens de prévenir ces atteintes; elles s'opposent soit à ces actes dont les conséquences mêmes peuvent facilement devenir un danger pour le droit d'autrui, soit à ceux qui conduisent communément à des transgressions de la loi; ou bien enfin elles peuvent déterminer ce qui est nécessaire à la conservation ou à l'exercice du pouvoir de l'État lui-même. Il existe des prescriptions qui, bien qu'elles aient pour but, non la sûreté mais le bien des citoyens, portent nécessairement le même nom; je ne m'en occupe pas ici; ce serait sans utilité pour mon plan. D'après les principes établis précédemment, dans ce rapport simple de l'homme, l'État ne doit empêcher rien autre chose que ce qui fait grief à ses propres droits ou aux droits des citoyens. Et, au point de vue de l'État, il faut en rapprocher ce qu'on a dit en général du sens de cette expression. Donc, quand l'avantage ou le préjudice du propriétaire est seul en question, l'État ne doit jamais se permettre de restrictions à la liberté au moyen de lois prohibitives. Pour justifier de semblables restrictions, il ne suffit même pas qu'un acte fasse simplement tort à autrui; il faut encore qu'il

restreigne son droit. Ce second point exige quelques
explications. La restriction d'un droit existe dans tous
les cas où l'on dérobe à quelqu'un, sans ou contre sa
volonté, une partie de sa propriété ou de sa liberté
personnelle. Au contraire, quand une pareille usurpation ne se produit pas, quand l'homme n'empiète point
sur le cercle du droit d'un autre homme, quel que
soit le dommage qui puisse en résulter pour ce dernier,
il n'y a point restriction de ses droits. Il n'en existe
pas davantage, quand le préjudice ne se manifeste
point avant que celui qui en souffre agisse de son côté,
relève l'action, si je puis m'exprimer ainsi, ou du
moins n'en combatte pas l'effet comme il le pourrait.

L'application de ceci est claire et va de soi. Je me
borne à mentionner ici deux exemples dignes de remarque. D'après ces principes, il faut mettre entièrement de côté ce que l'on dit spécialement des actes
qui causent du scandale au point de vue de la religion
et des mœurs. Celui qui fait des choses ou qui entreprend des actions offensant la conscience et la moralité d'autrui, peut bien, au point de vue absolu, faire
mal; mais tant qu'il ne se permet aucune attaque im-
portune, il ne blesse aucun droit. Les autres n'ont
qu'à s'éloigner de lui, ou, si les circonstances les en
empêchent, ils auront à supporter l'inévitable incom-
modité d'une union avec des caractères différents du
leur. Chacun doit toujours penser que les autres sont
peut-être choqués par la vue des traits qui lui sont
propres; car la question de savoir de quel côté est le
droit, n'est jamais importante que là où il existe réel-

lement un droit qui permet de décider. Le cas bien plus déplorable où le spectacle de telle ou telle action, où l'audition de tel ou tel raisonnement, égare la vertu, la raison ou le bon sens, ne permettrait même en aucune manière de restreindre la liberté. Celui qui a ainsi agi ou ainsi parlé, n'a en cela attaqué le droit de personne; les autres sont libres de combattre en eux-mêmes la mauvaise impression par la force de leur volonté ou par les motifs tirés de leur raison. Il résulte encore de ceci que, si grand que soit d'ordinaire le mal provenant de ces causes, d'un autre côté, il se produit toujours un heureux effet : dans le second cas, la force du caractère, dans le premier, la tolérance, l'intelligence sont mises à l'épreuve et grandissent. Je n'ai pas besoin de rappeler que je ne m'occupe ici de ces faits qu'au point de vue du trouble causé à la sûreté des citoyens. Car j'ai déjà cherché précédemment (1) à exposer leur rapport avec la moralité de la nation et à montrer ce qui, à ce point de vue, est permis à l'État.

Toutefois il est beaucoup de choses dont l'appréciation exige des connaissances techniques qui ne sont pas le partage de tous, et par où la sûreté pourrait être troublée. Quand un homme exploite à son avantage l'ignorance d'autrui, soit avec intention, soit de bonne foi, alors les citoyens doivent avoir la liberté de demander pour ainsi dire conseil à l'État. Les médecins et les jurisconsultes qui se mettent à la disposi-

(1) Chapitre VIII.

tion des particuliers, me fournissent surtout un exemple, tant à cause de la fréquence du besoin qu'on a
d'eux, que pour la difficulté de l'appréciation de leur
mérite, et que pour la grandeur du danger qui se présente. Dans ces cas-là, pour satisfaire au désir de la
nation, il n'est pas seulement bon, il est nécessaire que
l'État examine ceux qui se destinent à ces travaux,
pourvu qu'ils veuillent bien se soumettre à un examen.
Si le résultat en est satisfaisant, qu'il donne à leur
aptitude un signe distinctif et fasse ainsi connaître aux
citoyens qu'ils ne peuvent accorder en entier leur confiance qu'à ceux qui, de cette manière, en ont été
trouvés dignes. Mais l'État ne devrait jamais aller plus
loin ; il ne devrait jamais arrêter ceux ou qui ne se sont
pas soumis à l'examen, ou qui y ont échoué ; il ne devrait jamais interdire, à eux, l'exercice de leur profession, à la nation, l'emploi de leur secours. Il ne devrait
appliquer de semblables prescriptions qu'à ces pratiques par lesquelles on agit, non pas sur l'être intérieur,
mais sur les actes extérieurs de l'homme, où, par suite,
l'homme n'agit pas lui-même, où il n'a qu'à rester patient
et passif, pour se laisser conduire ainsi au résultat vrai ou
faux. L'État devrait encore intervenir dans les cas où l'appréciation suppose des connaissances ayant un domaine
distinct, qu'on ne peut acquérir par l'exercice de la
raison ou par le jugement pratique, et dont la rareté
fait qu'il est plus difficile de se renseigner. Si l'État
agit contrairement à ce qui vient d'être dit, il court
risque de rendre la nation indolente, paresseuse, toujours prête à se confier à la science et à la volonté

étrangères; en effet, l'absence de secours assurés et déterminés nous pousse à développer notre expérience et notre science propres; elle unit plus étroitement et plus diversement les citoyens entre eux, quoiqu'ils soient plus indépendants les uns les autres de leurs conseils réciproques. Si l'État ne reste pas fidèle au premier précepte, outre le mal qu'on vient de signaler, surgissent tous les maux qu'on a dépeints au commencement de cet écrit (1). — Pour prendre ici un autre exemple frappant, je dirai qu'une pareille institution ne devrait jamais exister en ce qui touche les théologiens. En effet, qu'est-ce que l'État examinerait en eux? des dogmes déterminés?... Mais, on l'a démontré plus haut, ce n'est pas de cela que dépend la religion..... la mesure de leurs facultés intellectuelles

(1) Inutile de dire que sur ces deux points, notre législation s'est montrée plus prévoyante que libérale. — Par son décret des 2 et 11 septembre 1790, l'Assemblée constituante abolit l'ordre des avocats. Mais cet ordre fut rétabli par la loi du 22 ventôse an XII, organisé par le décret du 14 décembre 1810, et modifié plus d'une fois depuis sous l'influence des événements politiques. Il faut convenir que le régime de liberté absolue, qui donna naissance aux *défenseurs officieux*, fut peu satisfaisant dans ses résultats. — En ce qui concerne la médecine, les Etats modernes se sont montrés, et avec raison, plus sévères encore. Ils sont allés en général jusqu'à défendre l'exercice de la médecine à quiconque n'était pas muni d'un diplôme. (Voyez les lettres patentes adressées par Charles VI au prévôt de Paris, le 20 août 1390; l'arrêt du parlement du 12 septembre 1598; les déclarations royales des 3 mai 1694 et 19 juillet 1696, l'édit du mois de mars 1707.) Le décret du 18 août 1792 établit un état de choses où l'exercice de la médecine et de la chirurgie était entièrement libre. La loi du 19 ventôse an XI rétablit le système restrictif. (Voyez dans l'Exposé des motifs, présenté par Fourcroy, le 7 germinal an XI, les motifs de fait et de droit qui ont amené le législateur à édicter cette loi.)

en général? Mais, chez le théologien, destiné à exposer des idées si intimement unies à la personnalité
de ses auditeurs, il n'est presque qu'une seule chose
en jeu, le rapport de son intelligence avec la leur, et
ainsi l'appréciation devient impossible;... l'autorité et
le caractère? Mais ce serait examiner tout simplement
la situation et les antécédents de l'homme, et l'État est
dans de bien mauvaises conditions pour se livrer à cette
recherche. — Enfin, même dans les cas que j'ai trouvés légitimes, on ne devrait, en général, promulguer
une disposition restrictive que quand les vœux de la
nation la réclameraient d'une manière non équivoque.
Car en elle-même, entre des hommes libres formés par
la liberté, elle n'est nullement nécessaire (1), et pourrait toujours donner lieu à beaucoup d'abus. Comme
je n'ai pas ici à rechercher des applications particulières, mais seulement à déterminer des principes, je ne
veux qu'indiquer brièvement le point de vue où je me
place pour mentionner une telle institution. L'État ne
doit en rien s'occuper du bien positif des citoyens;
par suite, il ne doit pas s'occuper de leur vie et de leur
santé, à moins qu'elles ne soient mises en danger par
les actions d'autrui (2); il ne doit s'occuper que de la

(1) C'est ainsi que dans l'antiquité l'exercice de la médecine paraît avoir été absolument libre : en Grèce il existait bien des écoles,
mais on ne connaît aucun règlement restrictif de l'exercice de cet
art. « A Rome, dit Montesquieu, s'ingérait de la médecine qui voulait. »
Esprit des lois, liv. XXIX, ch. XIV.
(2) C'est là une conséquence logique qui reste hardie même avec
le correctif plein de bon sens qui l'accompagne : elle a effrayé nos
individualistes les plus audacieux et les mieux disposés à rétrécir le
rôle de l'État. C'est Proudhon qui a écrit les lignes suivantes, après

sûreté. Une pareille surveillance ne pourrait rentrer dans le domaine de l'action de l'État, qu'en tant que la sûreté aurait à souffrir, car la fourberie exploite l'ignorance. Mais dans une tromperie de ce genre, il faut toujours qu'on en ait positivement fait accroire à la dupe; ici la délicatesse des différentes nuances fait qu'il est presque impossible de formuler une règle générale. Ajoutons que la liberté, laissant à la fraude la possibilité de se montrer, inspire à l'homme plus de prudence et de discernement; aussi, en théorie, et sans faire d'applications déterminées, je considère comme meilleur et plus conforme aux principes de n'étendre les lois prohibitives qu'aux seuls cas où l'on a agi sans ou contre la volonté d'autrui. Le raisonnement qui précède servira toujours à montrer comment, dans d'autres cas encore, si la nécessité l'exigeait, il faudrait se prononcer pour rester fidèle aux principes exposés (1).

Jusqu'ici l'on a analysé les conséquences des faits

une éloquente invective contre les parlementaires d'alors : « Pour nous qui concevons sous un point de vue tout autre la mission du pouvoir; nous qui voulons que l'œuvre *spéciale du gouvernement* soit précisément d'explorer l'avenir, de chercher le progrès, de procurer à tous liberté, égalité, SANTÉ et RICHESSE, continuons avec courage notre œuvre de critique, bien sûrs quand nous aurons mis à nu la cause du mal de la société, le principe de ses fièvres, la cause de ses agitations, que la force ne nous manquera pas pour appliquer le remède. » Pour un *an-archiste* c'est donner là au pouvoir αρχη un rôle un peu bien étendu. Décidément il est difficile, même aux cœurs les mieux intentionnés, d'allier ensemble le socialisme et la liberté. (Pour la citation, voyez *Contradictions économiques*, t. I, chap. IV.)

(1) Comme les cas indiqués ici appartiennent moins au présent chapitre qu'au suivant, on pourrait croire qu'ils ont trait à des actes concernant directement autrui. Mais je n'ai point parlé ici du cas où

9.

que leur nature soumet à la surveillance de l'État.
Maintenant on se demande s'il faut empêcher tout
acte dans lequel on pourrait prévoir d'avance la possibilité d'une pareille conséquence, ou seulement ceux
auxquels une semblable conséquence est nécessairement
liée. Dans le premier cas, c'est la liberté; dans le second, c'est la sûreté qui est mise en danger. On devine
facilement qu'alors il faudra trouver un moyen terme.
Mais je tiens pour impossible de le déterminer d'une
manière précise et générale. Sans doute, si l'on avait
à délibérer sur un cas de cette nature, on devrait se
laisser guider par la considération du dommage, de sa
vraisemblance plus ou moins manifeste, de la restriction qu'éprouverait la liberté si une loi était promul-
guée (1). Mais, à vrai dire, rien de tout cela ne permet
d'établir une règle générale; tout calcul de probabili-
tés est trompeur. Par suite, la théorie ne peut qu'indiquer les caractères qui appellent la réflexion sur un
fait. Dans la pratique, il me semble qu'on devrait considérer seulement la situation spéciale, non la nature
générale des cas, et n'introduire une restriction que
quand l'expérience du passé et l'étude du présent la
démontrent nécessaire. Le droit naturel appliqué à la
vie en commun de plusieurs hommes trace nettement

un médecin traite un certain malade, où un jurisconsulte dirige un
procès donné, mais du cas où un homme fait de ces actes sa profession habituelle et ses moyens d'existence. Je me suis demandé si
l'État devrait limiter ce choix, et je pense que ce choix, en lui-
même, ne se rapporte encore directement à personne.

(Note de l'auteur.)

(1) Voyez sur ce point les nombreuses applications étudiées par
John Stuart Mill. *On Liberty*, chap. V.

la ligne frontière. Il réprouve toutes les actions par lesquelles un homme empiète, *par sa faute*, sur le domaine d'autrui, toutes celles, par conséquent, où le
dommage naît d'une véritable infraction; il défend encore celles qui entraînent toujours un préjudice, ou
qui doivent l'entraîner, suivant un degré de vraisemblance tel, que l'agent en a conscience et ne peut point
n'en pas tenir compte, sans que sa négligence lui soit
imputable. Toutes les fois que le dommage arrive d'une
autre manière, c'est un cas fortuit qui ne peut engager
la responsabilité de l'agent. Une extension plus large
ne se déduit que du contrat tacite de ceux qui vivent
en commun, ou de quelque convention positive. Mais
rester inactif pourrait à bon droit paraître dangereux,
surtout quand on considère l'importance du mal dont
il s'agit, et la possibilité, en la restreignant, de ne porter qu'une bien légère atteinte à la liberté des citoyens.
Sur ce point, le droit de l'État est incontestable, car il
doit s'occuper de la sûreté, non pas seulement en tant
qu'il force à la réparation des préjudices causés, mais
encore en tant qu'il les prévient et les arrête à l'avance.
De plus, un tiers qui doit prononcer une sentence ne
peut décider que sur des indices extérieurs. Il n'est
donc pas possible à l'État d'attendre pour voir si les
citoyens manqueront de la prudence convenable en
face d'actes dangereux; il ne doit pas davantage compter qu'ils prévoiront la vraisemblance du dommage;
il doit bien plutôt, quand les circonstances rendent
son intervention urgente, empêcher des actions innocentes en elles-mêmes.

Cela dit, on peut, je pense, poser le principe suivant :

Dans le soin qu'il prend de la sûreté des citoyens, l'État, parmi les actes qui ne se rapportent immédiatement qu'à leurs auteurs, ne doit limiter ou défendre que ceux dont les conséquences portent atteinte aux droits des autres hommes, attaquent leur liberté et leur propriété, sans ou contre leur volonté, ou bien encore les actes qui doivent vraisemblablement amener ce résultat; c'est là une vraisemblance dans l'appréciation de laquelle il faut tenir compte de la grandeur du mal à combattre, et de la gravité de la restriction que l'on imposera à la liberté par une loi prohibitive. Mais toute autre limitation à la liberté privée, ou plus étendue ou tirée d'autres points de vue, est en dehors des bornes de l'action de l'État.

D'après les considérations que j'ai développées, comme la sauvegarde du droit d'autrui est la seule raison qui puisse justifier de semblables restrictions, celles-ci doivent disparaître sitôt que cette base fait défaut; elles doivent disparaître dans un cas qui, précisément, est celui de presque toutes les ordonnances de police : le danger ne concerne que la commune, le village, la ville, et la commune, le village ou la ville demandent expressément et unanimement l'abrogation de la loi restrictive. L'État alors devrait s'effacer et se contenter de punir les actes nuisibles consommés, qui renfermeraient une violation coupable et intentionnelle des droits d'autrui. Empêcher la discorde entre les citoyens, c'est là le propre et véritable intérêt de l'État;

la volonté individuelle ne doit jamais l'empêcher d'y donner satisfaction, fût-ce même la volonté de ceux qui souffrent. Si l'on suppose des hommes éclairés, instruits de leurs véritables intérêts, intimement unis dans une pensée de bienfaisance réciproque, il se formera librement entre eux des conventions ayant pour but leur sûreté, des conventions portant, par exemple, que telle ou telle profession dangereuse, ou ne devra s'exercer qu'en certains lieux et dans certains moments, ou sera entièrement prohibée (1). Des conventions de cette nature sont bien préférables aux prescriptions de l'État. En effet, comme ceux qui les contractent sont précisément ceux qui ressentent davantage le préjudice causé et le besoin d'y parer, il est certain tout d'abord qu'elles ne se formeront jamais que lorsqu'elles seront vraiment nécessaires; étant librement conclues, elles seront mieux et plus strictement observées; produits de l'activité spontanée, elles nuiront moins au caractère de la nation, même quand elles restreindront davantage la liberté (2); au contraire, comme elles ne naîtront qu'à un certain niveau d'intelligence et de volonté bienfaisante, elles contribueront à augmenter l'une et l'autre. Le véritable effort de l'État doit donc tendre à conduire par la liberté les hommes à former plus facilement des asso-

(1) Matière entièrement réservée chez nous à la décision de l'Etat. (Voy. décret du 15 octobre 1810.)

(2) Prenons garde de tomber dans le despotisme municipal, local, taquin, mesquin, passionné, d'autant plus intolérable qu'il s'exerce de près.

ciations dont l'action puisse, dans ces cas-là et dans mille autres semblables, remplacer celle de l'État (1).

Je n'ai mentionné ici aucune de ces lois, comme nous en avons tant, qui font aux citoyens un devoir positif de sacrifier telle ou telle chose, de faire ceci ou cela, soit pour l'État, soit pour leurs concitoyens. Mais, abstraction faite de l'emploi·des forces que chaque homme doit à l'État quand il en est requis, — et j'aurai par la suite l'occasion de revenir sur ce point, — je considère comme mauvais que l'État contraigne un citoyen de faire quoi que ce soit contre sa volonté, pour le bien d'un autre, alors même qu'il pourrait en être entièrement dédommagé (2). En effet, la variété infinie des penchants et des caprices humains attribue à chaque chose et à chaque acte une utilité infiniment variable. Cette utilité peut paraître à des degrés divers, ou désirable, ou importante, ou indispensable. Aussi la solution de la question de savoir quand le bien de l'un doit être sacrifié au bien de l'autre est-elle d'une difficulté terrible; si l'on n'en était pas effrayé, on ne pourrait s'empêcher de recon-

(1) Un des exemples les plus frappants de ces associations privées, ayant pour but de prévenir les infractions sociales, en même temps que les fautes morales, nous est offert par ces *Sociétés de tempérance*, si répandues en Angleterre.

(2) Ce principe est formellement contredit par l'article 649 du Code Napoléon, aux termes duquel « les servitudes établies par la loi ont pour objet l'*utilité* publique ou communale, ou l'*utilité* des particuliers », et par la loi du 3 mai 1841 sur l'expropriation pour cause d'*utilité* publique. La constitution du 3 septembre 1791 avait dit cependant : « La constitution garantit l'inviolabilité des propriétés, ou la juste et préalable indemnité de celles dont la *nécessité* publique, *légalement constatée*, exigerait le sacrifice. »

aître qu'elle entraîne toujours à sa suite beaucoup de dureté et une usurpation sur la sensibilité et la personnalité d'autrui. Cette raison fait que, la valeur donnée à l'un devant être identique avec celle dont il a été privé, le dédommagement est souvent impossible, et ne peut presque jamais être déterminé d'une manière générale (1). A ces inconvénients des meilleures lois de cette nature, se joint l'abus qu'on en peut bien précisément faire. D'un autre côté, la sûreté — qui seule a le droit de tracer à l'État les limites en deçà desquelles il doit retenir son action — ne rend pas ces prescriptions nécessaires en général ; car tous les cas où elles le deviennent sont nécessairement des exceptions (2). Ajoutons que plus les hommes deviennent bienveillants les uns pour les autres, plus ils sont prêts à se secourir mutuellement, moins leur amour-propre et leur sentiment d'indépendance se sentira blessé par le véritable droit de contrainte d'autrui ; et, quand

(1) Ce qui fait qu'en droit civil les servitudes légales établies moyennant indemnité, sont illégitimement imposées hors les cas de nécessité, tels que l'enclave (Code Napoléon, art. 682).

(2) Cette dernière objection contre le droit de contrainte positive de l'Etat disparaît si l'on admet la distinction introduite ici par M. Bertauld (*Liberté civile*, p. 204). Suivant lui, pour résoudre la question de savoir si l'individu peut être astreint par la société à faire le bien d'autrui, il faut distinguer entre l'intérêt individuel et l'intérêt social. « L'intérêt individuel, en tant qu'intérêt individuel, n'a aucun titre au sacrifice d'un autre intérêt individuel. Et ce titre, la Société ne saurait sans usurpation le créer....... Mais l'Etat peut astreindre l'individu non-seulement à des abstentions, mais à des services actifs au profit de l'*intérêt collectif*. » J'admets cette distinction pleine de justesse, mais je souligne ces deux derniers mots parce qu'ils laissent subsister une partie de la difficulté.

Qu'entendez-vous, dirais-je à M. Bertauld, par l'*intérêt collectif* de même le caprice ou la bizarrerie tout à fait déraisonnable d'un homme empêcherait une bonne entreprise, ce phénomène ne serait pas de ceux où la puissance de l'État doit s'interposer. Dans l'ordre physique, cette puissance enlève-t-elle donc toutes les pierres que le voyageur trouve sur son chemin? Les obstacles réveillent l'énergie et excitent l'intelligence; seuls, ceux qui viennent de l'injustice des hommes apportent l'entrave sans apporter l'utilité; mais ceux que soulève la bizarrerie ne doivent pas être rangés parmi ceux-là; elle peut être vaincue dans un cas particulier par la loi, mais elle ne peut être convertie que par la liberté. Ces principes résumés brièvement ici me paraissent assez forts pour ne plier que devant la loi d'airain de la nécessité. L'État doit donc se contenter de protéger les droits qu'ont les hommes, en dehors de toute convention positive, de sacrifier à leur propre conservation la liberté ou la propriété d'autrui.

l'Etat? Est-ce sa sûreté? et je crois que c'est bien là l'idée de l'auteur. Alors point de doute, les impôts, la conscription, l'inscription maritime que vous citez comme exemples sont choses parfaitement légitimes, parce qu'elles sont les moyens de procurer *la sûreté intérieure et extérieure*. Mais si par ces mots *intérêt collectif*, vous entendez le *bien positif* de la société entière, les motifs et les exemples invoqués ne suffiraient point pour légitimer la contrainte exercée par l'État sur l'individu. L'opposition lumineuse que Humboldt établit entre le *bien positif* et la *sûreté* est d'une très-grande utilité pour l'examen de cette question de principe et pour l'étude de toutes les questions de résultance qui en découlent, pour celle-ci par exemple : L'État a-t-il le droit, pour le plus grand *bien positif* du commerce national en général, d'empêcher un individu d'importer ou d'exporter des marchandises, alors que la *sûreté* ne serait en rien menacée par ces opérations? Il est facile de voir que la négative est imposée par les prémisses contenues au commencement de ce livre.

Enfin, une quantité considérable de lois de police naissent de ces actions que l'on entreprend en restant dans les limites du droit, mais du droit public, non du droit individuel. Là, les restrictions à la liberté sont bien moins dangereuses, car dans la propriété commune chaque copropriétaire a un droit à réclamer. Ces propriétés communes sont, par exemple, les routes, les fleuves, soumis à la possession de plusieurs; les places, les rues des villes, etc.

XI

DU SOIN DE L'ÉTAT POUR LA SURETÉ AU MOYEN DE LA DÉTERMINATION DES ACTES INDIVIDUELS QUI TOUCHENT AUTRUI D'UNE MANIÈRE IMMÉDIATE ET DIRECTE (LOIS CIVILES).

Actes qui blessent les droits d'autrui. — Devoir de l'État — d'aider l'offensé à obtenir réparation, — et de protéger l'offenseur contre la vengeance de celui-ci. — Actes synallagmatiques. — Déclarations de volonté. — Double devoir de l'État sur ce point : — il doit premièrement maintenir celles qui sont valables ; — en second lieu il doit refuser la protection des lois à celles qui sont antijuridiques et faire que les hommes ne se lient point par des engagements trop lourds, quoique valables en soi. — Efficacité des déclarations de volonté. — De la résolution des contrats valablement formés, comme conséquence du second des devoirs de l'État mentionnés plus haut, — seulement des contrats qui ont trait à la personne des contractants ; — modifications diverses suivant la nature propre des contrats. — Dispositions à cause de mort. — Leur efficacité d'après les principes généraux du droit. — Leurs inconvénients. — Dangers des hérédités purement *ab intestat*, et avantages des dispositions privées. — Moyen tendant à conserver ces avantages tout en éloignant ces inconvénients. — De l'hérédité *ab intestat*. — Détermination de la réserve. — Dans quelle mesure les obligations actives et passives résultant de contrats entre-vifs doivent-elles passer aux héritiers ? — En tant seulement que le patrimoine laissé a été modifié par elles. — Précautions que doit prendre l'État pour empêcher les rapports qui portent atteinte à la liberté. — Des personnes morales. — Leurs inconvénients. — Causes de ces inconvénients. — Ils disparaissent quand les personnes morales sont considérées comme la réunion des membres qui les composent actuellement. — Grands principes tirés de ce chapitre.

Les actes qui se rapportent d'une manière directe et immédiate à autrui sont plus compliqués, mais l'étude en est moins difficile que celle des faits qu'on a examinés plus haut. En effet, lorsqu'ils violent un droit, l'État doit naturellement les empêcher, et forcer leurs auteurs à réparer le dommage causé. Mais, on l'a dit et prouvé (1), ils violent le droit seulement quand ils dérobent à autrui quelque chose de sa liberté ou de son bien, sans ou contre sa volonté. Si un homme a été lésé par un autre, il a droit à réparation ; mais, dans l'état social, comme il a transféré au pouvoir sa **vengeance privée**, son droit ne va pas plus loin. L'offenseur est donc obligé, envers l'offensé, seulement à restituer ce qu'il a pris ; ou, quand cela n'est pas possible, à le dédommager. Il doit y consacrer ses biens et ses forces, en tant que l'emploi qu'il en fait peut le mettre à même d'acquérir. La privation de la liberté, par exemple, qui existe chez nous contre le débiteur insolvable, ne peut être appliquée que comme un moyen subordonné, sous peine d'exposer le créancier à perdre, avec la personne de l'obligé, ses acquisitions futures. A la vérité, l'État ne doit refuser à l'offensé aucun moyen pour arriver à se faire dédommager ; mais il doit encore empêcher que des sentiments de vengeance contre l'offenseur ne se couvrent de ce

(1) Chapitre X, p. 156.

prétexte. Il le doit d'autant plus que dans l'état extra-social, la vindicte elle-même arrêterait l'offensé qui voudrait dépasser les bornes du droit. Dans l'état social, au contraire, la force invincible du pouvoir l'atteint; il le doit d'autant plus encore que des dispositions générales, toujours nécessaires quand un tiers doit décider, favorisent sans cesse de pareils prétextes. La garantie par l'emprisonnement de la personne des débiteurs, par exemple, pourrait bien exiger plus d'exceptions que n'en établissent sur ce point la plupart des lois (1).

Les actions entreprises en vertu d'une volonté réciproque sont entièrement semblables à celles qu'un homme accomplit pour lui-même, sans aucun rapport immédiat avec autrui. Quant à ces actions, je pourrais donc me borner à rappeler ici ce que j'en ai dit plus haut. Toutefois, il en est parmi elles une classe qu'il faut déterminer rigoureusement : ce sont celles qui ne s'accomplissent pas en une seule fois, mais qui se prolongent dans l'avenir. A cette catégorie appartiennent les déclarations de volonté d'où découlent des devoirs parfaits pour ceux qui les ont énoncées, qu'elles soient unilatérales ou synallagmatiques. Elles transfèrent une

---

(1) Cette courte critique de la contrainte par corps et des voies d'exécution serait probablement plus radicale si l'auteur eût écrit de nos jours. Ses idées, si l'on eût voulu en tirer parti pour la réforme de notre législation, n'auraient pas pu nous conduire bien loin ; tout au plus pourrait-on les invoquer pour demander l'adjonction de quelques nouveaux cas d'insaisissabilité à ceux énumérés par l'art. 592 du Code de procédure civile. De nos jours, en France, l'opinion publique demandait davantage, et il y a lieu d'applaudir à la satisfaction qu'elle vient de recevoir.

portion de la propriété appartenant à un homme sur la tête d'un autre homme; et la sûreté est détruite si le cédant, par l'inaccomplissement de sa promesse, cherche à reprendre la chose cédée. Sanctionner les déclarations de volonté, c'est donc là un des plus graves devoirs de l'État. Toutefois, la contrainte qui maintient toute déclaration de volonté n'est juste et salutaire que dans deux cas : d'abord quand elle tombe sur celui-là seul qui l'a exprimée; ensuite quand celui-ci l'a adoptée librement, avec une capacité de réflexion suffisante, considérée tant en général qu'au moment précis où la volonté a été formulée. Partout où ces conditions n'existent point, la contrainte est aussi injuste que pernicieuse. Ajoutons que la prévoyance de l'avenir n'est que très-imparfaitement possible; et, d'un autre côté, il est beaucoup d'obligations qui enchaînent la liberté jusqu'à devenir un obstacle au développement de l'homme. Nous rencontrons ainsi le second devoir de l'État qui est de refuser l'appui des lois aux déclarations de volonté antijuridiques, et de n'avoir recours qu'à des mesures compatibles avec la sûreté de la propriété, afin d'empêcher que l'irréflexion d'un moment n'engage l'homme dans des liens qui entraveraient ou étoufferaient son développement. On trouvera dans les théories juridiques l'exposition suffisante des éléments essentiels à la validité d'un contrat ou d'une déclaration de volonté. Au point de vue de l'objet sur lequel elles portent, je dois encore rappeler que l'État, d'après les principes ci-dessus développés, devant s'occuper exclusivement du maintien de la sûreté, ne peut prohiber que les seuls objets qui contrarient les idées générales du droit, où dont la prohibition est justifiée par le soin pour la sûreté. Sur ce point, voici les seuls cas qui se présentent bien nettement : 1° quand le promettant ne peut donner aucune garantie sans s'abaisser lui-même jusqu'à devenir un moyen aux projets d'un autre, comme serait un contrat aboutissant à l'esclavage ; 2° quand la nature de la chose promise est telle que sa prestation échappe à la force du promettant, comme par exemple en matière de sentiment et de foi ; 3° quand la promesse en soi ou par ses conséquences est, ou tout à fait contraire, ou dangereuse aux droits d'autrui. A ces cas, en effet, s'appliquent tous les principes développés plus haut à l'occasion des actes des hommes considérés isolément. Mais il existe une différence entre ces trois exemples : dans le premier et le second cas, l'État doit seulement refuser la sanction des lois ; du reste, il ne doit empêcher ni les déclarations de volonté de cette nature, ni leur exécution, en tant que celle-ci se produit du commun consentement des parties ; dans le dernier cas, au contraire, il peut et doit interdire la simple déclaration de volonté elle-même.

Mais supposons que la légitimité d'un contrat ou d'une déclaration de volonté soit incontestable ; afin de relâcher le lien dont sa libre volonté charge l'homme vis-à-vis d'autrui, l'Etat pourra cependant, en rendant moins difficile la dissolution du lien formé par le contrat, empêcher que la convention conclue pour un certain temps n'enchaîne la libre volonté pendant une trop grande partie de la vie. Quand un contrat ne porte que sur la translation des choses, sans autre rapport personnel, je pense qu'une telle disposition n'est pas opportune. Il arrive rarement, en effet, que les choses aient une nature telle qu'elles influent d'une manière durable sur la situation des contractants; la réglementation prohibitive sur ce point attaque d'une façon très-fâcheuse la sûreté des affaires. Enfin, à beaucoup de points de vue, surtout pour développer le jugement et pour favoriser la fermeté du caractère, il est bon que la parole, une fois donnée, lie irrévocablement. On ne doit donc jamais relâcher ce lien, en l'absence d'une absolue nécessité. Or, cette nécessité ne se produit point dans la translation des choses, qui peut bien gêner telle ou telle manifestation de l'activité humaine, mais ne peut affaiblir que bien peu l'énergie. Au contraire, dans les contrats qui imposent des prestations personnelles, ou produisent des rapports purement personnels, il en est tout autrement; le lien alors est préjudiciable aux plus nobles facultés de l'homme; et, comme le succès des entreprises mêmes qui en découlent ne dépend que plus ou moins de la persistance de la volonté des parties, une restriction de ce genre est moins dommageable en pareille matière. Ainsi lorsque le contrat fait naître un rapport personnel qui non-seulement impose des actes isolés, mais encore porte sur la personne et la vie entière, dans le sens le plus strict du mot; quand ce que l'on promet, ou ce à quoi l'on renonce se rattache étroite-

ment aux sentiments intimes, la dissolution doit en
être permise en tout temps, et sans qu'il soit besoin
d'en donner de motifs. Il en est ainsi pour le mariage (1). Sans doute si le rapport était moins étroit,
bien que la liberté personnelle fût très-fort diminuée,
l'Etat devrait, suivant moi, fixer un délai dont la durée
se déterminerait, d'un côté, suivant l'importance de la
restriction, d'un autre côté suivant la nature de l'affaire; pendant ce délai, aucune des deux parties ne
pourrait seule rompre le contrat; mais après qu'il
serait expiré, le contrat, s'il n'était renouvelé, ne
pourrait entraîner aucune sanction, quand même les
parties, en contractant, auraient renoncé à invoquer
cette loi (2). En effet, si l'on venait à penser qu'une
pareille disposition n'est qu'un pur bienfait de la loi,
et que, pas plus que n'importe quel autre bienfait, on
ne doit l'imposer à personne; il faudrait se rappeler
qu'on n'enlèvera à qui que ce soit la faculté de s'engager dans des rapports devant durer autant que la
vie; seulement on retirera à l'une des parties le droit
d'y contraindre l'autre quand cette contrainte serait

(1) Rapprocher ceci de ce qui est dit au chapitre III, p. 35 et 36,
sur le mariage. — Comme l'a fort bien dit John Stuart Mill (*la Liberté*, ch. V, p. 281 de la traduction) : « Si la concision et la généralité de la dissertation de Humboldt ne l'avaient pas obligé sur ce sujet
à se contenter d'énoncer sa conclusion sans discuter les prémisses,
il aurait reconnu sans aucun doute que la question ne peut pas être
décidée d'après des raisons aussi simples que celles qu'il se borne à
donner. » Lire l'excellente réfutation qui suit ces mots, et les chapitres III et VIII de *La liberté civile* de M. Bertauld.

(2) Applications de ce principe. Code Napoléon, art. 686 ; 815 ;
1780 ; 1844 et 1869 ; 530, 1911.

un obstacle à l'accomplissement de destinées supérieures. Mais c'est si peu un pur bienfait que les exemples présentés, surtout celui du mariage (quand le rapport qu'il crée n'est plus accompagné de la libre volonté), diffèrent seulement du plus au moins des cas où un homme se réduit lui-même, et mieux encore des cas où un homme est contraint par autrui à n'être qu'un moyen pour la satisfaction des vues d'un autre homme. Le droit de fixer la ligne de démarcation entre la sanction qui découle légitimement, et celle qui découle illégitimement du contrat, ne peut être contesté à l'État, c'est-à-dire à la volonté générale de la société (1); car la question de savoir si le lien né d'un contrat de la part de celui qui a aliéné sa libre volonté, le réduit à n'être qu'un moyen aux mains d'autrui, ne peut être décidée avec une exactitude rigoureuse, que si l'on considère séparément chaque cas spécial. Enfin on ne peut pas dire que c'est imposer un bienfait que de conserver à chacun dans l'avenir le droit d'y renoncer.

Les principes élémentaires du droit enseignent, et on a déjà dit expressément que personne ne peut valablement faire porter son contrat sur la chose d'autrui. L'homme ne peut en général déclarer sa volonté que sur ce qui constitue *sa* propriété, *ses* actes, *sa* possession. Il est encore certain que la part la plus importante du soin de l'État pour la sûreté des citoyens, en tant que

---

(1) Ces deux mots supposent admis le principe démocratique de la souveraineté du peuple, pour lequel Humboldt, au début de cet ouvrage, exprime une indifférence plus diplomatique que logique.

les contrats ou les déclarations de volonté ont sur elle
de l'influence, consiste à veiller sur l'observation de
ce principe. Cependant il existe plusieurs classes d'actes, pour lesquels on oublie entièrement de l'appliquer. Il en est ainsi dans toutes les dispositions, à
cause de mort, de quelque manière qu'elles se produisent, soit directement ou indirectement, soit seulement à l'occasion d'un contrat, soit dans un contrat,
soit dans un testament, ou dans tout autre acte de
quelque nature qu'il soit. Un droit ne peut jamais se
rattacher directement qu'à la personne ; dans son rapport avec les choses, on ne peut le concevoir qu'autant
que ces choses se relient à la personne au moyen des
actions. Lorsque la personne cesse d'exister, ce droit
s'éteint du même coup. A la vérité, l'homme doit pouvoir pendant sa vie faire ce qu'il entend des choses
qui lui appartiennent, les aliéner en tout ou en partie,
en aliéner la substance, la jouissance ou la possession ;
il doit encore pouvoir limiter à son gré pour l'avenir,
ses actions, la faculté de disposer de ces biens ; mais
il n'a nullement le droit de décider d'une manière
obligatoire pour autrui, comment on devra après sa
mort disposer de son bien, ou comment le possesseur
futur devra agir ou ne pas agir. On a développé assez
d'arguments en sens divers, à propos de la fameuse
question de la validité des testaments, suivant le droit
naturel ; en général, le point de vue juridique n'a ici
qu'une importance secondaire, car on ne peut contes-
ter à la société entière le droit d'accorder expressément aux déclarations de dernière volonté la validité

qui leur manque. Mais si on les considère avec l'extension que leur donnent la plupart de nos législations (1), qui, en cela, ont suivi le système de notre droit commun où la subtilité des jurisconsultes romains s'unit à l'ambition féodale, destructive de toute société, on voit que les dispositions de dernière volonté entravent la liberté nécessaire au développement de l'homme, et combattent tous les principes exposés dans ce chapitre. C'est surtout au moyen de ces dispositions qu'une génération prescrit des lois à une autre génération. C'est par là que des abus et des préjugés, dont les causes disparaîtraient aisément, renaissent, subsistent inévitablement et se transmettent de siècles en siècles ; c'est par là enfin qu'au lieu de donner aux choses leur forme, les hommes sont soumis au joug des choses (2). Ce sont encore ces actes qui détournent le plus les vues de l'homme de son énergie et de son progrès, et les dirigent du côté de la possession des objets extérieurs, des biens, qui seuls en effet, peuvent même après la mort, assurer à la volonté du mourant une obéissance forcée. Enfin la liberté des dispositions

---

(1) Inutile de faire observer que ceci s'applique uniquement à la législation qui régissait l'Allemagne au moment où Humboldt écrivait ce livre.

(2) Ce morceau contient une excellente justification des lois qui prohibent les substitutions fidéicommissaires. La philosophie, le droit, l'économie politique, par leurs représentants les plus autorisés, sont aujourd'hui d'accord sur ce point. Voy. M. Bertauld, *Philosophie politique de l'histoire de France*, p. 189 et suiv. ; *La liberté civile* p. 222 ; *Questions pratiques et doctrinales sur le Code Napoléon*, p. 300 et suiv. ; M. Demolombe, *Traité des donations entre-vifs et des testaments*, t. Ier, n° 86.

de dernière volonté sert le plus souvent et surtout favorise directement les passions basses de l'homme,
l'orgueil, l'ambition, la vanité, etc. ; ce sont toujours
les hommes les moins sages et les moins justes qui y
recourent ; le sage se garde bien de disposer pour un
temps dont les circonstances particulières échappent
à sa courte vue ; l'homme juste, au lieu de rechercher
avec soin les occasions d'entraver la volonté d'autrui,
aime au contraire à les fuir. Le secret et la certitude
de n'être pas jugé par des contemporains favorise souvent des dispositions que la honte eût refoulées. Ces
raisons démontrent suffisamment, il me semble, la nécessité d'une garantie au moins contre le danger que
les dispositions testamentaires font courir à la liberté
des citoyens.

Mais si l'État conserve en entier la faculté de prendre des dispositions se rattachant à la mort, comme
la rigueur des principes l'exige, que devra-t-on mettre
à leur place ? Puisque le calme et l'ordre font qu'il est
impossible de permettre à tout venant de prendre
possession des biens des défunts, on n'aura évidemment qu'une succession *ab intestat* établie par l'État.
D'un autre côté, plusieurs des principes ci-dessus développés, défendent de concéder à l'État une action
positive aussi puissante que celle qui lui serait attribuée par cette succession légale et par l'anéantissement
des déclarations de volonté particulières du défunt. On
a déjà observé plus d'une fois la liaison étroite qui
existe entre les lois successorales et l'organisation politique des États. Il est certain qu'on peut user de ce

moyen pour arriver à d'autres buts. En général et en tout, la volonté diverse et mobile des individus est préférable à la volonté uniforme et immuable de l'État. Aussi, quelques inconvénients que l'on puisse reprocher aux dispositions testamentaires, il paraît dur cependant d'arracher à l'homme la joie de penser qu'il sera bienfaisant même après sa mort, en disposant de son bien au profit de tel ou tel. Si en accordant une grande faveur à cette idée, on attribue trop d'importance au soin pour les biens, la négliger entièrement pourrait conduire au mal opposé. De la liberté qu'ont les hommes de disposer de leur bien comme ils l'entendent, naît en eux un lien dont, à la vérité, on peut parfois abuser, mais qu'on peut souvent aussi utiliser d'une façon salutaire. Le but où tendent les idées que j'ai exprimées, on peut bien le dire, c'est de briser toutes les entraves qui gênent la société, et, en même temps, d'unir les hommes entre eux par des liens aussi nombreux que possible. L'homme isolé ne peut pas progresser plus que l'homme enchaîné. Enfin il y a bien peu de différence entre donner son bien au moment de la mort ou le léguer par testament, et le premier de ces actes est pour l'homme un droit évident et inviolable.

La contradiction dans laquelle paraissent tomber les raisons en sens divers qu'on vient d'exposer, disparaît à mon sens, si l'on considère que tout acte de dernière volonté peut contenir deux dispositions distinctes : il peut décider : 1° qui devra être le premier et immédiat possesseur du bien laissé ; 2° comment celui-c

10.

devra en disposer, à qui il devra à son tour le laisser, comment par la suite ce bien devra être conservé ; et si l'on songe que tous les inconvénients énumérés ne s'appliquent qu'à la seconde, et tous les avantages à la première de ces dispositions. En effet, les lois, en déterminant une réserve convenable, sont uniquement animées d'un désir qui doit toujours les inspirer, à savoir, qu'aucun auteur ne puisse commettre une injustice ou une iniquité. Aussi suis-je convaincu que la pure volonté bienfaisante de donner à quelqu'un après la mort ne peut faire craindre aucun danger particulier. Un temps viendra où les principes qui guident les hommes en cette matière arriveront à l'unité ; la fréquence ou la rareté des testaments indiquera alors au législateur que les lois successorales établies par lui seront ou ne seront pas convenables. Ne serait-il pas opportun par suite de s'inspirer de la double nature de cet objet et de diviser en deux classes les règles générales que l'État devrait suivre ? D'un côté, ne faudrait-il pas obliger chaque homme à dire qui devra après sa mort, posséder son bien, sauf la restriction relative à la réserve ? Et, d'un autre côté, ne faudrait-il pas lui refuser le droit de décider, en quelque manière que ce soit, comment cet héritier devra disposer de ce bien et l'administrer ? A la vérité, on pourrait facilement s'emparer de ce que l'État permettrait pour en abuser, s'en servir comme d'un moyen et faire ce qu'il interdirait. Mais ce serait au législateur à empêcher ces fraudes par l'exactitude et la précision des termes de la loi. Je citerai, à titre d'exemple seule-

ment, car ce n'est pas ici le lieu de développer cette
matière, les dispositions légales en vertu desquelles
l'héritier n'a à recevoir aucune condition, qu'il devrait
accomplir après la mort de son auteur, pour être
réellement héritier ; celles qui portent que l'auteur ne
peut nommer que le premier possesseur de son bien,
jamais un possesseur plus éloigné, ce qui lui permettrait d'entraver la liberté du premier ; qu'il peut bien
instituer plusieurs héritiers, mais qu'il doit le faire
directement ; qu'il peut partager une chose quant à
son étendue, jamais quant aux droits qui peuvent la
frapper, par exemple, quant à la nue propriété et à la
jouissance, etc. (1). En effet, divers embarras et restrictions à la liberté découlent de ces combinaisons
et aussi de cette idée qui s'y rattache, à savoir, que
l'héritier est aux lieu et place de son auteur ; idée
qui, comme beaucoup d'autres devenues pour nous
d'une importance exorbitante, se base, si je ne me
trompe, sur une formalité romaine et sur la défectueuse organisation judiciaire d'un peuple qui com-
mençait à se former. Il sera toujours possible de
faire face à ces inconvénients, si l'on n'oublie jamais
la règle qu'une seule chose doit être permise à l'auteur, nommer souverainement son héritier ; que
l'État, quand cette désignation a été faite valablement, doit protéger valablement la possession de cet
héritier ; mais qu'il doit refuser son appui à toute dé-

(1) Voy. M. Bertauld, *La liberté civile*, chapitre XVIIII ; *La souveraineté individuelle en face d'elle-même*, p. 423.

claration de volonté de l'auteur, si elle va plus loin.

L'État doit organiser une succession *ab intestat* pour le cas où il n'existera aucune désignation d'héritier de la part de l'auteur. Mais l'application des principes qui doivent servir de base à cette loi, comme à la détermination de la réserve, ne rentre pas dans mon plan. Je puis me contenter d'observer que l'État ne doit avoir non plus en ceci aucun but positif, comme par exemple la conservation de la richesse et de la splendeur des familles; il ne doit pas tomber dans l'extrême contraire en favorisant la répartition des biens entre un très-grand nombre de personnes qui y prendraient part ou en proportionnant les parts successorales aux besoins de chaque héritier; il n'a uniquement qu'à suivre les idées du droit, qui se limitent par la seule idée de copropriété antérieure, pendant la vie du *de cujus*, et admettre d'abord le droit de la famille, puis le droit de la commune, etc. (1).

La question de savoir dans quelle mesure les conventions entre-vifs doivent passer aux héritiers se rattache étroitement à la matière des hérédités. On doit chercher la réponse dans le principe qu'on a éta-

---

(1) Dans tout ceci j'ai fait beaucoup d'emprunts au discours de Mirabeau sur ce sujet; j'aurais pu en tirer plus de profit encore si Mirabeau ne s'était pas placé à un point de vue entièrement étranger à mon plan, au point de vue politique. Voy. *Collection complète des travaux de M. Mirabeau l'aîné à l'Assemblée nationale. (Note de l'auteur.)* Le Code Napoléon, art. 767, 768, ne reconnaît à la commune aucun droit successoral; après le conjoint survivant du *de cujus* vient immédiatement l'État. Ceci dit assez combien, chez nous, l'existence et la vie de la commune sont rudimentaires. — Il est remarquable que Humboldt base l'institution de la *réserve* sur un

bli précédemment, à savoir, que l'homme peut comme il l'entend limiter ses actions ou aliéner son bien pendant sa vie ; mais que pour le temps qui suivra sa mort, il ne peut ni limiter les actions de celui qui alors possédera son bien, ni lui imposer aucune prescription se rattachant à ce point ; car on ne peut autoriser que la simple désignation d'héritier. En conséquence : passent à l'héritier et peuvent être poursuivies contre lui toutes les obligations qui contiennent en elles-mêmes la translation d'une partie de la propriété, et qui par suite ont diminué ou augmenté le bien du *de cujus*. Il en sera à l'inverse de toutes celles qui n'ont d'autre objet qu'un fait du *de cujus*, ou qui se rapportent exclusivement à sa personne. Mais, même avec ces restrictions, il est encore possible, et trop aisément possible, d'envelopper sa postérité dans des rapports obligatoires au moyen de contrats formés pendant la vie. En effet, on peut aliéner aussi bien des droits que des portions de sa fortune ; une pareille obligation doit nécessairement être obligatoire pour

droit de *copropriété* des enfants sur les biens laissés, du vivant même du *de cujus*. Cette idée n'est point généralement acceptée aujourd'hui. M. Jules Simon, *La Liberté*, t. I, p. 336, voit dans la *réserve* une simple institution *politique*, et c'est ce caractère que Humboldt s'efforce de chasser. M. Bertauld y voit une institution *naturelle*, par laquelle l'État proclame, mais ne crée point le droit de l'héritier ? Quelle en est la base, est-ce un véritable droit de copropriété, est-ce l'acquittement d'un *officium pietatis* de la part du défunt ? M. Bertauld (*la Liberté civile*, p. 218) résout la première de ces questions, mais ne touche pas à la seconde. Du reste, les théories sont fort diverses. M. Demolombe considère la réserve comme la sanction d'un devoir *naturel*. (*Traité des donations entre-vifs et des testaments*, t. II, n° 2.)

les héritiers qui ne peuvent acquérir une situation
autre que celle de leur auteur ; la possession partagée
entraîne avec elle une pluralité de droits sur une même
chose, et par suite des rapports personnels obligatoires. Aussi serait-il sinon nécessaire, à tout le moins
très-opportun, que l'État ou interdît de former de semblables contrats pour plus longtemps que la durée de
la vie, ou au moins facilitât les moyens de diviser
réellement la propriété lorsqu'un semblable rapport
serait formé. Ce n'est pas ici le lieu de développer ce
point, d'autant plus que, suivant moi, il faudrait procéder non en formulant des principes généraux, mais
en statuant séparément sur des contrats déterminés.

Moins l'homme est contraint de faire autre chose
que ce que sa volonté désire ou ce que sa force lui
permet, plus sa situation dans l'État est favorable. Si,
en vue de cette vérité, à laquelle tendent toutes les
idées contenues dans ce travail, je parcours le champ
de notre jurisprudence civile ; parmi d'autres objets
moins importants, j'en rencontre un bien plus considérable. Je veux parler des associations que, par
opposition à la personne physique de l'homme, on
appelle des personnes morales. Comme elles renferment toujours une unité indépendante du nombre des
membres qui les composent, et que cette unité se
maintient pendant une longue suite d'années sans modifications importantes, elles produisent au moins les
inconvénients signalés plus haut comme conséquences
des dispositions de dernière volonté, si elles n'en
produisent pas d'autres encore. En effet, comme leur

caractère nuisible chez nous, naît d'une organisation qui n'est pas nécessairement liée à leur nature, notamment des priviléges exclusifs qui leur sont concédés tantôt expressément par l'État, tantôt tacitement par la coutume, et au moyen desquels elles deviennent souvent de véritables corps politiques, elles entraînent toujours avec elles une foule considérable d'embarras. Ceux-ci viennent toujours et uniquement de ce que leur organisation ou impose à tous les membres, contre leur volonté, tel ou tel emploi des moyens communs, ou bien, en exigeant l'unanimité des voix dans les décisions, permet à la volonté du plus petit nombre d'enchaîner celle de la majorité. Du reste, bien loin que les sociétés et associations produisent nécessairement des conséquences mauvaises, elles sont l'un des plus sûrs et plus féconds moyens pour produire et accélérer le progrès humain. Ce qu'on doit par-dessus tout attendre de l'Etat, c'est que les personnes morales ou sociétés ne soient considérées par lui que comme la réunion de tous leurs membres existants, et que, par suite, ses lois ne puissent les empêcher en rien de décider à la majorité ce qu'ils trouvent juste de l'emploi des forces et moyens communs. Seulement il faut bien prendre garde de ne considérer comme membres que ceux sur lesquels repose vraiment la société, mais non pas ceux dont elle se sert à peu près comme d'instruments. C'est là une confusion qu'on a souvent faite, surtout en ce qui concerne les droits du clergé.

Ce qui vient d'être dit, justifie ce me semble, les principes suivants :

Quand l'homme ne se renferme pas dans le cercle de ses facultés et de sa propriété, quand il entreprend au contraire des actes qui se rattachent directement à autrui, le soin de la sûreté impose à l'Etat les devoirs suivants :

1° Dans ces actions qui sont entreprises, sans ou contre la volonté des autres hommes, il doit empêcher que ceux-ci ne soient troublés dans la jouissance de leurs facultés ou dans la possession de leur propriété; en cas d'usurpation, il doit forcer l'offenseur à réparer le dommage causé, et empêcher l'offensé d'exercer, sous ce prétexte ou sous un autre, une vengeance privée.

2° Quant aux actes accomplis du libre consentement d'autrui, il ne doit point leur imposer de limites plus étroites que celles qui ont été indiquées précédemment pour les actes des individus séparés (voy. chap. X, p.147).

3° Si, parmi les actes susdits, il s'en rencontre quelques-uns desquels résultent des droits ou obligations entre les parties (déclarations de volonté unilatérales ou synallagmatiques, etc.), l'État doit garantir la sanction de ces droits, toutes les fois que le consentement a été librement donné par un promettant d'une capacité intellectuelle suffisante, en vue d'un objet dont il peut disposer. Au contraire, l'État ne doit jamais fournir cette sanction toutes les fois ou que l'auteur de l'acte ne se trouve pas dans ces conditions réunies, ou qu'un tiers en serait illégitimement atteint sans ou contre sa volonté.

4° Pour ce qui est même des contrats valables, quand

ils donnent naissance à des obligations personnelles ou à des rapports personnels qui restreignent étroite- ment la liberté, l'État doit en faciliter la dissolution même contre le gré d'une des parties, dans la mesure du préjudice causé par le lien au progrès intérieur de l'homme. Par suite, quand l'accomplissement des obligations nées de ce rapport est en harmonie parfaite avec les sentiments intimes, il doit les permettre tou- jours et d'une manière indéterminée; quand la restric- tion, bien qu'étroite, ne présente point cette entière concordance avec les sentiments intérieurs, l'État doit permettre des contrats pour une durée à déterminer suivant l'importance de la restriction et la nature de l'affaire.

5° Lorsque quelqu'un veut disposer de son bien pour le cas de mort, il est, à la vérité, opportun de lui laisser la faculté de nommer son héritier immédiat, sans lui permettre et en lui défendant, au contraire, de res- treindre, par aucune condition, le pouvoir de ce der- nier, de disposer du bien à son gré.

6° Il est nécessaire d'interdire entièrement toute disposition de cette nature qui passerait ces bornes; il est nécessaire encore d'établir une hérédité *ab intestat* et une réserve déterminée.

7° Lorsque des contrats passés entre-vifs doivent passer aux héritiers ou être réclamés contre eux parce qu'ils modifient le patrimoine laissé, l'État ne doit point favoriser l'extension de cette règle. Il serait même très-salutaire, relativement aux contrats séparés qui produisent un rapport étroit et respectif entre les parties (comme par exemple la division des droits sur une chose entre plusieurs personnes), que l'État ne permît de les former que pour le temps de la vie, ou en rendît la dissolution facile à l'héritier de l'une ou de l'autre des parties. En effet, comme ce ne sont plus les mêmes raisons que les précédentes qui règlent les rapports personnels, le consentement des héritiers est moins libre; et cependant la durée du rapport est d'une longueur indéterminée.

Si j'étais arrivé à exposer ces principes selon mon désir, ils devraient servir de boussole dans tous les cas où la législation civile doit se préoccuper du maintien de la sûreté. Ainsi, par exemple, je n'ai point rappelé les principes qui régissent les personnes morales : quand une pareille association naît d'une disposition de dernière volonté ou d'un contrat, il faut la juger d'après les principes qui dominent l'une ou l'autre. Mais l'abondance des cas que renferme la jurisprudence civile fait que je ne puis vraiment pas me flatter d'avoir réussi dans ce dessein.

XII

DU SOIN DE L'ÉTAT POUR LA SURETÉ AU MOYEN DE LA DÉCISION JURIDIQUE DES DIFFICULTÉS QUI NAISSENT ENTRE LES CITOYENS.

Ici l'État se met simplement à la place des parties. — Premier principe qui en découle relativement à l'organisation de la procédure. — L'État doit protéger les droits de chaque partie contre l'autre partie. — Second principe qui en découle relativement à l'organisation de la procédure. — Inconvénients qui viennent de l'oubli de ces principes. — Nécessité de nouvelles lois pour rendre possibles les décisions judiciaires. — La perfection de l'organisation judiciaire est l'élément sur lequel porte surtout cette nécessité. — Avantages et inconvénients de ces lois. — Règles de législation qui en dérivent. — Grands principes tirés de ce chapitre.

La sûreté des citoyens dans la société repose surtout sur la remise faite à l'État du soin de poursuivre l'observation du droit. De cette remise découlent pour lui, d'abord le devoir de donner aux citoyens ce qu'ils ne peuvent pas se procurer eux-mêmes, ensuite le pouvoir de décider, en cas de contestation, de quel côté est le bon droit et de protéger, dans la possession de ce droit, celle des parties qui est jugée l'avoir pour elle. En ceci l'État seul prend, sans se préoccuper de son propre intérêt, la place des citoyens. En effet, la sûreté n'est réellement détruite qu'au cas où celui qui souffre

ou prétend souffrir dans son droit, ne veut pas subir
l'atteinte qu'il ressent. La sûreté n'est point troublée
si celui-ci souffre volontairement, ou s'il a des raisons
pour ne pas poursuivre l'observation de son droit.
Quand même l'abstention viendrait de l'ignorance ou
de l'apathie, l'État ne devrait point intervenir (1). Il a
suffisamment rempli son devoir quand il n'a pas donné
lieu à ces erreurs par la complication, l'obscurité ou
l'insuffisante publicité des lois. Ces principes s'appliquent à tous les moyens dont l'État se sert pour découvrir le droit quand on le poursuit réellement. Il ne
doit jamais faire un pas au delà de ce que réclame de
lui la volonté des parties. La première règle de toute
organisation de la procédure devrait porter qu'on ne
rechercherait jamais la vérité en elle-même, au point
de vue absolu, mais seulement dans les limites où le

(1) Il en serait ainsi quand même l'acte qui aurait porté atteinte
à un droit privé serait nul d'une nullité quelconque, relative ou absolue : l'État ne devrait pas agir contre l'acquéreur de la chose
d'autrui (art. 1599, Code Napoléon), dans le cas où le véritable propriétaire, sachant l'existence de son titre, ne voudrait pas la revendiquer. Rien de plus simple. Mais supposons que l'État connaisse cette
spoliation, et que le vrai propriétaire l'ignore, par une cause indépendante de lui-même. L'État devrait-il alors sortir de sa réserve,
l'avertir et le mettre à portée de poursuivre ses droits devant le
juge dans le cas où il le trouverait bon ? Oui, il le devrait faire,
d'abord comme protecteur de la sûreté : ici, en effet, un droit est violé
sans la volonté du titulaire (voy. chapitre précédent, p. 180). Ajoutons qu'en gardant le silence, il ne se montrerait pas impartial ; loin
de là, il se ferait le complice des usurpateurs. Si ce devoir paraissait
exorbitant, on rappellerait qu'à l'occasion l'État a fort bien su faire
de la révélation des attaques qui le menaceraient un devoir positif
énergiquement sanctionné. (Voyez les articles 103 et suivants du
Code pénal de 1810.) C'est la réciproque que l'on exige de lui.

demanderait la partie qui, en général, aurait le droit
d'en obtenir la recherche (1). Mais il existe encore sur
ce point d'autres restrictions. Ainsi l'État ne doit point
déférer à toutes les exigences des parties, mais seulement à celles qui peuvent servir à éclaircir le droit en
litige et qui tendent à demander l'emploi de moyens

(1) Cette observation et celle qui la précède peuvent s'appliquer
dans leurs termes à trois objets distincts : à la demande elle-même,
au fait qui lui sert de base, au mode de preuve. — Quant à la demande elle-même, il est certain que l'État ne doit jamais faire un
pas au delà de ce que réclame de lui la volonté des parties. C'est la
règle *ultra petita*. (Voyez le Code de procédure civile, art. 1028, 5°).
—Cela devient déjà quelque peu douteux en ce qui concerne le fait qui
sert de base à la demande. Un acheteur accuse son vendeur d'une
simple fraude et réclame de lui 1000 francs de dommages-intérêts. En
étudiant l'affaire, le juge reconnaît que le vendeur pourrait bien être
coupable de stellionat. Pourra-t-il en l'absence de toute allégation
du demandeur, mais pour motiver plus solidement la condamnation,
rechercher si vraiment le stellionat a été commis ? Je choisis à dessein
cet exemple pour ne pas compliquer ceci de l'intervention de l'action publique. — Enfin pour ce qui est du mode de preuve, la proposition de Humboldt devient tout à fait contestable. Les législateurs
ne l'ont pas acceptée dans sa généralité. N'est-il pas légitime que le
juge, responsable vis-à-vis de tous et de lui-même de la sentence
qu'il va rendre, ait une certaine latitude ? Qu'il ne puisse pas ordonner une enquête longue et coûteuse, alors qu'aucune des parties ne
la demande, on le comprend (comparer les articles 252, 254 et 34 du
Code de procédure civile) ; mais qu'il n'ait pas le pouvoir de prendre
de son propre mouvement telle autre mesure d'information qu'il juge
nécessaire, voilà ce qu'on ne saurait admettre. Je sollicite contre
mon adversaire une enquête. Après qu'elle est faite, je la trouve
suffisante ; les documents écrits me semblent clairs en ma faveur.
Mais le magistrat en juge autrement, certaines obscurités l'embar-
rassent encore. Et il n'aurait pas la liberté d'ordonner d'office, sinon
un interrogatoire sur faits et articles (art. 324 Code de procédure
civile), au moins la comparution personnelle des parties, et, dans
certains cas le serment ! La lui refuser, ce serait enchaîner sa conscience à l'incertitude ou à l'erreur. Le législateur a évité cet excès.
(Code Napoléon, art. 1366 et suiv. Code de procédure, art. 119.)

dont, même en dehors du contrat social, l'homme peut user contre l'homme. A la vérité, il en est ainsi dans le cas seul où c'est un pur droit qui est en litige entre les contestants, point dans le cas où l'un a enlevé à l'autre quelque chose, soit d'une manière générale, soit d'une manière positive. L'intervention de l'État n'a rien à faire ici qu'à assurer l'emploi de ces moyens et à en protéger l'efficacité. De là vient la différence entre la procédure civile et la procédure criminelle : dans la première, le moyen suprême dans la recherche de la vérité est le serment ; dans la seconde, l'État jouit d'une plus grande liberté (1). Dans l'étude du droit en litige, le juge se trouvant, pour ainsi dire, entre les deux parties, son devoir est de mettre obstacle à ce que l'une d'elles soit, ou entièrement frustrée, ou retardée dans l'obtention de sa demande par la faute de l'autre partie. De là la seconde règle nécessaire qui commande de sur-veiller attentivement les procédés des parties durant le litige, et de les empêcher de s'éloigner du but commun tandis qu'elles doivent s'en rapprocher. L'observa-tion exacte et continue de ces deux règles produi-rait, selon moi, la meilleure organisation de la procé-dure. S'écarte-t-on de la seconde, aussitôt l'esprit de chicane des parties, la négligence et les vues intéres-sées des représentants judiciaires ont trop beau jeu; les procès deviennent compliqués, interminables, coû-teux ; et, malgré cela, les décisions sont fausses, con-traires et à l'intérêt et à l'intention des parties. Ces

(1) Voyez, sur l'instruction criminelle, le chapitre suivant.

inconvénients ont pour effet certain d'augmenter le nombre des difficultés judiciaires, d'alimenter l'esprit de chicane. Néglige-t-on, au contraire, la première de ces règles, aussitôt la procédure devient inquisitoriale; le juge a un pouvoir excessif, il pénètre dans les plus secrètes affaires des citoyens. On trouve dans la pratique des exemples de ces deux extrêmes, et l'expérience démontre que si le dernier restreint à l'excès et illégitimement la liberté, le premier est nuisible à la sûreté de la propriété.

Pour la recherche et la conquête de la vérité, le juge a besoin de ce qui sert à la faire reconnaître, de moyens de preuve. Aussi a-t-on observé que le droit n'est vraiment valable et efficace, que quand il est susceptible d'être prouvé devant le juge, dans le cas où il viendrait à être contesté. C'est un nouveau point de vue que le législateur ne doit pas négliger. De là vient la nécessité de nouvelles lois restrictives, notamment de celles qui commandent de donner aux actes conclus un caractère distinctif, à l'aide duquel à l'avenir on pourra reconnaître leur efficacité et leur volonté. La nécessité de semblables lois diminue à mesure que l'organisation judiciaire atteint un plus haut degré de perfection; elle est d'autant plus énergique que cette organisation est plus défectueuse et qu'il lui faut plus de signes extérieurs pour l'éclairer. Aussi est-ce chez les peuples les moins cultivés que se rencontre le plus grand nombre de formalités. Chez les Romains, la revendication d'un champ exige successivement la présence des parties sur le champ lui-même, puis l'apport d'une motte de terre devant le tribunal, puis des paroles solennelles, puis enfin rien de tout cela. Partout, mais principalement chez les nations peu cultivées, l'organisation judiciaire a eu, par suite, sur la législation, une influence très-forte, et il s'en faut beaucoup qu'elle ne s'exerce que sur de simples formalités. Je rappelle ici, à titre d'exemple, la théorie romaine des pactes et des contrats, théorie expliquée incomplétement jusqu'aujourd'hui, et qu'il est difficile de considérer à un point de vue autre que celui-ci. L'étude de cette influence sur les législations à des époques et chez des nations diverses serait fort utile à beaucoup d'égards, mais elle le serait spécialement pour juger lesquelles de ces lois sont d'une nécessité générale, lesquelles tiennent à des rapports locaux. En effet, en admettant que cela fût possible, je ne pense pas qu'il fût bon d'abroger toutes les restrictions de cette nature. Si l'on diminue trop peu la possibilité de frauder, par exemple de glisser de faux documents, etc., alors les procès se multiplient, ou bien, car on pourrait peut-être ne pas apercevoir grand'mal à cela, les occasions de troubler le repos d'autrui en soulevant de vaines difficultés, deviennent par trop variées. C'est précisément cet esprit de chicane, développé par les procès, qui, sans compter le tort qu'il fait aux biens, au temps, au repos d'esprit des citoyens, a encore sur leur caractère même la plus funeste influence; et ces inconvénients ne sont compensés par aucune conséquence utile. Au contraire, le tort des formalités est de rendre les affaires difficiles et de restreindre la liberté, ce qui est toujours dangereux. Par suite, la loi doit prendre un moyen terme : ne jamais établir de formalités qu'en vue d'assurer la validité des actes, d'empêcher les fraudes ou de faciliter les preuves. Même dans cette intention, l'État ne doit exiger de formalité que quand les circonstances particulières les rendent nécessaires, quand, sans elles, il serait plus facile de craindre les fraudes et trop difficile d'arriver à les prouver; il doit, sur ce point, ne prescrire de règles que celles dont l'observation n'est pas liée à trop de difficultés; il doit les écarter entièrement dans tous les cas où le soin des affaires deviendrait par elles non-seulement plus difficile, mais à peu près impossible.

Un coup d'œil rétrospectif sur la sûreté et la liberté nous paraît donc conduire aux principes suivants :

1° Un des principaux devoirs de l'État est d'étudier et de décider les difficultés juridiques qui s'élèvent entre les citoyens. En cela, l'État se met au lieu et place des parties; et l'objet de son intervention est, d'une part, de les protéger contre les prétentions injustes, et, d'autre part, d'attribuer aux prétentions légitimes cette énergie que les citoyens eux-mêmes ne pourraient leur donner sans troubler la paix publique. Il doit, par suite, pendant la recherche du droit en litige, suivre la volonté des parties, en tant qu'elle ne se fonde que sur le droit, mais les empêcher de se servir contre les autres de moyens illégitimes.

2° La décision du droit litigieux par le juge ne peut être rendue que suivant des modes de preuves déterminés et organisés par la loi. De là vient la nécessité

11.

d'une nouvelle espèce de lois, c'est-à-dire de celles qui ont pour objet d'attribuer aux actes juridiques certains caractères déterminés. Dans la rédaction de ces lois, le législateur doit nécessairement être guidé par le désir d'assurer convenablement l'authenticité aux actes légitimes, et de ne pas rendre la preuve trop difficile dans les procès; d'ailleurs, il doit toujours se rappeler et craindre l'excès contraire, la trop grande complication des affaires, et ne jamais avoir recours à une prescription qui, en réalité, reviendrait à en arrêter le mouvement.

XIII

DU SOIN DE L'ÉTAT POUR LA SÛRETÉ PAR LA PUNITION DES TRANSGRESSIONS AUX LOIS ÉDICTÉES PAR LUI (LOIS PÉNALES).

Actes que l'Etat doit punir. — Des peines. — Leur mesure. Leur mesure absolue : que leur douceur soit aussi grande que possible, sans nuire pourtant au but à atteindre. — Dangers de la peine infamante. — Illégitimité des peines qui, outre le coupable, atteignent d'autres personnes. — Mesure relative des peines : jusqu'à quel point le droit d'autrui a-t-il été foulé aux pieds. — Réfutation du système qui prend pour mesure de la sévérité à déployer la fréquence ou la rareté des délits ; — illégitimité, — inconvénients de ce principe. — Classification générale des infractions au point de vue de la sévérité des peines. — Application des lois pénales aux infractions réellement commises. — Conduite à tenir envers l'infracteur durant l'instruction. — Examen de la question de savoir dans quelle mesure l'Etat peut prévenir les infractions. — Différence entre la solution de cette question et la détermination qu'on a faite précédemment des actes qui n'atteignent que leur auteur. — Esquisse des divers modes possibles de prévenir les infractions suivant leur cause en général. — Le premier de ces modes, remédiant au manque de moyens, ouvre la porte aux infractions ; il est mauvais et inutile. — Le second est pire encore, et doit de même être rejeté : il tend à écarter les causes qui poussent à l'infraction et dont le siége est dans le caractère même des individus. — Application de ce procédé à ceux qui sont vraiment coupables. — Leur amélioration. — Comment on doit traiter ceux qui sont absous. — Dernier mode de prévenir les infractions : écarter les occasions de leur perpétration. — Il se borne à prévenir seulement l'exécution des délits déjà résolus. — Rejet de ces divers moyens de prévenir les délits. Par quoi faut-il les remplacer ? Par la plus grande activité dans la poursuite des infractions commises et par la rareté de l'impunité. — Inconvé-

Le dernier moyen, le plus important peut-être, de travailler à la sûreté des citoyens est de punir la violation des lois de l'État. Faisons donc encore à cette matière l'application des principes développés plus haut. La première question est celle de savoir à quels actes l'État doit attacher une peine et donner le nom d'infractions? Ce qui précède rend la réponse facile. En effet, l'État, ne devant poursuivre d'autre but que la sûreté des citoyens, ne doit empêcher que les actes qui vont contre ce but. Mais ces actes méritent une pénalité proportionnée à chacun d'eux. En effet, le tort qu'ils causent, attaquant ce qui est le plus indispensable à l'homme pour son bien-être et le développement de ses facultés, est trop grave pour qu'on ne le combatte pas par tous les moyens efficaces et permis. Aussi les principes les plus élémentaires du droit commandent-ils à tout homme de souffrir que le châtiment pénètre dans le domaine du droit d'autrui. Au contraire, on ne saurait punir les actes qui ne se rattachent qu'à leur auteur ou qui se produisent du consentement de celui qu'ils atteignent. Tous les principes s'y opposent et défendent même qu'on les entrave. On ne doit donc punir aucune de ces infractions appelées fautes contre les mœurs (le viol excepté), qu'elles causent ou non du scandale; non plus que la tentative de suicide, etc. La mort même donnée à autrui du consentement de la victime devrait rester impunie, si dans ce dernier cas le danger ne rendait nécessaire une pénalité. Outre ces lois, qui interdisent les attaques directes au droit d'autrui, il en est d'autres d'une nature différente, dont une partie a été signalée plus haut et dont le reste sera mentionné par la suite. Toutefois, en ce qui concerne le but assigné précédemment à l'État en général, ces lois contribuent d'une manière seulement médiate à le faire atteindre ; la pénalité sociale peut y trouver place, mais non pas en tant que la violation de la prohibition des fidéi-commis entraîne la nullité de la disposition principale (1). Cela est d'autant plus nécessaire qu'autrement l'obéissance due à la loi serait privée de toute sanction.

A propos de la pénalité, je veux étudier la peine elle-même. Je considère comme tout à fait impossible d'en prescrire la mesure, fût-ce dans de très-larges limites ; je considère comme impossible de déterminer le degré qu'elle ne devrait jamais dépasser d'une manière absolue et sans s'appuyer en aucune manière sur des considérations tirées de rapports locaux. Les peines doivent être des maux qui effrayent l'infracteur. Mais leurs degrés, ainsi que la sensibilité physique et morale, varient à l'infini suivant les contrées et les temps. Par suite, ce qui, dans un cas donné, sera justement considéré comme une cruauté, peut, dans un autre cas, être exigé par la nécessité elle-même. Mais il est bien certain que les peines, à influence égale tou-

(1) Code Napoléon, art. 896.

tefois, se rapprochent de la perfection en raison directe de leur douceur. Ce n'est pas seulement parce
que des pénalités douces sont en elles-mêmes des maux
plus tempérés, mais c'est qu'elles détournent l'homme
du crime de la manière la plus digne de lui-même.
Moins elles sont douloureuses et terribles physique-
ment, plus elles le sont moralement. Au contraire, une
grande souffrance corporelle affaiblit chez le patient
le sentiment de la honte et chez le spectateur celui de
la désapprobation. Par suite, il arrive que des pénalités douces peuvent être appliquées bien plus souvent
qu'un premier aperçu ne paraît le permettre, et, d'un
autre côté, elles conservent un équilibre moral répa-
rateur. En général, l'efficacité des peines dépend entièrement de l'impression qu'elles produisent sur
l'âme de l'infracteur. On pourrait *presque* dire que
dans une série de pénalités bien graduées, peu importe l'échelon où l'on s'arrêtera et que l'on considé-
rera comme le sommet de l'échelle, car en réalité l'influence d'une peine ne dépend pas tant de sa nature
en soi que de la place qu'elle occupe dans la série des
peines en général ; et l'on reconnaît facilement comme
la plus grave de toutes celle que l'État présente
comme telle. Je dis *presque*, car cette idée ne serait
entièrement exacte que si les peines édictées par l'État
étaient seules à menacer le citoyen. Comme il n'en est
pas ainsi, et comme bien souvent des maux très-réels
le poussent directement au crime, la mesure du plus
grand châtiment, celle des peines en général qui sont
destinées à combattre ces maux, se détermine sui-

vant leur nature et leur énergie. Quand le citoyen jouira d'une liberté aussi grande, que ce travail a pour but de la lui assurer, l'augmentation de son bien-être viendra s'y ajouter ; son âme sera plus sereine, son imagination plus douce, et la peine pourra perdre de sa rigueur, sans perdre de son efficacité. C'est ainsi qu'il est vrai que le bien moral et les causes du bonheur sont en une harmonie admirable, et qu'il suffit d'adopter et de pratiquer le premier pour se procurer toutes les autres. Tout ce que, selon moi, on peut dire avec précision en cette matière, c'est que la peine la plus élevée doit être aussi douce que le permettent les conditions particulières où se trouve la société.

Mais il est une classe de peines qui devrait, selon moi, être entièrement écartée : je veux parler de la flétrissure, de l'infamie. L'honneur d'un homme, la bonne opinion que peuvent avoir de lui ses concitoyens, ne sont pas choses que l'État ait en quoi que ce soit en son pouvoir. Dans tous les cas, cette peine se réduit donc à ceci : que l'État peut retirer à l'infracteur le signe de son estime et de sa confiance, à lui État, et qu'il peut permettre aux autres hommes d'en faire autant. Il est impossible de lui refuser l'exercice de ce droit quand il le juge nécessaire ; cela peut même être pour lui un devoir impérieux. Mais je crois que l'État aurait tort de déclarer d'une manière générale qu'il entend appliquer cette peine. Une telle déclaration suppose de la part de celui qui est puni une certaine logique du crime qui, en fait, se rencontre au moins très-rarement. Si souples qu'en soient les ter-

mes, cette déclaration, même quand elle est exprimée
uniquement pour expliquer la juste défiance de l'État,
est toujours trop indéterminée pour ne pas permettre
au raisonnement même le plus sain d'y rattacher bien
plus de cas qu'il ne serait nécessaire. La confiance que
l'homme peut inspirer à l'homme est d'une nature fort
diverse; elle change avec la nature des faits; elle est
tellement variable qu'entre toutes les infractions je
ne sais trop s'il en est une qui enlève à son auteur la
confiance de tous, de la même manière et au même
degré. C'est pourtant à cette uniformité que conduisent toujours les formules générales; et, dans ce système, l'homme dont on se rappellerait seulement, à
l'occasion, qu'il a transgressé telle ou telle loi, porte-
rait alors partout le signe de son indignité. La dureté
de cette peine est attestée par un sentiment que tout
homme a en lui : c'est que, sans la confiance de ses
semblables, la vie même cesse d'être désirable. De
plus, l'application de cette peine soulève bien d'autres
difficultés. Le manque de confiance doit toujours, et
nécessairement, provenir de ce que la loyauté s'est
montrée insuffisante. On aperçoit aisément à quel
nombre immense de cas cette peine s'appliquerait. On
ne rencontre pas moins de difficultés dans la question
de savoir quelle doit être la durée de la peine. Incontestablement, tout esprit équitable ne voudra l'étendre
qu'à un temps déterminé. Mais le juge pourra-t-il faire
qu'un homme soit privé jusqu'à un certain jour de la
confiance de ses concitoyens, puis que, ce jour-là, elle
lui soit rendue? Enfin, il est contraire à tous les prin-

cipes posés dans ce travail que l'État ait la volonté de donner, de quelque manière que ce soit, une certaine direction à l'opinion des citoyens. Suivant moi, il vaudrait mieux que l'État se renfermât dans les limites du devoir qui lui incombe absolument et qui l'oblige à mettre les citoyens en sûreté contre les personnes suspectes partout où cela pourrait être nécessaire : il déciderait aux moyens de lois expresses, par exemple pour la nomination aux places, pour l'autorité des témoignages, pour la capacité d'être tuteur, etc., que celui qui aurait commis tel ou tel crime, qui aurait encouru telle ou telle peine, ne pourrait remplir ces charges. Du reste, l'État devrait s'abstenir de toute disposition générale ou plus étendue sur l'indignité ou la perte de l'honneur. Il serait très-facile alors de déterminer un délai à l'expiration duquel cette incapacité cesserait d'exister. Il n'est pas besoin de rappeler que l'État peut toujours agir sur le sentiment de l'honneur au moyen de peines infamantes. Je n'ai pas besoin davantage de dire qu'aucune peine qui, en dehors de la personne du coupable, frapperait ses enfants ou ses parents, ne doit être établie. La justice, l'équité, repoussent également ces peines ; et la prudence avec laquelle le Code prussien, excellent à tous égards, s'exprime à leur occasion, ne saurait parvenir à tempérer la dureté qui s'y rattache forcément (1).

Si la mesure absolue des peines se refuse à toute dé-

(1) Partie II, titre XX, § 95. (*Note de l'auteur.*) Humboldt fait allusion ici à la peine de la confiscation générale que la législation prussienne est enfin parvenue à écarter. (Voyez le Code pénal prussien

termination générale, il est d'autant plus nécessaire d'en
fixer la mesure relative. Il faut poser la règle d'après
laquelle on devra déterminer l'énergie des peines établies dans les différents crimes. D'après les principes
ci-dessus développés, il me semble qu'il ne faut considérer pour cela que la gravité de la violation du droit
d'autrui contenue dans le méfait; on jugera de cette
gravité en étudiant la nature du droit auquel l'infraction porte atteinte, car il ne s'agit pas ici de l'application d'une loi pénale à un criminel isolé, mais bien de
la détermination de la peine en général. A la vérité, le
mode le plus naturel d'y arriver paraît être de considérer le degré de facilité ou de difficulté qui existe à
empêcher le crime; de telle sorte que la gravité de la
peine devrait se régler d'après la quantité des raisons
qui poussaient l'agent au crime ou qui l'en détour-
naient. Mais ce principe, bien compris, ne fait qu'un
avec celui qu'on vient de poser. Dans un État bien ordonné, où l'organisation elle-même ne renferme pas
d'éléments qui poussent à l'infraction, celle-ci ne peut
avoir d'autre cause que ce mépris du droit d'autrui à
l'usage des instincts, des penchants, des passions cri-
minels. Mais si l'on comprend autrement cette proposition, si l'on pense qu'il faut toujours opposer aux
infractions des peines dont la gravité dépende directement de la fréquence de ces infractions, causée, soit
par des circonstances particulières de lieu et de temps,

promulgué le 14 avril 1851. Première partie, § 19 et 20. Lisez aussi
l'introduction que M. Nypels a mise en tête de ce Code publié et traduit en français. Bruxelles, 1862.)

soit par leur nature même, qui se trouve en opposition moins ouverte avec les lois morales (comme c'est
le cas dans beaucoup de contraventions de police);
alors cette règle de gradation est fausse et pernicieuse.
Elle est fausse; car il est aussi juste d'admettre que le
but de toutes les peines est d'empêcher à l'avenir les
violations du droit, que de dire qu'aucune peine ne devra
être établie en dehors de ce but. Le condamné sera
donc obligé de souffrir la peine, en réalité parce que
chacun doit se résigner à voir léser ses droits autant
qu'il a injustement lésé les droits d'autrui. Non-seulement cette obligation a pour cause le contrat social,
mais elle existe encore indépendamment de lui (1). La
faire découler d'un contrat synallagmatique n'est pas
seulement inutile; cela entraîne aussi des embarras. Par
exemple, il serait fort difficile de justifier par ce moyen
la peine de mort, dans le cas même où certaines circonstances locales la rendent évidemment nécessaire.
Dans ce système, tout coupable pourrait encore s'affranchir de la peine en renonçant au contrat social,
avant qu'elle ne l'eût frappé. Les anciennes républiques nous fournissent un exemple de ceci dans l'exil
volontaire, lequel, toutefois, si je ne me fais illusion,
n'était toléré que pour les crimes publics, point pour
les crimes privés. Il n'est donc jamais permis à l'offenseur de juger l'efficacité de la peine; et fût-il certain
que l'offensé sera désormais à l'abri de tout dommage
pareil de sa part, il devrait néanmoins reconnaître la

(1) Voyez la notice du traducteur, vers la fin.

légitimité de la peine. Mais, d'un autre côté, il suit de
ce même principe que l'offenseur a le droit de protes-
ter contre toute peine excédant la mesure de son infraction, quand même il serait certain que cette peine
est la seule qui soit efficace et qu'aucune autre peine
plus douce ne le serait entièrement. Entre le sentiment intime du droit et la jouissance du bonheur ex-
terne, il existe, du moins dans l'esprit de l'homme,
une harmonie évidente; de plus, il est certainement
persuadé que le premier lui donne droit au second.
On n'a pas à soulever ici la très-difficile question de
savoir si cette attente du bonheur, que le sort lui
donne ou lui refuse, est bien ou mal fondée. Mais, quant
au désir de ce que les autres hommes peuvent librement
donner ou lui retirer, il semble nécessaire
de reconnaître qu'il a le droit de le former. Or, l'opinion qu'on vient d'exposer paraît bien, du moins en
fait, le lui refuser. Ajoutons que ce système est dangereux pour la sûreté elle-même. Car s'il peut contraindre tel ou tel à obéir à la loi, il ébranle le plus
ferme appui de la sûreté dans l'État, le sentiment de
la moralité, en faisant naître un contraste entre le traitement infligé au coupable et le sentiment vrai de sa
faute. Procurer au droit d'autrui le respect est le seul
moyen sûr et infaillible d'arrêter les infractions; et
l'on n'y arrivera jamais tant que tout violateur du
droit d'autrui ne sera pas privé, dans une mesure
égale, de l'exercice de son propre droit, que l'inégalité d'ailleurs existe au détriment ou au profit du coupable. En effet, c'est cette inégalité seule qui établit

entre le développement intime de l'homme et le progrès des institutions sociales l'harmonie sans laquelle la législation la plus savante manquera toujours son but. Il est inutile de faire voir plus au long combien ce système nuirait à l'accomplissement de toutes les autres destinées de l'homme, combien il est en opposition avec tous les principes que nous avons précédemment posés. L'égalité entre l'infraction et la peine, exigée par les idées que nous avons développées, ne peut pas se déterminer d'une manière absolue ; elle ne peut pas se formuler d'une manière générale. Ce n'est que dans une série d'infractions diverses, suivant leur gravité relative, que l'observation de cette égalité peut être prescrite ; et alors les peines détermiminées pour ces méfaits devront être fixées suivant la même gradation. Donc si, d'après ce qui précède, la détermination de la mesure absolue des peines, par exemple de la peine la plus élevée, doit tendre à infliger la quantité de mal suffisante pour empêcher l'infraction à l'avenir, de même la mesure relative des autres peines, quand celle-ci, ou en général une quelconque est établie, doit se déterminer suivant le rapport d'infériorité ou de supériorité qui relie les infractions auxquelles ces peines sont attachées, à l'infraction que cette peine originaire ou typique a pour mission d'empêcher. Les peines les plus dures devraient par conséquent s'appliquer aux infractions qui contiennent une véritable usurpation sur le domaine du droit d'autrui ; les peines moindres à la transgression de ces lois qui ne sont destinées qu'à

prévenir cette usurpation, quelque importantes et nécessaires d'ailleurs que ces lois soient en elles-mêmes.
Par ce moyen, on écarte de l'esprit des citoyens l'idée
qu'ils subissent de la part de l'État un traitement arbitraire ou insuffisamment motivé ; or, c'est là une pensée qui naît très-aisément lorsque des peines sévères
sont établies pour des actes, ou qui n'ont sur la sûreté
qu'une influence médiate ou qui ne s'y rattachent que
fort obscurément. Parmi les premières infractions, il
faut punir sévèrement celles surtout qui portent une
atteinte directe et immédiate aux droits de l'État ; car
quiconque méprise les droits de l'État, d'où dépend
la sûreté privée, ne peut pas davantage respecter les
droits de ses concitoyens.

Une fois que les infractions et les peines sont ainsi
déterminées par la loi, il reste à appliquer cette loi
pénale aux infractions isolées. En ce qui concerne cette
application, les principes du droit enseignent tout
d'abord comme un point certain que la peine ne doit
frapper l'agent que dans la mesure de l'intention coupable qui a présidé à l'accomplissement de l'acte. Mais
comme le principe posé plus haut, à savoir que le mépris du droit d'autrui appelle seul et toujours le châtiment, comme ce principe doit être exactement et entièrement appliqué, il ne faut pas le négliger dans la
répression des infractions isolées. Dans tout méfait
commis, le juge doit donc s'efforcer de pénétrer aussi
exactement que possible la véritable intention de l'infracteur ; et la loi doit encore lui permettre de modifier la peine générale, suivant que le coupable a eu

personnellement une vue plus ou moins nette du droit qu'il a violé (1).

La procédure à suivre contre l'infracteur pendant l'instruction trouve ses règles déterminées aussi bien dans les principes généraux du droit que dans ce qui vient d'être dit. Le juge doit employer tous les moyens légitimes d'arriver à la vérité ; il doit s'abstenir de tous ceux qui sont en dehors des limites du droit. En conséquence, il doit par-dessus tout distinguer soigneusement le citoyen suspect du coupable convaincu ; il ne doit jamais les traiter l'un comme l'autre (2). Mais, en aucun cas, il ne doit attaquer, même le coupable convaincu dans ses droits d'homme et dans ses droits de citoyen, car il ne peut perdre les premiers qu'avec la vie et les seconds qu'en vertu d'une exclusion légale et légitime qui le fait sortir de la société. Tous les moyens qui renferment une tromperie doivent être défendus aussi bien que la torture. Voudrait-on les excuser en disant que le suspect ou du moins le coupable les ont autorisés par leurs propres actions ? Mais il n'en est pas moins certain que ces moyens sont indignes de l'État, que le juge représente. Les procédés francs et ouverts, même contre l'accusé, ont pour le caractère du peuple de salutaires conséquences. Nous en trouvons la preuve, non-seulement par le raisonne-

(1) Justification du principe des circonstances atténuantes.

(2) Pendant l'instruction, l'accusé n'est jamais un *coupable convaincu*. Si probable, si évident que soit le crime à ses yeux, le magistrat instructeur ne doit jamais traiter l'*accusé* comme un *condamné*. Cette distinction introduite par Humboldt est à rejeter.

ment, mais par l'exemple des États qui, comme l'Angleterre, jouissent sur ce point de lois excellentes (1).

Je dois enfin, à l'occasion du droit criminel, essayer de résoudre une question que les efforts de la législation moderne ont rendue fort importante : la question de savoir dans quelle mesure l'État est autorisé ou obligé à prévenir les infractions avant qu'elles ne soient commises. Il n'est guère d'entreprise législative qui soit dirigée par des vues aussi philanthropiques. Le respect dont elle remplit tout homme de cœur fait courir quelque danger à l'impartialité de celui qui l'étudie. Cependant, je l'avoue, je pense que cette étude est tout à fait indispensable. Si l'on considère l'infinie variété des mouvements de l'âme qui peuvent donner naissance à l'intention criminelle, il semble non-seulement impossible d'empêcher cette intention, mais encore dangereux pour la liberté d'en prévenir l'exécution. Comme j'ai essayé précédemment (voyez le chapitre X tout entier) de définir le droit qu'a l'État de limiter les actions des individus, on pourrait croire que j'ai par là même répondu à cette question. Mais en posant alors comme certain que l'État doit entraver les actes dont les conséquences deviennent facilement dangereuses pour les droits d'autrui, les motifs que j'ai invoqués le démontrent, j'ai entendu parler de ces conséquences, qui découlent exclusivement et par elles-mêmes, de l'acte, et qui au-

(1) Il était impossible au temps où écrivait Humboldt, et il est difficile même aujourd'hui de parler de cette partie de la législation sans adresser à l'Angleterre un témoignage d'envie flatteur pour elle.

raient pu être évitées si l'agent eût été plus prudent. Au contraire, quand il est question de prévenir le crime, on ne parle naturellement que de limiter les actions d'où découle aisément une autre action, c'est-à-dire l'accomplissement du crime. L'importante différence consiste en ceci que, dans un cas, l'âme de l'agent doit coopérer activement par une détermination nouvelle, à la production du fait de résultance, tandis que, dans l'autre cas, au contraire, le rôle de l'âme est ou entièrement nul ou purement négatif, puisqu'elle s'abstient de tout fait positif. Cela suffira, je pense, pour faire apercevoir nettement la ligne de démarcation entre ces deux ordres de choses (1). Toute mesure préventive des infractions doit découler des causes de ces infractions. Si l'on voulait se servir d'une formule tout à fait générale, on pourrait dire peut-être que ces causes si diverses rentrent dans le sentiment du manque d'harmonie existant entre les penchants de l'agent et la quantité des moyens légitimes de satisfac-

---

(1) A des Allemands, oui ; mais le lecteur français pourrait bien ne pas refuser un exemple si on le lui proposait. Nous sommes, nous, si peu profonds : — J'amasse dans ma maison une quantité considérable de poudre à canon. Je m'expose à faire sauter tout mon quartier, bien que je n'en aie nulle envie. Dans ce cas, l'État, convaincu de l'innocence de mes intentions, peut et doit intervenir pour m'empêcher de faire courir ce danger à mes voisins........ Soit maintenant ceci : J'ai de nombreux créanciers à qui je paye des rentes viagères. Tous vivent obstinément. Je me présente chez un pharmacien, et je demande à acheter de l'arsenic. Ici l'État ne peut pas me l'interdire sous prétexte de prévenir l'empoisonnement de mes créanciers. Entre acheter du poison et le leur administrer, il y a place à un fait actif de ma volonté, à une résolution. — Voyez du reste les dernières lignes de ce chapitre.

CHRÉTIEN. 12

tion qu'il a en son pouvoir, sentiment qui n'est pas maintenu dans de justes limites par les inspirations de la raison. En général, car en cette matière il est bien difficile de spécifier, on peut décomposer ce manque d'harmonie et distinguer deux cas : d'abord celui où il provient vraiment de penchants excessifs, puis celui où le manque d'harmonie naît de l'absence de moyens pour satisfaire des désirs d'une étendue ordinaire. Dans les deux cas, la faiblesse de la raison et du sens moral, jointe à l'absence des causes qui empêcheraient le manque d'harmonie doit nécessairement éclater en actes illégaux. Tout effort de l'État pour prévenir les infractions par la suppression de leurs causes dans la personne même de l'infracteur devra donc tendre, suivant la différence des deux cas rapportés, soit à changer et améliorer les situations qui peuvent aisément mettre les citoyens dans la nécessité de commettre des infractions, soit à refouler les penchants qui doivent les conduire à la violation des lois, soit enfin à donner aux principes de la raison et au sens moral une énergie plus efficace. Un autre moyen encore de prévenir les infractions est de rendre plus rares, au moyen des lois, les occasions qui en facilitent la perpétration, ou favorisent l'explosion des passions mauvaises. Examinons tous ces modes d'action sans en négliger aucun.

Le premier, consistant à étudier les situations qui conduisent au crime et à les rendre meilleures, paraît être de tous celui qui entraîne avec soi le moins d'inconvénients. C'est une chose excellente par elle-même que d'augmenter l'abondance des moyens, tant de la force que de la jouissance; la libre action de l'homme n'en est point directement entravée. A la vérité, il est incontestable qu'on peut signaler ici toutes les conséquences indiquées au commencement de cette étude comme découlant du soin pour le bien physique des citoyens. Mais si elles se produisent, c'est dans une bien faible mesure. En effet, ce soin ne porte ici que sur bien peu de personnes. Mais enfin, si ces conséquences se produisent, la lutte entre la morale intérieure et la situation extérieure en sera par là même agrandie; son action salutaire deviendra plus forte sur la fermeté du caractère de l'agent, sur la bienveillance des citoyens, toujours conservée par la réciprocité. De plus, comme il faut que ce soin ne porte que sur des individus isolés, il en résulte que l'État doit nécessairement s'occuper de la situation personnelle des citoyens. — Inconvénients bien réels, qu'on ne saurait oublier qu'en songeant qu'évidemment la sûreté de l'État souffrirait de l'absence d'une telle préoccupation. Mais il me semble que la nécessité en peut, non sans raison, être révoquée en doute. Dans un État dont l'organisation n'impose pas aux citoyens de situations forcées, qui, au contraire, leur assure une liberté semblable à celle que cet écrit tend à faire prévaloir, il est presque impossible que des situations comme celles que l'on a dépeintes se généralisent, et qu'on ne trouve pas de moyens de salut, en dehors de toute intervention de l'État, dans la libre assistance des citoyens. Le principe de ceci serait donc dans la

conduite de l'homme lui-même. Mais alors il n'est pas
bon que l'État se jette à la traverse et trouble l'ordre
de faits que l'ordre naturel des choses fait naître des
actions de l'homme. Du reste, ces situations ne se produisent jamais que si rarement, qu'en général l'intervention de l'État est inutile ; ses avantages ne sauraient
l'emporter sur ces inconvénients, qu'il n'est pas besoin d'exposer en détail après tout ce que l'on en a
déjà dit.

Les motifs qui militent pour et contre le second
mode d'efforts, tendant à prévenir les infractions,
contre celui qui prétend agir sur les penchants et les
passions des hommes eux-mêmes, ces motifs sont d'un
ordre tout opposé. D'un autre côté, en effet, la nécessité d'une intervention paraît plus pressante lorsque, la
bride leur étant lâchée, les jouissances arrivent à de
plus grands excès, lorsque les âmes reculent le but de
leurs désirs, et lorsque le respect du droit d'autrui, qui
croît toujours avec la vraie liberté, cesse cependant
d'avoir une influence suffisante. Mais, d'un autre côté,
on voit toujours grandir le mal dans la mesure où la
nature morale ressent chaque lien plus vivement que
la nature physique. J'ai essayé d'expliquer plus haut
les raisons qui font que le travail de l'État, tendant à
améliorer les mœurs des citoyens, n'est ni nécessaire
ni salutaire. Ces raisons s'appliquent ici dans toute leur
étendue, avec cette seule différence qu'ici l'État ne
veut pas réformer les mœurs en général, qu'il veut
seulement agir sur les actes particuliers qui mettent
en danger l'obéissance aux lois. Mais précisément cette

différence fait que la somme des inconvénients en est augmentée; en effet, ce travail de l'État n'exerçant pas d'action générale doit d'autant moins atteindre son but, de telle sorte que le bien étroit qu'il se propose ne vient pas même compenser le mal qu'il produit. Et puis, cela ne suppose pas seulement une surveillance de l'État sur les actes privés des individus, cela suppose aussi un pouvoir d'agir sur ces actes, qui devient plus pernicieux encore à cause des personnes auxquelles il faudra le commettre. Il est nécessaire, en effet, que la surveillance sur la conduite des citoyens et sur la situation qui en résulte soit confiée, soit à des gens institués *ad hoc*, soit à ceux qui ont déjà le titre de fonctionnaires de l'État. Cette surveillance s'exercerait ou sur tous les citoyens, ou seulement sur ceux qu'on y déclarerait soumis. De là un despotisme nouveau et plus oppresseur qu'aucun autre, quel qu'il puisse être. La curiosité indiscrète fait naître l'intolérance exclusive, l'hypocrisie et la dissimulation. Qu'on ne me reproche point de ne dépeindre ici que des abus. En ceci, l'abus est indissolublement lié à l'institution elle-même, et j'ose dire qu'alors même que ces lois seraient aussi bien faites et aussi philanthropiques que possible, quand même elles ne permettraient aux surveillants que des recherches suivant des moyens légaux et légitimes, quand elles n'autoriseraient que des conseils ou des exhortations éloignés de toute contrainte, quand la plus stricte obéissance à ces lois serait observée, une pareille institution serait toujours inutile et mauvaise. Tout citoyen doit pouvoir agir

12.

librement comme il l'entend, tant qu'il ne transgresse pas la loi. Chacun doit avoir le droit de dire à tout venant, même contre toute vraisemblance au jugement d'un tiers : « Si près que je côtoie le danger de violer la loi, je n'y tomberai pas. » Gêner l'homme dans cette liberté, c'est porter atteinte à son droit, c'est nuire au progrès de ses facultés, au développement de son individualité. En effet, les formes qui peuvent revêtir la la morale et la légalité sont infiniment nombreuses et diverses ; et quand un homme décide que telle ou telle manière d'agir doit nécessairement conduire à des actes illégitimes, il suit son opinion à lui ; elle peut bien être très-vraie en ce qui le concerne, mais elle n'est jamais qu'une opinion. Admettons même qu'il ne se trompe pas, et qu'un autre homme, sous l'influence de la contrainte à laquelle il cède ou du conseil qu'il suit sans être persuadé intérieurement, ne viole pas pour cette fois la loi, qu'il eût violée si la contrainte ou le conseil n'avait pas existé. Cependant, pour l'infracteur lui-même, il vaut mieux subir une fois le mal de la peine et retenir la pure leçon de l'expérience, que d'éviter ce mal sans que ses idées se soient en rien rectifiées, sans que son sens moral se soit aucunement exercé. Qu'une transgression de plus à la loi trouble le repos, mais que la peine qui en résulte serve d'enseignement et d'avertissement ; pour la société, cela sera mille fois préférable au maintien accidentel du repos, alors que les principes de tout repos et de toute sûreté pour les citoyens, alors que le respect du droit d'autrui ne sera ni agrandi, ni augmenté, ni favorisé. Mais, en

général, une pareille institution n'aura que bien difficilement l'influence dont on vient de parler. Comme
tous les moyens qui ne vont pas directement à la
source interne de toutes les actions, elle ne détruira
pas les idées contraires à la loi, elle leur donnera simplement une autre direction et fera naître une dissimulation doublement dangereuse. J'ai toujours supposé ici que les personnes destinées à remplir cette
fonction de surveillant ne produisent aucune conviction, mais qu'elles agissent seulement par des moyens
extérieurs. On peut penser que je ne suis pas fondé à
faire cette supposition. Qu'il soit salutaire d'avoir de
l'influence sur ses concitoyens et sur leur moralité par
l'autorité de l'exemple et par des conseils persuasifs,
c'est là une vérité tellement éclatante d'évidence qu'il
n'est pas besoin de la rebattre par de longues paroles.
Aussi, dans tous les cas où l'institution que j'étudie
produira ce dernier résultat, mon raisonnement ne
saurait être appliqué. Seulement il me semble qu'une
prescription législative ne peut être qu'un moyen, non-
seulement inefficace, mais encore contraire au but
qu'on se propose. Ce n'est pas dans les lois qu'il faut
recommander la vertu. On ne doit y écrire que des
devoirs obligatoires, sinon l'on arrive souvent à détruire la vertu; car l'homme ne l'aime qu'à la condition de la pratiquer *librement*. Toute prière de la loi,
tout conseil donné par une autorité légale est un ordre
auquel, en théorie, les hommes ne sont pas à la vérité
obligés d'obéir, mais auquel, en réalité, ils obéissent
toujours. Enfin, n'est-il pas une foule de circonstances

qui peuvent les pousser à suivre un tel conseil, même contrairement à toutes les inspirations de leur conviction intérieure? Telle doit être communément la nature de l'influence possédée par l'État vis-à-vis de ceux qui sont préposés au maniement de ses affaires, et dont il veut se servir pour exercer son action sur les autres citoyens. Comme ces personnes sont liées envers lui par des conventions particulières, il est évident et incontestable qu'il a sur elles plus de droits que sur le reste des citoyens. Mais s'il respecte les principes de la plus grande liberté légitime, il n'essayera jamais de leur demander autre chose que l'accomplissement des devoirs civils en général et des devoirs particuliers que leur charge nécessite. Il exerce une action positive manifestement exagérée toutes les fois qu'il demande à ses fonctionnaires, en vertu de leur situation spéciale, des choses qu'il lui est défendu d'exiger des autres citoyens. Sans qu'il y ait besoin d'aller au-devant d'elles, les passions des hommes ne s'offrent déjà que trop volontiers à lui. Qu'il s'applique à combattre le mal qui vient de cet empressement; ce sera pour son zèle et sa perspicacité un travail déjà considérable.

L'État trouve plus directement l'occasion de prévenir les infractions par la destruction des causes inhérentes au caractère des individus, dans ces hommes qui, par leurs désobéissances aux lois, font naître des craintes légitimes pour l'avenir. Aussi les législateurs modernes les plus avisés se sont-ils appliqués à faire du châtiment un moyen d'amélioration. Certes, il faut écarter de la peine qui frappe les infracteurs, non-seulement ce qui pourrait en quoi que ce soit nuire à leur moralité, mais il faut encore leur laisser tous les moyens, compatibles d'ailleurs avec le but de la peine, de redresser leurs idées et de purifier leurs sentiments. Toutefois, cet enseignement ne doit pas être imposé à l'infracteur. S'il l'était, il perdrait par là même son utilité et son influence; une pareille contrainte violerait encore le droit du condamné qui n'est obligé à subir rien autre chose que la peine légale (1).

C'est un cas tout à fait spécial que celui où l'accusé a contre lui trop de charges pour ne pas exciter de vifs soupçons, mais pas assez pour être condamné (*absolutio ab instantia*). Faut-il alors lui concéder la liberté entière que l'on accorde aux citoyens irréprochables?

(1) Suivant l'auteur, l'enseignement ne doit pas être imposé au condamné : 1° parce que l'enseignement non accepté volontairement perdrait son influence et son utilité ; 2° parce que le condamné ne doit rien subir au delà de la peine édictée par la loi. — Nous pensons au contraire que l'État *peut* et *doit* imposer l'enseignement au condamné : 1° parce que c'est là une mesure de *sûreté* en faveur des autres citoyens. Si l'oisiveté est la mère du vice, l'ignorance est la mère du crime. Le sens commun et la statistique le démontrent... L'enseignement non volontairement accepté restera stérile, dit-on. Erreur : s'il est bien dirigé, il produira tous ses effets ; et le premier de ces effets sera que le condamné continuera de son plein gré l'éducation qu'il avait d'abord refusée. On pourrait ajouter, sans toutefois donner à ce point de vue plus d'importance qu'il n'est nécessaire, que dans tout crime il y a une *incapacité*, un état de *minorité morale*, qui autorise l'intervention de l'État, même dans l'intérêt direct de l'infracteur. 2° Quant au second motif, évidemment le condamné ne doit rien subir au delà de la peine légale. Mais, à supposer que l'enseignement puisse être considéré comme un surcroît de *mal* dans la peine, nous pensons que ce serait toujours la *loi* elle-même qui devrait l'établir et même l'organiser. Ce n'est certes pas à l'arbitraire de l'administration des prisons qu'il faudrait confier le principe et les détails de cet enseignement.

Le soin dû à la sûreté démontre que cela serait dangereux ; une surveillance assez longue sur sa conduite à venir est donc tout à fait nécessaire. Toutefois les motifs qui font que tout travail positif de l'État est dangereux et qui conseillent en général de substituer à son action, quand cela est possible, l'action privée des individus, font qu'ici encore on doit préférer la surveillance des citoyens à la surveillance de l'État. On pourrait donc exiger que des cautions sûres se portassent garantes des personnes suspectes. Cela vaudrait mieux que de livrer celles-ci à la surveillance directe de l'État qui, lui, ne devrait intervenir qu'à défaut de caution. La législation anglaise fournit des exemples de semblables cautionnements, non pas à la vérité dans ce cas précis, mais dans des cas analogues (1).

Il est un dernier mode de prévenir les infractions. C'est celui qui, sans s'occuper de leurs causes, tend à empêcher leur accomplissement effectif. De tous c'est celui qui fait le moins de tort à la liberté, car c'est lui qui permet le moins l'action positive sur les citoyens.

---

(1) On n'écrirait pas de semblables choses aujourd'hui. Quelle est cette singulière classe de suspects ? Ce seraient les accusés assez malheureux pour avoir été jugés par des magistrats ou des jurés peu clairvoyants qui n'auraient su apercevoir nettement ni la culpabilité, ni l'innocence. Et puis, pour rappeler une considération invoquée ailleurs par notre auteur lui-même, quand reconnaîtra-t-on que les soupçons qui s'élèvent sont *assez forts* pour qu'on exige une caution ? Comment en déterminer législativement la mesure ? — Oh ! non ! l'Angleterre n'a pas de ces misérables réticences dans sa justice criminelle. Dans ce pays, l'accusé dont la culpabilité, proclamée par onze jurés, est rejetée par un seul, peut sortir de la salle d'audience et parcourir les trois royaumes sans plus fournir caution que les membres du Parlement.

Toutefois il peut avoir des limites plus ou moins recu-
lées. Par exemple l'État peut s'en tenir à avoir l'œil
ouvert sur tout dessein illégal, et à l'arrêter avant son
accomplissement; ou bien, allant plus loin, il peut
interdire les actions innocentes en soi, mais qui doivent conduire indirectement ou directement à une
infraction. Ce dernier procédé porte atteinte à la liberté
des citoyens. L'État montre contre eux une défiance
non-seulement nuisible à leur caractère, mais encore
contraire au but qu'il se propose; on doit l'écarter
pour les raisons mêmes qui m'ont paru repousser les
autres moyens de prévenir les infractions. Tout ce que
l'État peut faire doit donc être limité, tant dans l'intérêt de ses propres vues que par égard pour la liberté
des citoyens. Il ne peut user que du premier de ces
procédés, de celui qui consiste à surveiller le plus
activement possible les transgressions de la loi, ou
consommées ou commencées; et, comme ceci ne peut
pas s'appeler proprement aller au-devant des infractions, je crois pouvoir dire qu'aller vraiment au-devant
des infractions est tout à fait en dehors des bornes
de l'action de l'État. Mais celui-ci doit d'autant plus
se montrer vigilant à ne laisser aucun crime commis
sans être découvert, à ne laisser aucun crime découvert
impuni, et à ne jamais le frapper d'une peine plus
faible que celle édictée par la loi. En effet, la conviction que les citoyens tireront d'une expérience continue, qu'il ne leur est pas possible d'usurper le droit
d'autrui sans subir une lésion proportionnée de leur
propre droit, me paraît l'unique rempart de la sûreté

publique, le seul moyen de fonder le respect indestructible du droit d'autrui. Et ce moyen d'agir sur le caractère de l'homme est le seul qui soit digne de lui ; car
on ne doit point le contraindre ou le pousser directement à agir de telle ou de telle manière ; on doit l'y
déterminer en lui montrant les conséquences qui, par
la nature des choses, doivent nécessairement découler
de sa conduite. Je remplacerais tous les procédés plus
compliqués et plus savants en proposant simplement de
faire de bonnes lois bien réfléchies ; d'édicter des peines
proportionnées exactement, dans leur mesure absolue
aux circonstances locales, dans leur mesure relative
au degré d'immoralité des infractions ; de rechercher
aussi soigneusement que possible toute violation con-
sommée de la loi ; d'abolir la possibilité même d'un
adoucissement de la peine prononcée par le juge. Ce
moyen, très-simple, agira lentement, je le reconnais,
mais il agira immanquablement. Il ne porte aucun préjudice à la liberté ; il aura une influence salutaire sur
le caractère des citoyens. Je n'ai pas besoin de m'arrêter plus longtemps aux conséquences des principes
posés ici, par exemple, à cette vérité déjà proclamée
tant de fois, que le droit de grâce et même le droit de
commutation de peine concédé au souverain devrait
être entièrement aboli. Ces conséquences vont de soi.
Les mesures plus directes que doit prendre l'État pour
découvrir les crimes consommés ou s'opposer aux
crimes résolus, dépendent entièrement des circonstances particulières et des situations spéciales. On ne
peut hasarder aucune affirmation générale, sinon que

l'État ici encore ne doit point excéder ses droits ni user de moyens inconciliables avec la liberté des citoyens ou avec leur sûreté domestique. Au contraire, il peut établir des surveillants pour les lieux publics où les crimes se commettent très-facilement ; instituer un ministère public qui, en vertu de sa charge, agira contre les personnes suspectes ; édicter enfin des lois qui obligent tous les citoyens à l'aider dans ce travail. Du reste il ne peut point poursuivre les crimes simplement projetés ou non encore commis, mais seulement les crimes consommés et ceux qui les ont commis. Il doit toujours exiger ce dernier service comme un devoir, et ne jamais y pousser par la proposition de primes ou de récompenses, afin de ne pas exercer d'influence mauvaise sur le caractère des citoyens ; il doit même dispenser de ce devoir ceux qui ne pourraient pas l'accomplir sans briser les liens les plus étroits.

Enfin, avant de terminer cette matière, je dois encore faire observer que toutes les lois criminelles, aussi bien celles qui fixent les peines que celles qui déterminent la procédure à suivre, doivent être portées à la connaissance de tous les citoyens sans distinction. A la vérité, on a soutenu le contraire par différentes considérations, et l'on a mis en avant cette raison que le citoyen ne doit pas avoir le choix d'acheter le bénéfice résultant de l'acte illégitime au prix du mal renfermé dans le châtiment. Mais admettons qu'il soit possible de le tenir longtemps secret : quelque immorale que fût cette considération chez celui qui la concevrait, l'État, et en général aucun homme ne pourrait la défendre à autrui. On a démontré suffisamment, je pense, que nul ne peut infliger à titre de peine, à son semblable, un mal plus grand que celui qui lui a été occasionné par l'infraction. Sans une détermination légale l'infracteur devrait donc attendre une peine à peu près égale au prix qu'il attachait à son infraction, et comme cette appréciation serait différente suivant les personnes, il est tout naturel de déterminer par la loi une mesure fixe et de ne point baser l'obligation de souffrir la peine sur un contrat qui permettrait d'outre-passer arbitrairement toutes limites dans l'application de la peine. Ce secret serait encore plus illégitime dans la procédure à suivre pour la recherche des infractions. Évidemment il ne pourrait servir qu'à faire craindre l'emploi de ces moyens dont l'État lui-même ne croit pas devoir user ; or l'État ne doit jamais avoir la volonté d'agir par la crainte, car elle ne peut entretenir rien autre chose chez les citoyens que l'ignorance de leurs droits et la peur que l'État ne respecte point ces droits.

De tout ce qui précède je tire ces grands principes généraux qui sont la base de tout droit pénal :

1° L'un des principaux moyens de maintenir la sûreté est de punir les violateurs des lois de l'État. L'État doit infliger une peine à tout acte qui porte atteinte aux droits des citoyens, et à tout acte contenant violation de l'une de ces lois, en tant que le désir de conserver la sûreté le guide dans leur rédaction.

2° La peine la plus élevée doit toujours être aussi douce que le permettent les circonstances particulières de temps et de lieu. Après celle-ci, toutes les autres peines doivent être déterminées suivant la mesure où les crimes contre lesquels elles sont dirigées, supposent le mépris du droit d'autrui de la part de l'infracteur. Par conséquent, la peine la plus grave doit frapper celui qui a violé le droit le plus grave de l'État lui-même ; une peine moins dure doit atteindre celui qui a lésé un droit aussi important appartenant à un citoyen isolé, et enfin une moins grave encore doit s'appliquer à celui qui a simplement transgressé une loi dont le but était d'empêcher cette lésion, alors qu'elle n'était encore qu'à l'état de possibilité.

3° Toute loi pénale ne peut être appliquée qu'à celui qui l'a violée avec une intention coupable, et seulement dans la mesure où il a par là témoigné de son mépris pour le droit d'autrui.

4° Dans la recherche des crimes consommés, l'État doit, il est vrai, employer tout moyen convenable pour arriver à son but, mais il ne doit jamais employer ceux qui traiteraient le citoyen simplement suspect comme un criminel, ni ceux qui attaqueraient les droits de l'homme et du citoyen, que l'État doit respecter même dans la personne du criminel, ni ceux qui rendraient l'État coupable d'un acte immoral.

5° L'État ne doit se permettre les mesures réellement destinées à prévenir les crimes non encore commis qu'autant qu'elles empêchent leur perpétration directement. Toutes les autres sont en dehors des bornes de l'action de l'État, qu'elles s'opposent à la cause déterminante des crimes, qu'elles tendent à empêcher des actes innocents en soi, mais pouvant aisément con-

duire à des infractions. Si l'on croyait apercevoir une
contradiction entre ce principe et celui qui a été posé
(p. 147 et suiv.) à l'occasion des actes des individus, il faudrait se rappeler qu'alors il était question de ces actes
dont les conséquences peuvent par elles-mêmes léser les
droits d'autrui, et qu'ici l'on ne parle que de ceux d'où un
autre acte doit naître tout d'abord, pour que cet effet
soit produit. Ainsi la dissimulation de la grossesse,
pour rendre ceci frappant par un exemple, ne devrait
pas être défendue afin de prévenir l'infanticide (on ne
pourrait la considérer que comme signe de l'intention),
mais elle devrait l'être comme une action qui, en elle-
même et sans aucun rapport avec un acte postérieur,
peut être dangereuse pour la santé et la vie de l'enfant.

XIV

DU SOIN DE L'ÉTAT POUR LA SURETÉ AU POINT DE VUE DE LA SITUATION A DONNER A CES PERSONNES QUI NE SONT PAS EN PLEINE POSSESSION DES FORCES NATURELLES DE L'HUMANITÉ (DES MINEURS ET DES INSENSÉS). — OBSERVATIONS GÉNÉRALES SUR CE CHAPITRE ET LES QUATRE PRÉCÉDENTS.

Différence entre ces personnes et les autres citoyens. — Nécessité de prendre soin de leur bien positif. — Des mineurs. — Devoirs réciproques des parents et des enfants. — Devoirs de l'Etat. — Détermination de l'âge où finit la minorité. — Coup d'œil sur l'accomplissement de ces devoirs. — De la tutelle après la mort des parents. — Devoirs de l'Etat sur ce point. — Avantages que l'on trouve à imposer autant que possible l'accomplissement de ces devoirs aux communes. — Mesures à prendre pour protéger les mineurs contre les atteintes à leurs droits. — Des insensés. — Différences entre ceux-ci et les mineurs. — Grands principes tirés de ce chapitre. — Point de vue de ce chapitre et des quatre précédents. — Détermination du rapport qui existe entre le présent travail et la théorie de la législation en général. — Indication des points de vue principaux d'où toutes les lois doivent procéder. — De là, certains travaux préparatoires indispensables à toute législation.

Tous les principes que j'ai essayé d'établir jusqu'ici supposent l'homme en pleine possession de ses facultés intellectuelles. En effet, tous s'appuient sur ceci, qu'il ne faut jamais enlever à l'homme qui pense et qui agit par lui-même, la faculté de se déterminer librement après un examen suffisant de tous les motifs de décision. Ces principes ne peuvent donc s'appliquer en rien aux personnes qui sont privées d'une partie ou de l'intégralité de leur raison, telles que les aliénés ou les fous, ni à celles dont l'intelligence n'a pas encore atteint cette maturité qui dépend de la maturité du corps lui-même. En effet, si peu déterminée, et à dire vrai, si fausse que soit cette règle, c'est pourtant la seule qui communément, et pour le jugement des tiers, puisse être adoptée. Toutes ces personnes exigent, dans le sens le plus exact du mot, qu'on prenne un soin positif de leur bien physique et moral ; pour elles le maintien purement négatif de la sûreté ne peut suffire (1).

(1) Humboldt passe sous silence une troisième classe de personnes auxquelles l'Etat doit donner ses soins positifs. Ce sont les absents. M. Demolombe a placé cette considération à la première page de son *Traité de l'absence* : « Trois sortes d'intérêts appelaient sur cette situation difficile et importante toute la sollicitude de la loi : 1° l'intérêt de la personne elle-même qui a disparu.... S'il est vrai qu'en général chacun est tenu de veiller, à ses risques et périls, au soin de ses affaires, la loi doit pourtant sa protection à l'incapacité de ceux qui ne peuvent pas gouverner eux-mêmes leur fortune. C'est sur ce principe d'ordre public qu'est fondée la tutelle des mineurs et des interdits ; or il est naturel de présumer que la personne qui a disparu, si elle existe encore, est retenue et empêchée par quelque obstacle plus fort que sa volonté ; donc il faut dès lors la mettre au nombre des incapables, dont la loi protége elle-même les intérêts. Et voilà bien ce qui explique la place de ce titre dans le livre Ier du Code civil, consacré à l'état des personnes ; c'est qu'en effet, l'absence ainsi entendue, constitue une modification dans l'état même de la personne (art. 83 7°, Code de procédure civile). »

Ce point de vue avait été celui des jurisconsultes romains, et les compilateurs du Digeste et du Code de Justinien placèrent les lois sur cette matière près de celles qui garantissaient les intérêts des mineurs. Voyez les titres *Ex quibus causis majores viginti quinque annis in integrum restituantur*. Digeste, lib 4, tit. 6, Code, lib. 2, tit. 54.

Pour commencer par les enfants, qui composent la classe la plus nombreuse et la plus importante de ces personnes, ce soin, en vertu des principes du droit, appartient en propre à certaines personnes déterminées, aux parents. Leur devoir est d'élever jusqu'à l'âge de parfaite maturité les enfants auxquels ils ont donné le jour, et de ce devoir unique naissent, comme conditions nécessaires de son accomplissement, tous les droits des parents. Les enfants sont donc en possession de tous leurs droits originels, sur leur vie, sur leur santé, sur leurs biens, s'ils en possèdent; et leur liberté même ne doit être restreinte qu'autant que les parents le jugent nécessaire, soit pour leur éducation, soit pour le maintien du rapport de famille nouvellement créé, et en tant seulement que cette restriction ne comprend que le temps exigé pour leur développement. Les enfants ne doivent jamais se laisser imposer de force des actes dont les conséquences directes s'étendent au delà de cet âge, et peut-être sur la vie entière, comme par exemple le mariage ou le choix d'un mode de vie déterminé. Quand arrive l'époque de la maturité, l'autorité paternelle doit tout naturellement disparaître. Les devoirs généraux des parents envers leurs enfants consistent à prendre soin du bien physique et moral de leur personne, à employer les moyens nécessaires pour les mettre en état d'embrasser une profession suivant leur libre choix, limité toutefois par leur situation particulière. D'un autre côté, le devoir des enfants est de faire tout ce qui est nécessaire pour que les parents puissent accomplir ce devoir. Je passe sur tout ce qui est de détail, sur l'énumération de tout ce que ces devoirs peuvent avoir et ont nécessairement de déterminé. Ceci appartient à la théorie de la législation proprement dite, et ne pourrait nullement trouver place ici, car tout cela dépend surtout des circonstances particulières de chaque situation spéciale.

Maintenant l'État doit prendre soin d'assurer à l'encontre des parents les droits des enfants (1). Tout d'abord il lui faut déterminer législativement l'âge de la majorité. Cet âge doit varier non-seulement avec les différents climats et les différentes époques, mais encore les situations individuelles, exigeant plus ou moins de maturité de jugement, peuvent légitimement avoir sur ce point de l'influence. Ensuite l'État doit empêcher que la puissance paternelle ne dépasse ses bornes; il doit la surveiller le plus exactement possible. Toutefois cette surveillance ne doit jamais tendre à prescrire positivement aux parents un mode déterminé d'éducation pour leurs enfants; mais elle doit avoir sans cesse pour but négatif de maintenir mutuellement les parents et les enfants dans les limites qui leur sont fixées par la loi. Par suite, il ne paraît ni juste, ni salutaire de demander un compte détaillé aux parents, il faut s'en fier à eux et croire qu'ils ne négligeront pas un devoir si profondément enraciné dans leur cœur. Il n'y a que les cas où l'oubli de ces devoirs se produit ou est près

(1) Doit-il *assurer* l'accomplissement du devoir qui oblige le père à donner l'éducation intellectuelle et morale à l'enfant? Humboldt paraît bien l'affirmer. Voyez d'ailleurs sur cette question, ch. VI, p. 81, note 1.

de se produire, qui puissent autoriser l'État à se mêler de ces rapports de famille.

Après la mort des parents, les principes du droit naturel nous apprennent moins clairement à qui incombe le soin d'achever l'éducation des enfants. L'État doit donc dire positivement lequel des parents prendra la tutelle, ou si aucun d'eux n'est en état de le faire, comment un autre citoyen devra être choisi pour l'exercer. Il doit aussi déterminer les conditions de capacité nécessaires aux tuteurs. Comme les tuteurs prennent la place des parents, ils en acquièrent tous les droits; mais comme dans tous les cas ils sont dans un rapport moins étroit avec leurs pupilles, ils ne peuvent prétendre à une confiance égale, et l'État doit redoubler de surveillance à leur égard. Ils doivent être à chaque instant soumis à une perpétuelle obligation de rendre compte. Moins l'État exerce directement une influence positive, plus il reste fidèle aux principes ci-dessus développés. Aussi doit-il rendre le choix d'un tuteur, ou par les parents eux-mêmes avant leur décès, ou par les proches survivants, ou par les communes auxquelles les pupilles appartiennent, aussi facile que le permet le soin pour la sûreté de ces derniers. En général il est excellent de confier les détails de surveillance aux communes; les règles qui les dirigeront, non-seulement s'adapteront mieux à la situation individuelle des pupilles, mais encore elles seront plus variées et moins uniformes; il sera suffisamment pourvu à la sûreté des pupilles si la haute surveillance reste entre les mains de l'État lui-même.

13.

Outre ces dispositions l'État ne doit pas se contenter de protéger les mineurs contre les autres citoyens,
contre les attaques extérieures; il doit aller plus loin.
On a établi plus haut que chacun peut librement contracter sur ses biens et sur ses actes. Une semblable
liberté laissée aux personnes qui n'ont pas encore atteint l'âge de la maturité du jugement pourrait être dangereuse à plus d'un point de vue. Le soin d'écarter ces
dangers incombe aux parents ou aux tuteurs qui ont le
droit de diriger les actions des mineurs. Mais l'État
doit venir à leur secours et au secours des mineurs
eux-mêmes, en déclarant nuls ceux de leurs actes dont
les conséquences leur seraient nuisibles. Par suite il
doit empêcher que les vues égoïstes des autres hommes
ne les trompent ou ne surprennent leur volonté. Lorsque cela se produit, l'État ne doit pas se contenter de
contraindre l'auteur à réparer le dommage causé, il doit
encore lui infliger une peine. Certaines actions pourraient, à ce point de vue, devenir punissables, bien
qu'en général elles fussent en dehors du domaine de
l'action de la loi. Je citerai comme exemple les relations illicites que, suivant ces principes, l'État devrait
punir quand elles sont entretenues avec une personne
mineure. Mais comme les actions humaines exigent
un degré de jugement très-divers et que la maturité
de l'intelligence vient petit à petit, il est bon de déterminer, pour la validité de ces différents actes, différentes époques et différents degrés dans la minorité.

Ce que l'on vient de dire des mineurs s'applique
encore aux aliénés et aux insensés. La seule différence

qui existe est qu'ils ont besoin, non d'éducation ou de culture (à moins que l'on ne donne ce nom aux efforts à tenter pour les guérir), mais seulement de soins et de surveillance; qu'il faut empêcher le dommage qu'ils pourraient causer à autrui, et que communément ils sont dans un état tel qu'ils ne peuvent jouir ni de leurs facultés, ni de leurs biens; mais il ne faut pas oublier que, comme leur retour à la raison est toujours possible, on peut bien leur enlever l'exercice temporaire de leurs droits, mais non ces droits eux-mêmes. Le plan que je me suis proposé ne me permet pas de donner à ceci plus de développement, et je puis clore entière-ment cette matière en formulant les principes suivants :

1° Les personnes qui ne sont pas en général en pos-session de leurs facultés intellectuelles, ou qui n'ont pas encore atteint l'âge où ces facultés existent, exigent un soin particulier pour leur bien physique, intellec-tuel et moral. Ces personnes sont les mineurs et les aliénés. Parlons d'abord des premiers, ensuite des se-conds.

2° En ce qui concerne les mineurs, l'État doit fixer la durée de la minorité. Comme, sous peine de pro-duire de très-réels inconvénients, elle ne doit être ni trop courte, ni trop longue, l'État doit la déterminer suivant les circonstances particulières où se trouve la nation, et pour cela le développement complet du corps peut sans danger lui servir de signe. Il est bon d'établir plusieurs périodes, d'augmenter la liberté des mineurs et de diminuer graduellement la surveillance qu'on exerce sur eux.

3° L'État doit veiller à ce que les parents remplissent exactement leurs devoirs envers leurs enfants, c'est-à-dire qu'ils les mettent en état, autant que le leur permet leur situation, de choisir et d'embrasser une profession lors de leur majorité, et à ce que les enfants remplissent aussi exactement leurs devoirs envers leurs parents, c'est-à-dire qu'ils fassent tout ce qui est nécessaire pour l'accomplissement du devoir des parents. Mais il doit faire que nul n'outre-passe les droits que lui donne l'obligation d'accomplir ce devoir. L'État doit borner là sa surveillance, et tout effort de sa part tendant à atteindre un but positif, par exemple à favoriser tel ou tel mode de développer les facultés des enfants, est en dehors des limites de son action.

4° En cas de mort des parents, un tuteur est nécessaire. Par suite, l'État doit déterminer le mode suivant lequel il sera établi, de même que les qualités qu'il devra nécessairement posséder. Mais il fera bien d'en demander l'élection autant que possible aux parents de leur vivant, au reste de la famille, à la commune. La conduite des tuteurs appelle une surveillance encore plus stricte et doublement active.

5° Pour obtenir la sûreté des mineurs et pour empêcher qu'on n'exploite à leur préjudice leur inexpérience ou leur légèreté, l'État doit déclarer nuls les actes accomplis dont les conséquences pourraient leur être nuisibles, et punir ceux qui emploient ces moyens pour favoriser leurs propres intérêts.

6° Tout ce qu'on vient de dire des mineurs s'applique aussi à ceux qui sont privés de leur intelligence, sauf les différences qui ressortent de la nature même des ch oses. On ne doit jamais considérer personne comme insensé, avant qu'il n'ait été formellement déclaré tel après un examen fait par des médecins sous la surveillance du juge. Le mal doit toujours être considéré comme pouvant disparaître.

J'ai maintenant passé en revue tous les objets sur lesquels l'État peut étendre son action ; j'ai essayé, à propos de chacun, de poser les principes fondamentaux. Si l'on trouve cet essai trop défectueux, si l'on y cherche beaucoup d'importantes matières de législation qui sont passées sous silence, qu'on se souvienne que mon plan n'était pas d'exposer une théorie de la législation, — ce serait là un ouvrage auquel ne suffiraient ni ma force, ni mon savoir, — mais seulement de déterminer la mesure suivant laquelle la législation dans ses branches diverses doit étendre ou restreindre l'action de l'État. En effet, comme on peut classer la législation suivant ses objets, de même on peut la diviser d'après ses sources. Peut-être cette dernière classification est-elle la plus profitable, même pour le législateur. Ces sources, ou pour m'exprimer avec plus de propriété et de justesse, les points de vue principaux d'où se démontre la nécessité des lois, se réduisent, si je ne me trompe, à trois. La législation, en général, doit définir les actes des citoyens et leurs conséquences nécessaires. Le premier point de vue par suite, est la nature même de ces actes, et celles de leurs conséquences qui découlent seulement des principes du droit. Le second point de vue concerne spécialement

l'État ; ce sont les bornes dans lesquelles il se propose
de renfermer son action ou l'étendue du champ qu'il
veut lui donner. Le troisième point de vue enfin
s'occupe des moyens dont l'État a nécessairement
besoin pour maintenir debout l'édifice social tout
entier, pour mettre seulement la Société à même d'atteindre son but. Toute loi imaginable se rattache fatalement à l'un de ces points de vue ; mais aucune ne
doit être édictée sans qu'ils soient réunis, et c'est précisément ce caractère exclusif de l'intention du législateur qui rend tant de lois défectueuses. Ce triple
dessein rend par-dessus tout nécessaires, pour toute
législation, trois sortes de travaux préparatoires :
1° une théorie du droit complète et générale ; 2° une
détermination nette du but que l'État devrait se proposer, ou, ce qui au fond est la même chose, une fixa-
tion exacte des limites dans lesquelles il doit renfermer
son action ; ou bien une exposition du but particulier
que se propose en réalité telle ou telle société ; 3° une
théorie des moyens nécessaires à l'existence de l'État,
et comme ces moyens tendent à renforcer ou à rendre
possible l'action de l'État, une théorie de la science
politique et financière ; ou bien l'exposition du système
politique et financier qu'il a choisi. Dans ce court aperçu
qui laisse de côté plusieurs subdivisions, j'observe que
seul le premier des points de vue signalés est éternel
et immuable comme la nature même de l'homme,
tandis que les autres peuvent donner prise à certaines
modifications. Toutefois si ces modifications se produisent non en vertu de raisons entièrement générales

ou admises à peu près par tout le monde, mais en vertu d'autres circonstances fortuites, si par exemple il existe dans l'État un système politique bien affermi, des institutions financières inaltérables; s'il en est ainsi, le second de ces points de vue présente de graves embarras et fait très-souvent que le premier en souffre. On trouverait certainement la cause de la ruine de bien des États dans des collisions de cette nature.

J'espère avoir assez nettement fait connaître le plan que je me suis proposé en essayant d'exposer ces principes de législation. Mais, même dans ces limites étroites, je suis loin de me flatter d'avoir réussi dans ce dessein. Peut-être la justesse des principes exposés n'a-t-elle dans son ensemble à redouter que peu d'objections, mais certainement cette exposition n'est ni aussi complète ni aussi nettement déterminée qu'il le faudrait. Même pour établir les principes les plus élevés, et pour cela précisément, il est nécessaire de descendre dans le détail des choses. Mais mon plan ne me permettait pas de le faire; et si je me suis efforcé d'accomplir pour moi seul ce travail comme préparation à ce petit livre que je viens d'écrire, un pareil effort n'est jamais couronné du succès que l'on désirerait. Aussi reconnais-je volontiers que j'ai tracé les divisions qui devraient être remplies, plutôt que je n'ai développé suffisamment l'ensemble. Toutefois ce que j'ai dit suffira, je l'espère, à faire bien ressortir l'idée qui domine ce travail, à savoir, que l'objet le plus important de l'État doit toujours être le développement des facultés des citoyens isolés dans leur individualité ; que par suite il doit per-

mettre à son action de s'exercer seulement sur ce qu'ils
ne peuvent pas se procurer à eux-mêmes, c'est-à-dire
sur l'obtention de la sûreté ; et que le seul moyen sûr
et juste pour arriver là est de relier par un lien solide,
durable et sympathique, deux choses qui paraissent se
combattre entre elles, le but de l'État lui-même en
bloc, et la somme de toutes les tendances des citoyens
isolés.

XV

DU RAPPORT QUI EXISTE ENTRE LES MOYENS NÉCESSAIRES A LA CONSERVATION DE L'ÉDIFICE SOCIAL EN GÉNÉRAL ET LA THÉORIE CI-DESSUS DÉVELOPPÉE.

Institutions financières. — Organisation de la politique intérieure. — Examen de la théorie ci-dessus développée au point de vue du droit. — Point de vue principal de cette théorie tout entière. — Dans quelle mesure l'histoire et la statistique peuvent-elles lui être utiles ? — Distinction entre les rapports des citoyens avec l'Etat et leurs rapports les uns avec les autres. — Nécessité de cette distinction.

J'ai terminé maintenant ce qui me restait à dire pour remplir le plan esquissé plus haut. La question posée est résolue aussi complétement et aussi exactement que mes forces m'ont permis de le faire. Je pourrais m'arrêter ici, si ce n'était pour moi une nécessité d'aborder un sujet dont l'influence sur toutes les matières qui précèdent peut être considérable ; je veux parler des moyens qui non-seulement rendent possible l'action de l'État, mais qui doivent encore lui garantir à lui-même son existence.

Pour atteindre son but, si restreint qu'il soit, l'État doit avoir des revenus suffisants. Mon ignorance de tout ce qu'on appelle les finances, me contraint ici d'être bref. D'ailleurs ce point ne rentre pas nécessairement

dans le plan que je me suis tracé. J'ai fait observer en
commençant que je ne m'occupe point du cas où le but
de l'État se mesure sur la quantité des moyens d'action,
mais de celui où ces moyens se mesurent sur le but à
atteindre (voyez chapitre III, au commencement). La
liaison des idées me conduit seulement à remarquer
qu'en ce qui concerne les institutions financières, il ne
faut pas plus qu'ailleurs négliger d'étudier le vrai but
de l'homme dans la société, par suite de limiter celui
de l'État. C'est ce que nous apprend assez le regard,
même le plus superficiel, jeté sur cette multitude de
dispositions de police et de finances. Suivant moi il y a
pour l'État trois sortes de revenus, provenant : 1° des
propriétés qui lui appartenaient originairement ou de
celles qu'il a acquises ; 2° des impôts directs, 3° et des
impôts indirects. Toute propriété de l'État entraîne avec
elle des inconvénients. J'ai déjà parlé ci-dessus (ch. III,
p. 52 et suiv.) de la prépondérance qu'a toujours l'État
comme État ; s'il est propriétaire, il entrera nécessairement dans beaucoup de rapports privés ; et par suite,
dans les cas où le besoin, pour lequel seul on désire la
constitution d'un État, n'existe pas, le pouvoir se fera
sentir néanmoins, bien qu'il n'ait été accepté qu'en vue
de ce besoin (1). Certains inconvénients se rattachent
aussi aux impôts indirects. L'expérience nous apprend
quel nombre énorme de dispositions supposent l'organisation et la perception de ces impôts. Et certes ce
n'est pas dans les développements qui précèdent qu'on

(1) Cessante *imperii* ratione, non cessat *imperium ipsum*.

en trouvera la justification. Restent donc les seuls impôts directs. Parmi les systèmes possibles d'impôts directs, c'est évidemment celui des physiocrates qui est le plus simple. Seulement on peut soulever contre lui une objection, souvent faite d'ailleurs : ce système ne tient pas compte d'un des produits les plus naturels, de la force humaine, qui, dans ses effets, dans ses travaux, étant considérée par nos institutions comme une marchandise, doit nécessairement être soumise à l'impôt. Si l'on considère que le système des impôts directs auquel je reviens, est en réalité le plus mauvais et le plus dur de tous les systèmes financiers, il ne faut pas oublier toutefois que l'État, dont l'action est renfermée dans des limites si étroites, n'a nul besoin de gros revenus, et que, n'ayant aucun intérêt propre et distinct de celui des citoyens, sa sûreté la plus grande gît dans le secours d'une nation libre et à l'aise. C'est ce que nous enseigne l'expérience de tous les temps.

Si l'organisation des finances peut apporter des obstacles à l'application des principes ci-dessus exposés, il en est de même et plus encore peut-être de l'organisation politique intérieure. Il faut trouver moyen de relier l'une à l'autre les parties gouvernante et gouvernée de la nation, d'assurer à la première la possession du pouvoir qui lui est confié, et à la seconde la jouissance de la liberté qui lui est réservée. Dans les différents États, on a diversement essayé d'atteindre ce but, tantôt en augmentant la force du gouvernement, ce qui est périlleux pour la liberté, tantôt en juxtaposant plusieurs pouvoirs opposés entre eux, tantôt en répandant parmi la nation un esprit favorable à la Constitution. Ce dernier moyen, si beau qu'il apparaisse parfois, surtout dans l'antiquité, devient très-aisément nuisible au progrès de l'originalité personnelle des citoyens ; il produit souvent l'uniformité ; par suite il est mauvais, du moins dans le système que j'ai présenté. Le mieux serait de choisir une organisation politique ayant sur le caractère des citoyens aussi peu que possible d'influence positive spéciale et ne produisant en eux rien autre chose qu'un grand respect pour le droit d'autrui, uni à l'amour enthousiaste de la vraie liberté. Je n'essayerai pas de rechercher ici laquelle des organisations pourrait atteindre ce but. Cette recherche appartient évidemment à une théorie exclusivement politique. Je me contenterai de quelques courtes observations qui montreront du moins clairement la possibilité d'une semblable organisation. Le système que j'ai présenté renforce et multiplie l'intérêt privé des citoyens ; il semble donc qu'il affaiblisse l'intérêt public. Mais il relie si étroitement le second au premier, que celui-ci s'appuie sur celui-là. Tous les citoyens le reconnaîtront, pourvu qu'ils veuillent posséder la liberté et la sûreté. Aussi ce système maintiendrait-il mieux que tout autre chose l'amour de la Constitution, que l'on s'efforce souvent en vain de produire par tant de moyens artificiels. Et puis il arrive que l'État qui veut moins agir a besoin de moins de puissance et, par suite, de moins de moyens de défense. Enfin on comprend aisément que toutes les fois qu'il faudra sacrifier aux résultats la force et la jouissance, afin de les empêcher

l'une et l'autre de décroître davantage, ce dernier système devra toujours être appliqué.

Maintenant j'ai répondu complétement, dans la mesure des forces qui m'ont été départies, à la question
proposée ; j'ai fixé de tous côtés à l'action de l'État les
limites qui m'ont paru profitables et nécessaires. Cependant je ne me suis jamais placé qu'au point de vue
du plus grand avantage possible ; il pourrait être intéressant de se mettre maintenant au point de vue du
droit. Mais quand une société politique a réellement et
librement déterminé un certain but et certaines bornes
à l'action de l'État, ce but et ces bornes sont évidemment légitimes, pourvu qu'elles soient de telle nature
que leur définition rentre dans le pouvoir de ceux qui
l'ont formulée. Toutes les fois qu'une telle définition
expresse n'existe pas, l'État doit naturellement chercher à refouler son action dans les limites de la théorie
pure et ne se préoccuper que des obstacles qui produiraient un plus grand inconvénient, s'ils étaient
négligés. La nation peut donc poursuivre l'application
de cette théorie dans la mesure où ces obstacles ne
rendent pas cette application impossible, mais jamais
au delà. Dans ce qui précède je n'ai point parlé de ces
obstacles ; jusqu'ici je me suis borné à exposer la théorie
pure. En général je me suis efforcé de rechercher la
situation la plus avantageuse pour l'homme dans l'État.
Elle m'a semblé consister en ce que l'individualité la
plus variée, la personnalité la plus originale soit ajoutée
à l'union la plus diverse et la plus profonde de plusieurs
hommes les uns vis-à-vis des autres, problème que la

plus grande somme de liberté pourrait seule résoudre.
Démontrer la possibilité d'une organisation sociale qui
entraverait l'homme aussi peu qu'on l'imagine, tel est
le but de ce travail, tel a été depuis longtemps l'objet
de toutes mes réflexions. Je m'estimerai heureux si j'ai
prouvé que ce principe doit être l'idéal du législateur
dans toutes les dispositions qu'il édicte.

L'histoire et la statistique dirigées l'une et l'autre
vers ce but, pourraient donner beaucoup d'éclaircisse-
ment à ces idées. La statistique m'a paru souvent avoir
besoin d'une réforme générale. Au lieu de présenter sur
le nombre des habitants, sur la grandeur de la richesse,
de l'industrie d'un État, de simples données, desquelles
il n'est jamais possible de déduire avec sûreté sa situation vraie ; elle devrait, en partant de la complexion
naturelle du sol et des habitants, essayer d'indiquer
l'étendue et le mode de leurs forces actives, passives et
jouissantes, et faire voir peu à peu les modifications
que ces forces reçoivent en partie des rapports des
citoyens entre eux, en partie de la constitution de
l'État. En effet, l'organisation sociale et l'union nationale, si étroitement qu'elles se rattachent l'une à l'autre,
ne devraient jamais être confondues. Sans doute, l'organisation sociale assigne aux citoyens, soit par la force
et la contrainte, soit par la coutume et la loi, un rapport déterminé; mais il en est encore un autre, librement choisi par eux, infiniment varié et toujours changeant. Et c'est celui-ci, c'est la libre action du peuple
sur lui-même qui donne tous les biens dont le désir
pousse les hommes à vivre en société. L'organisation

de l'État proprement dite lui est subordonnée ; celle-ci est le moyen, l'autre est le but ; on la prendra toujours comme un moyen nécessaire et même comme un mal nécessaire, car elle est toujours liée à des restrictions de la liberté. Le but secondaire de cette étude a été de faire voir les conséquences fâcheuses que produit sur le bonheur, sur les facultés et sur le caractère des hommes la confusion de la libre action du peuple avec l'organisation imposée de l'État.

XVI

APPLICATION AUX FAITS DE LA THÉORIE CI-DESSUS DÉVELOPPÉE.

Du rapport des vérités théoriques en général avec l'application. — Nécessité d'un coup d'œil rétrospectif. — Dans toute réforme le nouvel ordre de choses doit se relier à ce qui existait précédemment. — Ce qui vaut le mieux, c'est que la réforme commence dans les idées. — De là certains principes applicables à toutes les réformes. — Leur application à la présente étude. — Principaux caractères du système qu'on vient d'établir. — Dangers que peut renfermer son application. — De là, nécessité de procéder par gradation successive. — Grand principe à déduire de ceci. — Liaison qui rattache ce principe aux principes fondamentaux de notre théorie. — Principe de la nécessité découlant de cette combinaison. — Sa prééminence. — Conclusion.

Tout développement de vérités ayant trait à l'homme, et spécialement à l'homme agissant, conduit au désir de voir amené dans le domaine de l'application ce que la théorie démontre comme vrai. Ce désir est en harmonie avec la nature de l'homme qui ne se contente que bien rarement du charme bienfaisant et calme de l'idée pure ; il devient plus vif lorsque notre cœur s'intéresse au bonheur de la société. Mais, si naturel que soit par lui-même ce désir, si noble que soit la source d'où il découle, il lui est pourtant arrivé souvent de produire des conséquences fâcheuses, plus fâcheuses même que la froide indifférence ou bien — car le même effet peut sortir de deux causes contraires — que cette ardeur de l'âme qui s'intéresse moins à la réalité et ne se délecte que de la beauté de l'idée pure. En effet, la vérité, quand elle enfonce profondément ses racines, fût-ce dans un seul homme, étend toujours à la vie réelle ses conséquences salutaires ; seulement cette action s'accomplit avec plus de lenteur et moins de bruit. Au contraire, ce que l'on transporte brusquement dans le domaine de la réalité, perd souvent sa forme primitive dans la translation même, et ne réagit même pas sur les idées. Aussi existe-il des idées que le sage n'essayerait même jamais de réaliser. Dans aucun temps la réalité n'est prête à accueillir les créations de l'esprit, même les plus belles et les mieux réfléchies. L'idéal est fatalement destiné à flotter toujours comme un modèle inaccessible dans l'âme de l'artiste. Il suit de là qu'une prudence plus qu'ordinaire est indispensable dans l'application de la théorie la plus sûre et la plus logique. Je veux donc, avant de terminer ce travail, rechercher aussi complétement et en même temps aussi brièvement que mes forces me le permettront, dans quelle mesure les principes développés précédemment peuvent être transportés dans le domaine de la réalité. Cette recherche pourra me garantir contre le reproche d'avoir, par ce qui précède, voulu ou régenter directement les faits, ou désapprouver ce qui en eux peut être en désaccord avec ce que j'ai dit. C'est là une présomption dont je serais encore fort éloigné quand même je considérerais tout ce que j'ai dit comme entièrement exact et tout à fait hors de doute.

CHRÉTIEN.   14

Dans toute transformation du présent, un régime nouveau doit naître et succéder au régime ancien. Mais chaque situation dans laquelle se trouvent les hommes, chaque objet qui les environne reflète dans leur être intérieur une certaine forme déterminée et arrêtée. Cette forme ne peut pas entrer dans une conception arbitraire, choisie d'avance par l'esprit. On manque le but qu'on se propose en même temps que l'on détruit la force, si l'on impose à l'homme une forme qui ne lui soit pas convenable. Que l'on jette un coup d'œil sur les plus importantes révolutions de l'histoire, on découvrira sans peine que la plupart d'entre elles sont nées des révolutions périodiques de l'esprit humain. On est confirmé davantage encore dans cette idée si l'on étudie les forces qui, en réalité, causent tous les changements qui arrivent sur notre globe, et si l'on considère que parmi elles ce sont les forces humaines qui jouent le principal rôle; car les forces de la nature physique, à cause de leur marche régulière et de leur retour éternellement uniforme, sont moins importantes, et celles des êtres sans raison n'ont ni plus de valeur ni plus d'influence. La force humaine, dans une période donnée, ne peut se manifester que d'une seule manière, mais ce mode de manifestation peut se diversifier à l'infini. Considérée dans chaque moment séparé, elle présente donc un aspect exclusif; considérée dans une série de périodes, elle offre l'image d'une admirable variété. Tout état antérieur ou bien produit tout seul l'état qui lui succède, ou du moins empêche que des circonstances extérieures

violentes ne puissent produire autre chose (1). Cet état
antérieur et la modification qu'il reçoit déterminent
aussi par suite le mode même suivant lequel le nouveau
régime doit agir sur les hommes ; et la puissance de
cette détermination est si grande, que ce régime prend
souvent par là même une forme entièrement nouvelle.
Il suit de là que tout ce qui arrive sur la terre peut être
appelé bon et salutaire (2), parce que c'est la force intérieure de l'homme qui soumet à elle toutes choses,
de quelque nature qu'elles soient. Cette force intérieure dans toutes ses manifestations, dont chacune
d'elles, en effet, lui donne plus d'énergie ou de finesse,
ne peut agir que favorablement, mais à des degrés
divers. De là résulte encore que l'on pourrait peut-

(1) Exemple : la Révolution française a produit seule l'égalité
civile ; quant à la liberté, si elle ne l'a pas créée entière, du moins
elle a rendu impossible le retour durable de l'ancien absolutisme
royal ou féodal.

(2) Je n'essayerai pas de réfuter cet optimisme qui plaisait tant à
Jean-Jacques et qui fâchait si fort Voltaire. Je veux faire remarquer
seulement que la proposition de Humboldt exagère la fameuse formule
de Hegel : « Alles bestehende ist vernünftig. *Tout ce qui existe est
rationnel.* » — Cette maxime faillit faire la fortune politique de son
auteur. Quand l'illustre professeur l'exprima, vers 1820, à l'Université de Berlin, les fonctionnaires prussiens furent charmés ; ils ressentirent pour Hegel l'enthousiasme d'Harpagon pour Aristote : Tout
ce qui existe est rationnel, répétaient-ils ; notre régime existe, donc
il est rationnel. Celui qui a dit cela est un grand homme, sa place est
dans nos bureaux. Aussi bien son père n'était-il pas secrétaire du
gouvernement de Wurtemberg ? — On entra en pourparlers avec
Hegel, qui tout d'abord fournit sur sa formule des explications mal-
sonnantes et finit par la retourner ainsi contre les Excellences : « Tout
ce qui existe est rationnel, vous et votre régime n'êtes pas rationnels,
donc vous n'existez pas. Vous êtes des ombres, des fantômes ; vous
n'êtes pas un gouvernement. » Inutile de dire que Hegel n'entra pas
au ministère.

être présenter l'histoire universelle du genre humain
uniquement comme la série logique et naturelle des
révolutions de la force humaine. Ce serait là peut-être
non-seulement la manière d'étudier l'histoire la plus
féconde en enseignements, mais encore on apprendrait
ainsi, à tous ceux qui s'efforcent d'agir sur les hommes,
dans quelles voies ils doivent essayer de mettre et de
diriger la force humaine, dans lesquelles ils ne devraient
jamais vouloir la placer. Ainsi, de même que la force
intérieure de l'homme, par sa dignité, mérite qu'on la
respecte grandement, de même elle impose le respect
par la vigueur avec laquelle elle se soumet toutes les
autres choses.

Donc, qui voudra entreprendre le difficile travail de
combiner savamment un nouvel état de choses avec un
autre qui le précédait, devra ne jamais perdre de vue
cette force. Celui qui fera cette tentative devra tout
d'abord attendre la pleine action du présent sur les
esprits. S'il voulait trancher dans le vif, peut-être pourrait-il changer la forme extérieure des choses, mais non
pas la disposition intérieure de l'homme, et celle-ci
s'infiltrerait toujours dans toutes les nouveautés qu'on
lui aurait imposées de force. Et qu'on ne croie pas que
plus on laissera de plénitude à l'action du présent, plus
l'homme aura de répugnance pour un état de choses
nouveau. Précisément, dans l'histoire de l'homme, les
extrêmes se relient fort étroitement les uns aux autres,
et tout état extérieur, quand on le laisse agir librement, travaille à sa propre ruine au lieu de travailler
à son affermissement. Ceci nous est démontré non-

seulement par l'expérience de tous les temps, mais
encore cela est conforme à la nature de l'homme,
aussi bien de l'homme actif que de l'homme passif; de
l'homme actif qui ne s'arrête jamais à un objet plus
longtemps que son énergie n'y trouve de matière, et
qui passe très-aisément à une autre chose, quand il
s'est livré en toute liberté au travail qu'il va quitter;
de l'homme passif, en qui à la vérité la durée de l'oppression émousse la force; mais, en même temps,
cette durée de l'oppression fait qu'on la ressent plus
vivement. Même sans porter une atteinte directe à la
forme présente des choses, il est possible d'agir sur
l'esprit et sur le caractère des hommes, et de leur donner une disposition qui cesse d'être en harmonie avec
le régime actuel. C'est cette voie-là que le sage ten-
tera de suivre. C'est là le seul moyen de réaliser le plan
de réforme, tel que la pensée l'a conçu; par toute autre
voie, ce plan sera modifié, changé, dénaturé; sans compter le mal que l'on cause toujours quand on trouble la
marche naturelle du développement humain, en jetant
tout au travers des éléments qui n'existaient précédemment ni dans les faits ni dans l'esprit des hommes. Une
fois cet obstacle écarté, le régime qu'on se propose
d'établir pourra exercer son action entière, en dépit
du régime antérieur et de la situation présente qu'il a
produite; alors, rien ne s'opposera plus à l'exécution
de la réforme. On pourrait donc formuler peut-être
ainsi les grandes règles théoriques de toute réforme :

1° Transporter dans la réalité les règles de la théorie pure, alors, mais seulement alors, que les faits ne

14.

les empêchent plus de produire dans toute leur étendue les effets qu'elles produiraient toujours, si aucun élément étranger ne venait s'y mêler.

2° Pour accomplir le passage de l'état présent au régime nouveau que l'on projette, faire autant que possible que toute réforme découle des idées et de l'esprit des hommes.

Dans l'exposition des principes purement théoriques que j'ai présentés, mon point de départ, il est vrai, a toujours été la nature de l'homme, mais j'ai toujours supposé une mesure commune, non une mesure extraordinaire de forces. Je me suis toujours représenté l'homme avec la forme qui lui est nécessairement propre, avant qu'il soit modifié par aucune situation spéciale. Mais nulle part un tel homme ne se rencontre ; partout le milieu dans lequel il vit lui a déjà donné une forme positive plus ou moins détournée de son type primitif. Aussi, quand un État s'est efforcé d'étendre ou de restreindre les limites de son action suivant les principes d'une théorie vraie, doit-il tenir très-grand compte de cette forme. Le manque d'harmonie entre la théorie et la réalité, en ce qui concerne ce côté de l'administration de l'État, se résoudra toujours, à la vérité, comme il est facile de l'apercevoir, en un manque de liberté, et ainsi l'on peut croire que le relâchement des liens est toujours utile et toujours salutaire. Mais, si vraie que soit en elle-même cette proposition, il ne faut pas oublier que ce qui, d'un côté, et en tant que lien, enchaînera la force, d'un autre côté sera pour l'homme une occasion d'exercer son activité. Déjà, au commencement de ce travail j'ai fait observer que l'homme a plus de penchant pour la domination que pour la liberté : l'édifice du pouvoir ne contente pas seulement le souverain qui l'élève et le maintient; les sujets eux aussi sont satisfaits par la pensée qu'ils sont les parties d'un tout qui s'élève au-dessus des forces et s'étend au delà de la durée d'une génération. Or, là où cette opinion est encore dominante, l'énergie doit nécessairement s'évanouir; la somnolence et l'apathie apparaissent dès que l'on veut forcer l'homme à agir seulement en soi et pour soi, seulement dans le cercle qu'embrassent ses forces individuelles, seulement pour le temps qu'il a à vivre. A la vérité, ce n'est que de cette manière qu'il agit sur le cercle le plus illimité pour la durée la plus impérissable; mais aussi son action n'est pas si immédiate; il répand une semence qui germe d'elle-même plutôt qu'il n'élève des édifices qui montrent directement les traces de sa main. Au contraire, il faut nécessairement un plus haut degré de culture pour préférer l'activité, qui ne fait que donner des forces, et leur confie la production des résultats, à cette activité, qui crée directement les résultats sans créer de forces. Ce degré de culture est la vraie maturité de la liberté. Mais cette maturité ne se trouve nulle part dans sa plénitude, et, suivant moi, sa perfection restera toujours étrangère à l'homme sensuel qui s'oublie si volontiers lui-même.

Qu'aurait donc à faire l'homme d'État qui voudrait entreprendre un pareil changement? D'abord, à chaque pas nouveau qu'il ferait en dehors de la voie logique tracée par la situation actuelle des choses, suivre strictement la théorie pure, à moins qu'il n'existât dans le présent une circonstance qui, si l'on voulait enter dessus la théorie, changerait ou anéantirait tout ou partie de ses conséquences. En second lieu, il devrait laisser subsister sans y toucher toutes les restrictions à la liberté, fondées sur l'état présent des choses, tant que les hommes ne feraient pas voir par des signes infaillibles qu'ils les considèrent comme des liens oppressifs, qu'ils en ressentent le poids, et qu'en ce point ils sont mûrs pour la liberté ; mais, dans ce dernier cas, il faudrait sur-le-champ faire disparaître ces restrictions à la liberté. Enfin, cet homme d'État devrait employer tous les moyens de hâter la maturité du peuple pour la liberté. C'est là incontestablement la chose la plus importante et la plus simple dans ce système ; car rien ne nous apprend aussi bien à être dignes de la liberté que la liberté elle-même. Cette proposition ne sera pas admise, il est vrai, par ceux qui se sont si souvent servis de ce prétendu manque de maturité comme d'un prétexte pour faire durer l'oppression. Pourtant elle est basée, je crois, sur la nature même de l'homme. L'absence de maturité pour la liberté ne peut venir que du manque de forces intellectuelles et morales ; on ne combattra cette insuffisance qu'en augmentant ces forces ; pour les augmenter, il faut qu'elles s'exercent ; pour qu'elles s'exercent, il faut l'esprit d'initiative que fait naître la liberté. Ce n'est pas, à proprement parler, donner la liberté que d'écarter des liens, quand celui qui les porte n'en souffre pas. Mais il n'existe aucun homme au monde, si abandonné qu'il soit de la nature, si abaissée que soit sa condition, qu'on ne puisse décharger d'une partie quelconque de ces liens. Ainsi donc, qu'on les écarte peu à peu et successivement, à mesure que s'éveille le sentiment de la liberté, et à chaque pas nouveau fait dans cette voie, on accélérera la marche du progrès. La reconnaissance et la constatation des indices caractéristiques de ce réveil peuvent encore soulever de grandes difficultés. Mais ces difficultés ne sont pas tant dans la théorie que dans l'application, qui, sans doute, ne comporte jamais de règles spéciales, mais qui, ici comme partout, ne peut être que l'œuvre du génie. En théorie, j'essayerais de m'expliquer, comme il suit, ce point d'ailleurs fort compliqué.

Le législateur devrait nécessairement avoir deux choses devant les yeux : 1° la théorie pure développée avec la plus grande exactitude jusque dans les détails ; 2° l'état des faits particuliers qu'il aurait à changer. Il devrait non-seulement envisager la théorie dans toutes ses parties de la manière la plus exacte et la plus complète ; mais il devrait encore avoir présentes à l'esprit les conséquences nécessaires de chacun des principes dans toute leur étendue, dans leurs divers entrecroisements et dans leur dépendance mutuelle les unes des autres, si ces principes ne pouvaient pas tous être réalisés à la fois. Il devrait encore, — et ce point serait à coup sûr infiniment plus difficile, — prendre connaissance de la réalité des faits, de tous les liens que l'État impose aux citoyens, de tous les liens que ceux-ci s'imposent à eux-mêmes, avec la sanction de l'État, contre les règles pures de la théorie, et de toutes les conséquences qui en résultent. Le législateur devrait alors comparer l'un avec l'autre ces deux tableaux, l'un des principes, l'autre des faits; pour transporter dans la réalité un précepte de la théorie, il devrait choisir l'instant où, suivant la comparaison, il se trouverait que, même après cette translation, le principe resterait le même, et de plus produirait les effets que le premier tableau présentait aux yeux. Ou bien, si ces conditions ne pouvaient être remplies, ce moment serait celui où l'on pourrait prévoir que ce défaut des conditions requises se corrigerait par un plus étroit rapprochement entre la réalité et la théorie. Car c'est sur ce but suprême que doivent toujours se fixer les regards du législateur, c'est à rapprocher entièrement ces deux tableaux que doivent tendre tous ses efforts.

Cette proposition, pour ainsi dire figurée, peut paraître étrange, et peut-être plus que cela encore. On dira que ces tableaux ne peuvent pas même demeurer fidèles et qu'il est impossible de les comparer avec exactitude l'un à l'autre. Toutes ces objections sont fondées, mais elles perdent beaucoup de leur force quand on songe que la théorie réclame toujours la liberté, que les faits, en tant qu'ils s'en écartent, présentent toujours la contrainte. Si l'on ne remplace pas toujours la contrainte par la liberté, c'est qu'on ne peut pas faire autrement, et qu'ici cette impossibilité, d'après la nature même des choses, ne peut avoir qu'une des deux raisons suivantes : 1° ou que l'homme, ou que les faits ne sont pas encore mûrs pour la liberté ; que par suite, — ce qui peut provenir tout à la fois et de l'homme et de la situation, — la liberté détruirait les éléments sans lesquels il ne peut y avoir aucune liberté, mais encore sans lesquels on n'en peut même imaginer l'existence ; 2° ou bien, — ce qui est une conséquence propre de la première cause, — que la liberté ne produirait pas les effets salutaires qui l'accompagnent toujours quand elle n'est pas artificielle. Cependant, on ne peut juger les deux états sociaux qu'en se les représentant l'un et l'autre, le régime actuel et le régime réformé, dans toute leur étendue, et qu'en comparant soigneusement entre elles leur forme et leurs conséquences. La difficulté s'amoindrit encore davantage quand on considère que l'État lui-même n'a jamais le pouvoir ou d'opérer une réforme avant qu'il se produise chez les citoyens des signes de réclamation, ou d'écarter des liens avant que leur vice devienne frappant ; elle disparaît de plus en plus, quand on songe que, par suite, l'État n'a en général qu'à remplir le rôle de spectateur, et, si l'occasion se présente, de détruire une disposition restrictive de la liberté, qu'à en apprécier la possibilité ou l'impossibilité, enfin qu'à se laisser guider par la nécessité. En terminant, je n'ai pas besoin de faire remarquer qu'il n'a été question ici que du cas où, en général, une réforme non-seulement matérielle, mais encore morale, est possible à l'État, où par suite les principes du droit ne s'y opposent point.

Seulement, dans ce dernier cas, il faut ne pas oublier que le droit naturel et universel est l'unique base de tout droit positif; qu'en conséquence il faut toujours remonter au premier, et pour citer un axiome juridique qui est comme la source de tous les autres, personne ne peut jamais, en aucune manière, avoir la faculté de disposer des forces ou du bien d'un autre homme sans ou contre sa volonté.

Cela dit, je ne crains pas de poser le principe suivant:

L'État doit, au point de vue des limites de son action, rapprocher la situation réelle des choses de la juste et vraie théorie, autant que la possibilité le lui permet et que des motifs de vraie nécessité ne l'en empêchent pas. La possibilité existe quand les hommes sont suffisamment préparés à la liberté; et la liberté, en théorie, peut toujours produire les salutaires effets qui ne manquent jamais d'en découler quand aucun obstacle ne vient les arrêter (1). Pour qu'il y eût nécessité à ce que l'État s'abstînt de travailler à atteindre ce but, il faudrait que la liberté accordée détruisît les résultats dont l'absence non-seulement étoufferait tout progrès à venir, mais compromettrait l'existence même de la société. Pour apprécier la possibilité ou la nécessité, on doit toujours comparer soigneusement la situation actuelle et la situation modifiée, ainsi que leurs conséquences respectives.

_____

(1) Ceci peut paraître une naïveté. C'est un axiome hardi. La liberté par elle-même est nécessairement féconde en résultats heureux. Si en fait elle est stérile, il faut s'en prendre non à la liberté, mais à des circonstances étrangères qui sont avec elle en conflit.

Cette règle fondamentale découle précisément de ce qui a été dit plus haut à propos de toutes les réformes (p. 242 et suiv., chap. XVI). En effet, aussi bien quand il manque encore quelque chose pour que la nation soit prête à la liberté, que quand les résultats nécessaires dont on a parlé en souffriraient, la réalité empêche les règles de la théorie pure de produire les conséquences qu'elles produiraient toujours si aucun élément étranger ne venait s'y mêler. Je n'ajoute donc rien, et je ne développe pas davantage le principe que j'ai posé. A la vérité, je pourrais classer les situations possibles que présentent les faits, et démontrer comment la théorie s'applique à ces faits. Mais, en le faisant, j'irais contre ce que j'ai dit moi-même. J'ai dit, en effet, qu'une pareille application exige l'étude de l'ensemble et de chacune des parties qui le composent dans leurs rapports les plus exacts; or, on ne peut présenter un tel ensemble au moyen de simples hypothèses.

Si je rattache à cette règle sur la conduite pratique de l'État les lois que la théorie ci-dessus développée lui imposerait, il en résulte qu'il ne devrait jamais permettre qu'à la nécessité de déterminer la sphère de son activité. En effet, la théorie lui permet seulement de prendre soin de la sûreté, parce que c'est là le seul but que l'homme ne puisse pas atteindre à lui seul; ce soin est donc le seul qui soit nécessaire. La règle de la conduite pratique le lie étroitement à la théorie, en tant que les circonstances actuelles ne l'obligent pas absolument de s'en écarter. Le voilà donc ce PRIN-

CIPE DE LA NÉCESSITÉ, auquel tendent, comme à leur but suprême, toutes les idées exprimées dans ce travail. En théorie pure, le caractère propre de l'homme à l'état naturel détermine seul les limites de cette nécessité; dans l'application, la personnalité de l'homme, tel qu'il est en réalité, vient s'y ajouter. Ce principe de la nécessité devrait, suivant moi, servir de règle suprême à tout travail ayant l'homme pour objet. Car c'est le seul qui conduise à des résultats certains et infaillibles. L'utilité qu'on pourrait lui opposer ne permet aucun jugement clair et sûr. Elle exige des calculs de probabilité qui forcément ne peuvent point être exempts d'erreurs, et qui, de plus, courent risque d'être déjoués par de petites circonstances imprévues. Au contraire, la nécessité s'impose à l'âme avec puissance, et ce qu'elle commande est toujours non-seulement utile, mais encore indispensable. L'utilité, ayant un nombre infini de degrés divers, rend nécessaires une foule d'institutions nouvelles qui se succèdent, tandis que, tout au rebours, quand on s'en tient à ce que la nécessité exige, tout en laissant plus de jeu à la force proprement dite, on diminue le besoin que l'on en peut avoir. Enfin, la préoccupation de l'utile conduit surtout à des dispositions positives, la préoccupation du nécessaire à des dispositions négatives; en effet, en supposant l'homme doué de quelque force personnelle et spontanée, la nécessité ne conduit presque jamais qu'à la délivrance de tout lien qui le comprime. De toutes ces raisons, — qu'une analyse plus détaillée pourrait accompagner de beaucoup d'autres

— il résulte qu'il n'est point de principe aussi bien compatible que celui-ci avec le respect dû à la personnalité d'êtres conscients et actifs, et avec le soin de la liberté qui naît de ce respect. Enfin, le seul moyen infaillible de donner aux lois la puissance et l'autorité est de les faire naître exclusivement de ce principe. On a proposé des moyens de plus d'une espèce pour arriver à ce but; comme moyen le plus sûr, on a voulu persuader les citoyens de la bonté et de l'utilité des lois. Mais en admettant, dans un cas déterminé, cette bonté et cette utilité, on se convainc toujours avec peine de l'utilité d'une disposition; des avis différents entraînent des partis divers, et le penchant lui-même vient au-devant de la conviction, car l'homme qui comprend toujours aisément l'utilité qu'il reconnaît par lui-même se roidit contre celle qu'on lui impose. Au contraire, chacun incline volontairement la tête sous le joug de la nécessité. Quand on se trouve engagé dans une situation compliquée, la vue de la nécessité elle-même est sans doute plus difficile à percevoir; mais précisément l'observation de ce principe rend toujours la situation plus simple et en rend toujours la vue plus facile.

J'ai parcouru la carrière que je m'étais tracée au commencement de ce travail. Je me suis toujours senti animé du respect le plus profond pour la dignité intérieure de l'homme et pour la liberté, qui seule est en harmonie avec cette dignité. Puissent mes idées et l'expression dont je les ai revêtues n'être pas indignes de ce sentiment !

FIN

TABLE DES MATIÈRES

258 TABLE DES MATIÈRES.

FIN DE LA TABLE DES MATIÈRES.

Paris. — Imprimerie de E. MARTINET, rue Mignon, 2.

MAI 1879

LIBRAIRIE GERMER BAILLIÈRE et Cᵉ.

108, boulevard Saint-Germain, au coin de la rue Hautefeuille, Paris.

EXTRAIT DU CATALOGUE

BIBLIOTHÈQUE

DE

PHILOSOPHIE CONTEMPORAINE

Volumes in-18 à 2 fr. 50 c.

Cartonnés : 3 fr. ; reliés : 4 fr.

H. Taine.

LE POSITIVISME ANGLAIS, étude sur Stuart Mill.

L'IDÉALISME ANGLAIS, étude sur Carlyle.

PHILOSOPHIE DE L'ART, 3ᵉ édit.

PHILOSOPHIE DE L'ART EN ITALIE, 2ᵉ édition.

DE L'IDÉAL DANS L'ART, 2ᵉ édit.

PHILOSOPHIE DE L'ART DANS LES PAYS-BAS.

PHILOSOPHIE DE L'ART EN GRÈCE.

Paul Janet.

LE MATÉRIALISME CONTEMPORAIN. 2ᵉ édit.

LA CRISE PHILOSOPHIQUE. Taine, Renan, Vacherot, Littré.

LE CERVEAU ET LA PENSÉE.

PHILOSOPHIE DE LA RÉVOLUTION FRANÇAISE.

SAINT-SIMON ET LE SAINT-SIMONISME.

DIEU, L'HOMME ET LA BÉATITUDE (Œuvre inédite de Spinoza).

Odysse-Barot.

PHILOSOPHIE DE L'HISTOIRE.

Alaux.

PHILOSOPHIE DE M. COUSIN.

Ad. Franck.

PHILOSOPHIE DU DROIT PÉNAL.

PHILOSOPHIE DU DROIT ECCLÉSIASTIQUE.

LA PHILOSOPHIE MYSTIQUE EN FRANCE AU XVIIIᵉ SIÈCLE.

Charles de Rémusat.

PHILOSOPHIE RELIGIEUSE.

Charles Lévêque.

LE SPIRITUALISME DANS L'ART.

LA SCIENCE DE L'INVISIBLE. Étude de psychologie et de théodicée.

Émile Saisset.

L'AME ET LA VIE, suivi d'une étude sur l'Esthétique française.

CRITIQUE ET HISTOIRE DE LA PHILOSOPHIE (frag. et disc.).

Auguste Laugel.

LES PROBLÈMES DE LA NATURE.

LES PROBLÈMES DE LA VIE.

LES PROBLÈMES DE L'AME.

LA VOIX, L'OREILLE ET LA MUSIQUE.

L'OPTIQUE ET LES ARTS.

Challemel-Lacour.

LA PHILOSOPHIE INDIVIDUALISTE.

L. Büchner.

SCIENCE ET NATURE, trad. de l'allem. par Aug. Delondre. 2 vol.

Albert Lemoine.

LE VITALISME ET L'ANIMISME DE STAHL.

DE LA PHYSIONOMIE ET DE LA PAROLE.

L'HABITUDE ET L'INSTINCT.

Milsand.

L'ESTHÉTIQUE ANGLAISE, étude sur John Ruskin.

A. Véra.

ESSAIS DE PHILOSOPHIE HÉGÉLIENNE.

Beaussire.

ANTÉCÉDENTS DE L'HEGÉLIANISME DANS LA PHILOS. FRANÇAISE.

BIBLIOTHÈQUE DE PHILOSOPHIE CONTEMPORAINE

FORMAT IN-8

Volumes à 5 fr., 7 fr. 50 et 10 fr. Cart., 1 fr. en plus par vol.; reliure, 2 fr.

JULES BARNI.

La morale dans la démocratie. 1 vol.   5 fr.

AGASSIZ.

De l'espèce et des classifications, traduit de l'anglais par M. Vogeli. 1 vol.   5 fr.

STUART MILL.

La philosophie de Hamilton, traduit de l'anglais par M. Cazelles. 1 fort vol.   10 fr.

Mes mémoires. Histoire de ma vie et de mes idées, traduit de l'anglais par M. E. Cazelles. 1 vol.   5 fr.

Système de logique déductive et inductive. Exposé des principes de la preuve et des méthodes de recherche scientifique, traduit de l'anglais par M. Louis Peisse. 2 vol.   20 fr.

Essais sur la Religion, traduits de l'anglais par M. E. Cazelles. 1 vol.   5 fr.

DE QUATREFAGES.

Ch. Darwin et ses précurseurs français. 1 vol.   5 fr.

HERBERT SPENCER.

Les premiers principes. 1 fort vol. traduit de l'anglais par M. Cazelles.   10 fr.

Principes de psychologie, traduits de l'anglais par MM. Th. Ribot et Espinas. 2 vol.   20 fr.

Principes de biologie, traduits par M. Cazelles. 2 vol. in-8. 1877-1878.   20 fr.

Principes de sociologie. Tome 1er. 1 vol. in-8. 1878.   10 fr.

Essais sur le progrès, traduits de l'anglais par M. Burdeau. 1 vol. in-8. 1877.   7 fr. 50

Essais de politique. 1 vol. in-8, traduit par M. Burdeau.   7 fr. 50

Essais scientifiques. 1 vol. in-8, traduit par M. Burdeau.   7 fr. 50

De l'éducation physique, intellectuelle et morale. 1 volume in-8. 2e édition.   5 fr.

AUGUSTE LAUGEL.

Les problèmes (Problèmes de la nature, problèmes de la vie, problèmes de l'âme). 1 fort vol.   7 fr. 50

ÉMILE SAIGEY.

Les sciences au XVIIIe siècle, la physique de Voltaire. 1 vol.   5 fr.

PAUL JANET.

Histoire de la science politique dans ses rapports avec la morale. 2e édition, 2 vol.   20 fr.

Les causes finales. 1 vol. in-8. 1876.   10 fr.

TH. RIBOT.

De l'hérédité. 1 vol. 10 fr

La psychologie anglaise contemporaine (école expérimentale) 1 vol., 2ᵉ édition. 1875. 7 fr. 50

La psychologie allemande contemporaine (école expérimentale) 1 vol. in-8. 1879. 7 fr. 50

HENRI RITTER.

Histoire de la philosophie moderne, traduction française, précédée d'une introduction par M. P. Challemel-Lacour. 3 vol. 20 fr.

ALF. FOUILLÉE.

La liberté et le déterminisme. 1 vol. 7 fr. 50

DE LAVELEYE.

De la propriété et de ses formes primitives. 1 vol., 2ᵉ édit. 1877. 7 fr. 50

BAIN.

La logique inductive et déductive, traduit de l'anglais par M. Compayré. 2 vol. 20 fr.

Des sens et de l'intelligence. 1 vol. traduit de l'anglais par M. Cazelles. 10 fr.

Les émotions et la volonté. 1 fort vol. (Sous presse.)

MATTHEW ARNOLD.

La crise religieuse. 1 vol. in-8. 1876. 7 fr. 50

BARDOUX.

Les légistes et leur influence sur la société française. 1 vol. in-8. 1877. 5 fr.

HARTMANN (E. DE).

La philosophie de l'inconscient, traduit de l'allemand par M. D. Nolen, avec une préface de l'auteur écrite pour l'édition française. 2 vol. in-8. 1877. 20 fr.

La philosophie allemande du XIXᵉ siècle, dans ses principaux représentants, traduit de l'allemand par M. D. Nolen. 1 vol. in-8. (Sous presse.)

ESPINAS (ALF.).

Des sociétés animales. 1 vol. in-8, 2ᵉ éd., précédée d'une Introduction sur l'Histoire de la sociologie, 1878. 7 fr. 50

FLINT.

La philosophie de l'histoire en France, traduit de l'anglais par M. Ludovic Carrau. 1 vol. in-8. 1878. 7 fr. 50

La philosophie de l'histoire en Allemagne, traduit de l'anglais par M. Ludovic Carrau. 1 vol. in-8. 1878. 7 fr. 50

LIARD.

La science positive et la métaphysique. 1 v. in-8. 7 fr. 50

GUYAU.

Les moralistes anglais contemporains. 1 vol. in-8. 7 fr. 50

BIBLIOTHÈQUE
D'HISTOIRE CONTEMPORAINE

Vol. in-18 à 3 fr. 50.

Vol. in-8 à 5 et 7 fr. Cart. 1 fr. en plus par vol.; relure 2 fr.

AUTRICHE-HONGRIE

HISTOIRE DE L'AUTRICHE, depuis la mort de Marie-Thérèse jusqu'à nos jours, par *L. Asseline*. 1 volume in-18. . . . . 3 50

HISTOIRE DES HONGROIS et de leur littérature politique de 1790 à 1815, par *Ed. Sayous*. 1 vol. in-18. . . . . 3 50

ESPAGNE

L'ESPAGNE CONTEMPORAINE, journal d'un voyageur, par *Louis Teste*. 1 vol. in-18. . . . . 3 50

HISTOIRE DE L'ESPAGNE, depuis la mort de Charles III jusqu'à nos jours, par *H. Reynald*. 1 vol. in-18. . . . . 3 50

RUSSIE

LA RUSSIE CONTEMPORAINE, par *Herbert Barry*, traduit de l'anglais. 1 vol. in-18. . . . . 3 50

HISTOIRE CONTEMPORAINE DE LA RUSSIE, par M. *F. Brunetière*. 1 volume in-18. . . . . *(Sous presse.)* 3 50

SUISSE

LA SUISSE CONTEMPORAINE, par *H. Dixon*. 1 vol. in-18, traduit de l'anglais. 3 50

HISTOIRE DU PEUPLE SUISSE, par *Daendliker*, traduit de l'allemand par madame *Jules Favre*, et précédé d'une Introduction de M. *Jules Favre*. 1 vol. in-8 . . . . 5 fr.

ITALIE

HISTOIRE DE L'ITALIE, depuis 1815 jusqu'à nos jours, par *Elie Sorin*. 1 vol. in-8 . . . . *(Sous presse.)* 3 50

AMÉRIQUE

HISTOIRE DE L'AMÉRIQUE DU SUD, depuis sa conquête jusqu'à nos jours, par *Alf. Deberle*. 1 vol. in-18. . . . . 3 50

HISTOIRE DE L'AMÉRIQUE DU NORD (États-Unis, Canada, Mexique), par *Ad. Cohn*. 1 vol. in-18. . . . . *(Sous presse.)*

LES ETATS-UNIS PENDANT LA GUERRE, 1861-1864. Souvenirs personnels, par *Aug. Laugel*. 1 vol. in-18. . . . . 3 50

Eug. Despois. LE VANDALISME RÉVOLUTIONNAIRE. Fondations littéraires, scientifiques et artistiques de la Convention. 1 vol. in-18. . . . . . 3 50

Victor Meunier. SCIENCE ET DÉMOCRATIE. 2 vol. in-18, chacun séparément 3 50

Jules Barni. HISTOIRE DES IDÉES MORALES ET POLITIQUES EN FRANCE AU XVIIIᵉ SIÈCLE. 2 vol. in-18, chaque volume 3 50
— NAPOLÉON Iᵉʳ ET SON HISTORIEN M. THIERS. 1 vol. in-18. . . . 3 50
— LES MORALISTES FRANÇAIS AU XVIIIᵉ SIÈCLE. 1 vol. in 18. . . . 3 50

Émile Montégut. LES PAYS-BAS. Impressions de voyage et d'art. 1 vol. in-18. . . . . 3 50

Émile Beaussire. LA GUERRE ÉTRANGÈRE ET LA GUERRE CIVILE. 1 vol. in-18. . . . . 3 50

J. Clamageran. LA FRANCE RÉPUBLICAINE. 1 volume in-18. . . 3 50

E. Duvergier de Hauranne. LA RÉPUBLIQUE CONSERVATRICE. 1 vol. in-18. . . . . 3 50

BIBLIOTHÈQUE SCIENTIFIQUE
INTERNATIONALE

La *Bibliothèque scientifique internationale* n'est pas une entreprise de librairie ordinaire. C'est une œuvre dirigée par les auteurs mêmes, en vue des intérêts de la science, pour la populariser sous toutes ses formes, et faire connaître immédiatement dans le monde entier les idées originales, les directions nouvelles, les découvertes importantes qui se font chaque jour dans tous les pays. Chaque savant expose les idées qu'il a introduites dans la science et condense pour ainsi dire ses doctrines les plus originales.

On peut ainsi, sans quitter la France, assister et participer au mouvement des esprits en Angleterre, en Allemagne, en Amérique, en Italie, tout aussi bien que les savants mêmes de chacun de ces pays.

La *Bibliothèque scientifique internationale* ne comprend pas seulement des ouvrages consacrés aux sciences physiques et naturelles, elle aborde aussi les sciences morales, comme la philosophie, l'histoire, la politique et l'économie sociale, la haute législation, etc.; mais les livres traitant des sujets de ce genre se rattacheront encore aux sciences naturelles, en leur empruntant les méthodes d'observation et d'expérience qui les ont rendues si fécondes depuis deux siècles.

Cette collection paraît à la fois en français, en anglais, en allemand, en russe et en italien : à Paris, chez Germer Baillière et Cie ; à Londres, chez C. Kegan, Paul et Cie; à New-York, chez Appleton ; à Leipzig, chez Brockhaus ; à Saint-Pétersbourg, chez Koropchevski et Goldsmith, et à Milan, chez Dumolard frères.

EN VENTE :

VOLUMES IN-8, CARTONNÉS A L'ANGLAISE, A 6 FRANCS

Les mêmes, en demi-reliure, veau. — 1O francs.

10. BALFOUR STEWART. **La conservation de l'énergie**, suivie d'une étude sur la nature de la force, par *M. P. de Saint-Robert*, avec figures. 1 vol. in-8. 3ᵉ édition. 6 fr.

11. DRAPER. **Les conflits de la science et de la religion.** 1 vol. in-8. 6ᵉ édition, 1878. 6 fr.

12. SCHUTZENBERGER. **Les fermentations.** 1 vol. in-8, avec fig. 3ᵉ édition, 1878. 6 fr.

13. L. DUMONT. **Théorie scientifique de la sensibilité.** 1 vol. in-8. 2ᵉ édition. 6 fr.

14. WHITNEY. **La vie du langage.** 1 vol. in-8. 2ᵉ édit. 6 fr.

15. COOKE ET BERKELEY. **Les champignons.** 1 vol. in-8, avec figures. 3ᵉ édition. 6 fr.

16. BERNSTEIN. **Les sens.** 1 vol. in-8, avec 91 fig. 2ᵉ édit. 6 fr.

17. BERTHELOT. **La synthèse chimique.** 1 vol. in-8. 3ᵉ édition. 1879. 6 fr.

18. VOGEL. **La photographie et la chimie de la lumière,** avec 95 figures. 1 vol. in-8. 2ᵉ édition. 6 fr.

19. LUYS. **Le cerveau et ses fonctions,** avec figures. 1 vol. in-8. 4ᵉ édition. 6 fr.

20. STANLEY JEVONS. **La monnaie et le mécanisme de l'échange.** 1 vol. in-8. 2ᵉ édition. 6 fr.

21. FUCHS. **Les volcans.** 1 vol. in-8, avec figures dans le texte et une carte en couleur. 2ᵉ édition. 6 fr.

22. GÉNÉRAL BRIALMONT. **Les camps retranchés et leur rôle dans la défense des États,** avec fig. dans le texte et 2 planches hors texte. 6 fr.

23. DE QUATREFAGES. **L'espèce humaine.** 1 vol. in-8. 4ᵉ édition. 1878. 6 fr.

24. BLASERNA ET HELMOLTZ. **Le son et la musique,** et *les Causes physiologiques de l'harmonie musicale.* 1 vol. in-8, avec figures, 2ᵉ édit. 1879. 6 fr.

25. ROSENTHAL. **Les nerfs et les muscles.** 1 vol. in-8, avec 75 figures. 2ᵉ édition, 1878. 6 fr.

26. BRUCKE ET HELMHOLTZ. **Principes scientifiques des beaux-arts,** suivis de l'Optique et la peinture, avec 39 figures dans le texte. 1878. 6 fr.

27. WURTZ. **La théorie atomique.** 1 vol. in-8. 2ᵉ éd., 1879. 6 fr.

28-29. SECCHI (le Père). **Les étoiles.** 2 vol. in-8, avec 63 figures dans le texte et 17 pl. en noir et en couleurs tirées hors texte, 1879. 12 fr.

30. JOLY. **L'homme primitif.** 1 vol. in-8, avec fig. 1879. 6 fr.

OUVRAGES SUR LE POINT DE PARAITRE :

A. BAIN. **La science de l'éducation.**

HERBERT SPENCER. **Introduction à la morale.**

HUXLEY. **L'écrevisse** (avec figures).

THURSTON. **Histoire des machines à vapeur** (avec figures).

RÉCENTES PUBLICATIONS

HISTORIQUES ET PHILOSOPHIQUES

Qui ne se trouvent pas dans les Bibliothèques,

ALAUX. **La religion progressive.** 1869. 1 vol. in-18. 3 fr. 50

ARRÉAT. **Une éducation intellectuelle.** 1 vol. in-18. 2 fr. 50

AUDIFFRET-PASQUIER. **Discours devant les commissions de la réorganisation de l'armée et des marchés.** In-4.
2 fr. 50

BAUTAIN. **La philosophie morale.** 2 vol. in-8. 12 fr.

BÉNARD (Ch.). **De la Philosophie dans l'éducation classique,** 1862. 1 fort vol. in-8. 6 fr.

BERTAULD (P.-A). **Introduction à la recherche des causes premières. — De la méthode.** Tome Ier. 1 vol. in-18. 3 fr. 50

BLAIZE (A.). **Des monts-de-piété** et des banques de prêts sur gages en France et dans les divers États. 2 vol. in-8. 15 fr.

BLANCHARD. **Les métamorphoses, les mœurs et les instincts des insectes,** par M. Émile BLANCHARD, de l'Institut, professeur au Muséum d'histoire naturelle. 1 magnifique volume in-8 jésus, avec 160 figures intercalées dans le texte et 40 grandes planches hors texte. 2e édition, 1877. Prix, broché. 25 fr.
Relié en demi-maroquin. 30 fr.

BLANQUI. **L'éternité par les astres,** hypothèse astronomique. 1872, in-8. 2 fr.

BORÉLY (J.). **Nouveau système électoral, représentation proportionnelle de la majorité et des minorités.** 1870, 1 vol. in-18 de XVIII-194 pages. 2 fr. 50

BOUCHARDAT. **Le travail,** son influence sur la santé (conférences faites aux ouvriers). 1863. 1 vol. in-18. 2 fr. 50

BOURBON DEL MONTE (François). **L'homme et les animaux,** essai de psychologie positive. 1 vol. in-8, avec 3 pl. hors texte. 5 fr.

BOURDET (Eug.). **Principe d'éducation positive,** nouvelle édition, entièrement refondue, précédée d'une préface de M. CH. ROBIN. 1 vol. in-18 (1877). 3 fr. 50

BOURDET (Eug.). **Vocabulaire des principaux termes de la philosophie positive,** avec notices biographiques appartenant au calendrier positiviste. 1 vol. in-18 (1875). 3 fr. 50

BOUTROUX. **De la contingence des lois de la nature.** In-8, 1874. 4 fr.

CADET. **Hygiène, inhumation, crémation** ou incinération des corps. 1 vol. in-18, avec figures dans le texte. 2 fr.

CARETTE (le colonel). **Études sur les temps antéhistoriques.** Première étude : *Le Langage.* 1 vol. in-8, 1878. 8 fr.

CHASLES (Philarète). **Questions du temps et problèmes d'autrefois.** Pensées sur l'histoire, la vie sociale, la littérature. 1 vol. in-18, édition de luxe. 3 fr.

CLAVEL. **La morale positive.** 1873, 1 vol. in-18. 3 fr.

CLAVEL. **Les principes au XIXᵉ siècle.** 1 v. in-18 ,1877. 1 fr.

CONTA. **Théorie du fatalisme.** 1 vol. in-18, 1877. 4 fr.

COQUEREL (Charles). **Lettres d'un marin à sa famille.** 1870, 1 vol. in-18. 3 fr. 50

COQUEREL fils (Athanase). **Libres études** (religion, critique, histoire, beaux-arts). 1867, 1 vol. in-8. 5 fr.

COQUEREL fils (Athanase). **Pourquoi la France n'est-elle pas protestante?** Discours prononcé à Neuilly le 1ᵉʳ novembre 1866. 2ᵉ édition, in-8. 1 fr.

COQUEREL fils (Athanase). **La charité sans peur,** sermon en faveur des victimes des inondations, prêché à Paris le 18 novembre 1866. In-8. 75 c.

COQUEREL fils (Athanase). **Évangile et liberté,** discours d'ouverture des prédications protestantes libérales, prononcé le 8 avril 1868. In-8. 50 c.

COQUEREL fils (Athanase). **De l'éducation des filles,** réponse à Mgr l'évêque d'Orléans, discours prononcé le 3 mai 1868. In-8. 1 fr.

CORBON. **Le secret du peuple de Paris.** 1 vol. in-8. 5 fr.

CORMENIN (de)- TIMON. **Pamphlets anciens et nouveaux.** Gouvernement de Louis-Philippe, République, Second Empire. 1 beau vol. in-8 cavalier. 7 fr. 50

Conférences de la Porte-Saint-Martin pendant le siége de Paris. Discours de MM. *Desmarets* et *de Pressensé.* — Discours de M. *Coquerel,* sur les moyens de faire durer la République. — Discours de M. *Le Berquier,* sur la Commune. — Discours de M. *E. Bersier,* sur la Commune. — Discours de M. *H. Cernuschi,* sur la Légion d'honneur. In-8. 1 fr. 25

Sir G. CORNEWALL LEWIS. **Quelle est la meilleure forme de gouvernement?** Ouvrage traduit de l'anglais, précédé d'une Étude sur la vie et les travaux de l'auteur, par M. Mervoyer, docteur ès lettres. 1867, 1 vol. in-8. 3 fr. 50

CORTAMBERT (Louis). **La religion du progrès.** 1874, 1 vol. in-18. 3 fr. 50

DAURIAC (Lionel). **Des notions de force et de matière dans les sciences de la nature.** 1 vol. in-8, 1878, 5 fr.

DAVY. **Les conventionnels de l'Eure.** Buzot, Duroy, Lindet, à travers l'histoire. 2 forts vol. in-8 (1876). 18 fr.

DELAVILLE. **Cours pratique d'arboriculture fruitière** pour la région du nord de la France, avec 269 fig. In-8. 6 fr.

DELBŒUF. **La psychologie comme science naturelle.** 1 vol. in-8, 1876. 2 fr. 50

DELEUZE. **Instruction pratique sur le magnétisme animal,** précédée d'une Notice sur la vie de l'auteur. 1853. 1 vol. in-12. 3 fr. 50

DESJARDINS. **Les jésuites et l'université devant le parlement de Paris** au XVIe siècle, 1 br. in 8 (1877). 1 fr. 25

DESTREM (J.). **Les déportations du Consulat.** 1 br. in-8. 1 fr. 50

DOLLFUS (Ch.). **De la nature humaine.** 1868, 1 v. in-8. 5 fr.

DOLLFUS (Ch.). **Lettres philosophiques.** 3e édition. 1869, 1 vol. in-18. 3 fr. 50

DOLLFUS (Ch.). **Considérations sur l'histoire.** Le monde antique. 1872, 1 vol. in-8. 7 fr. 50

DOLLFUS (Ch.). **L'âme dans les phénomènes de conscience.** 1 vol. in-18 (1876). 3 fr.

DUBOST (Antonin). **Des conditions de gouvernement en France.** 1 vol. in-8 (1875). 7 fr. 50

DUFAY. **Etudes sur la Destinée.** 1 vol. in-18, 1876. 3 fr.

DUMONT (Léon). **Le sentiment du gracieux.** 1 vol. in-8. 3 fr.

DUMONT (Léon). **Des causes du rire.** 1 vol. in-8. 2 fr.

DU POTET. **Manuel de l'étudiant magnétiseur.** Nouvelle édition. 1868, 1 vol. in-18. 3 fr. 50

DU POTET. **Traité complet de magnétisme,** cours en douze leçons. 1879, 4e édition, 1 vol. in-8 de 634 pages. 8 fr.

DUPUY (Paul). **Études politiques,** 1874. 1 v. in-8. 3 fr. 50

DUVAL-JOUVE. **Traité de Logique,** 1855. 1 vol. in-8. 6 fr.

Éléments de science sociale. Religion physique, sexuelle et naturelle. 1 vol. in-18. 3e édit., 1877. 3 fr. 50

ÉLIPHAS LÉVI. **Dogme et rituel de la haute magie.** 1861, 2e édit., 2 vol. in-8, avec 24 fig. 18 fr.

ÉLIPHAS LÉVI. **Histoire de la magie,** 1860, 1 vol. in-8, avec 90 fig. 12 fr.

ÉLIPHAS LÉVI. **La science des esprits,** révélation du dogme secret des Kabbalistes, esprit occulte de l'Évangile, appréciation des doctrines et des phénomènes spirites. 1865, 1 v. in-8. 7 fr.

ÉLIPHAS LÉVI. **Clef des grands mystères,** suivant Hénoch, Abraham, Hermès Trismégiste et Salomon. 1861, 1 vol. in-8, avec 20 planches. 12 fr.

EVANS (John). **Les âges de la pierre,** 1 beau volume grand in-8, avec 467 fig. dans le texte, trad. par M. Ed. BARBIER. 1878. 15 fr. — En demi-reliure. 18 fr.

FABRE (Joseph). **Histoire de la philosophie.** Première partie: Antiquité et moyen âge. 1 v. in-12, 1877. 3 fr. 50 Deuxième partie: Renaissance et temps modernes. (*Sous presse.*)

FAU. **Anatomie des formes du corps humain,** à l'usage des peintres et des sculpteurs. 1866, 1 vol. in-8 et atlas de 25 planches. 2e édition. Prix, fig. noires. 20 fr.; fig. coloriées. 35 fr.

FAUCONNIER. **La question sociale,** in-18, 1878. 3 fr. 50

FAUCONNIER. **Protection et libre échange**, brochure in-8
(1879). 2 fr.

FOX (W.-J.). **Des idées religieuses.** In-12. 1876. 3 fr.

FERBUS (N.). **La science positive du bonheur.** 1 v. in-18. 3 fr.

FERRIER (David). **Les fonctions du cerveau.** 1 vol. in-8,
traduit de l'anglais. 1878, avec fig. 10 fr.

FERRON (de). **Théorie du progrès,** 2 vol. in-18. 7 fr.

FERRIÈRE (Em.). **Le darwinisme.** 1872, 1 v. in-18. 4 fr. 50

FONCIN. **Essai sur le ministère de Turgot.** 1 vol. grand
in-8 (1876). 8 fr.

FOX (W.-J.). **Des idées religieuses.** In-8, 1876. 3 fr.

FRÉDÉRIQ. **Hygiène populaire.** 1 vol. in-12, 1875. 4 fr.

GASTINEAU. **Voltaire en exil.** 1 vol. in-18. 3 fr.

GÉRARD (Jules). **Maine de Biran, essai sur sa philosophie.**
1 fort vol. in-8, 1876. 10 fr.

GOUET (Amédée). **Histoire nationale de France,** d'après des
documents nouveaux.
Tome I. Gaulois et Francks. — Tome II. Temps féodaux. —
Tome III. Tiers état. — Tome IV. Guerre des princes. — Tome V.
Renaissance. — Tome VI. Réforme. — Tome VII. Guerres de
religion. (*Sous presse.*) Prix de chaque vol. in-8. 5 fr.

GUICHARD (Victor). **La liberté de penser,** fin du pouvoir spirituel. 1 vol. in-18, 2e édition, 1878. 3 fr. 50

GUILLAUME (de Moissey). **Nouveau traité des sensations.**
2 vol. in-8 (1876). 15 fr.

HERZEN. **Œuvres complètes.** Tome Ier. *Récits et nouvelles.*
1874, 1 vol. in-18. 3 fr. 50

HERZEN. **De l'autre Rive.** 4e édition, traduit du russe par
M. Herzen fils. 1 vol. in-18. 3 fr. 50

HERZEN. **Lettres de France et d'Italie.** 1871, in-18. 3 fr. 50

ISSAURAT. **Moments perdus de Pierre-Jean,** observations,
pensées, 1868, 1 vol. in-18. 3 fr.

ISSAURAT. **Les alarmes d'un père de famille,** suscitées,
expliquées, justifiées et confirmées par lesdits faits et gestes de
Mgr Dupanloup et autres. 1868, in-8. 1 fr.

JOZON (Paul). **Des principes de l'écriture phonétique** et
des moyens d'arriver à une orthographe rationnelle et à une
écriture universelle. 1 vol. in-18. 1877. 3 fr. 50

LABORDE. **Les hommes et les actes de l'insurrection de
Paris** devant la psychologie morbide. 1 vol. in-18. 2 fr. 50

LACHELIER. **Le fondement de l'induction.** 1 vol. in-8. 3 fr. 50

LACOMBE. **Mes droits.** 1869, 1 vol. in-12. 2 fr. 50

LAMBERT. **Hygiène de l'Égypte.** 1873, 1 vol. in-18. 2 fr. 50

LANGLOIS. **L'homme et la Révolution.** Huit études dédiées à
P.-J. Proudhon. 1867, 2 vol. in-18. 7 fr.

LAUSSEDAT. **La Suisse**. Études médicales et sociales. 2e édit., 1875. 1 vol. in-18. 3 fr. 50

LAVELEYE (Em. de). **De l'avenir des peuples catholiques.** 1 brochure in-8. 21e édit. 1876. 25 c.

LAVERGNE (Bernard). **L'ultramontanisme et l'État.** 1 vol. in-8 (1875). 1 fr. 50

LE BERQUIER. **Le barreau moderne.** 1871, in-18. 3 fr. 50

LEDRU (Alphonse). **Organisation, attributions et responsabilité des conseils de surveillance des sociétés en commandite par actions.** Grand in-8 (1876). 3 fr. 50

LEDRU (Alphonse). **Des publicains et des Sociétés vectigaliennes.** 1 vol. grand in-8 (1876). 3 fr.

LEDRU-ROLLIN. **Discours politiques et écrits divers.** 2 vol. in-8 cavalier (1879). 12 fr.

LEMER (Julien). **Dossier des jésuites et des libertés de l'Église gallicane.** 1 vol. in-18 (1877). 3 fr. 50

LITTRÉ. **Conservation, révolution et positivisme.** 1 vol. in-12, 2e édition (1879). 5 fr.

LITTRÉ. **Fragments de philosophie.** 1 vol. in-8. 1876. 8 fr.

LITTRÉ. **Application de la philosophie positive** au gouvernement des Sociétés. In-8. 3 fr. 50

LITTRÉ. **Conservation, révolution et positivisme.** 1 vol. in-12. 2e édition. 1879. 5 fr.

LORAIN (P.). **L'assistance publique.** 1871, in-4 de 56 p. 1 fr.

LUBBOCK (sir John). **L'homme préhistorique**, étudié d'après les monuments et les costumes retrouvés dans les différents pays de l'Europe, suivi d'une Description comparée des mœurs des sauvages modernes, traduit de l'anglais par M. Ed. BARBIER, 526 figures intercalées dans le texte. 1876, 2e édition, considérablement augmentée, suivie d'une conférence de M. P. BROCA sur *les Troglodytes de la Vezère*. 1 beau vol. in-8, br. 15 fr.
    Cart. riche, doré sur tranche. 18 fr.

LUBBOCK (sir John). **Les origines de la civilisation.** État primitif de l'homme et mœurs des sauvages modernes. 1877, 1 vol. grand in-8 avec figures et planches hors texte. Traduit de l'anglais par M. Ed. BARBIER. 2e édition. 1877. 15 fr.
    Relié en demi-maroquin avec nerfs. 18 fr.

MAGY. **De la science et de la nature**, essai de philosophie première. 1 vol. in-8. 6 fr.

MARAIS (Aug.). **Garibaldi et l'armée des Vosges.** 1872, 1 vol. in-18. 1 fr. 50

MENIÈRE. **Cicéron médecin**, étude médico-littéraire. 1862, 1 vol. in-18. 4 fr. 50

MENIÈRE. **Les consultations de madame de Sévigné**, étude médico-littéraire. 1864, 1 vol. in-8. 3 fr.

MESMER. **Mémoires et aphorismes**, suivi des procédés de d'Eslon. Nouvelle édition, avec des notes, par J.-J.-A. RICARD. 1846, in-18. 2 fr. 50

MICHAUT (N.). **De l'imagination**. Études psychologiques. 1 vol. in-8 (1876). 5 fr.

MILSAND. **Les études classiques** et l'enseignement public. 1873, 1 vol. in-18. 3 fr. 50

MILSAND. **Le code et la liberté.** 1865, in-8. 2 fr.

MIRON. **De la séparation du temporel et du spirituel.** 1866, in-8. 3 fr. 50

MORIN. **Du magnétisme et des sciences occultes.** 1860, 1 vol. in-8. 6 fr.

MORIN (Fredéric). **Politique et philosophie,** précédé d'une introduction de M. JULES SIMON. 1 vol. in-18. 1876. 3 fr. 50

MUNARET. **Le médecin des villes et des campagnes.** 4ᵉ édition, 1862, 1 vol. grand in-18. 4 fr. 50

NOLEN (D.). **La critique de Kant et la métaphysique de Leibniz,** histoire et théorie de leurs rapports. 1 volume in-8 (1875). 6 fr.

NOURRISSON. **Essai sur la philosophie de Bossuet.** 1 vol. in-8. 4 fr.

OGER. **Les Bonaparte** et les frontières de la France. In-18. 50 c.

OGER **La République.** 1871, brochure in-8. 50 c.

OLLÉ-LAPRUNE. **La philosophie de Malebranche.** 2 vol. in-8. 16 fr.

PARIS (comte de). **Les associations ouvrières en Angleterre** (trades-unions). 1869, 1 vol. gr. in-8. 2 fr. 50
    Édition sur papier de Chine : Broché. 12 fr.
    — Reliure de luxe. 20 fr.

PENJON. **Berkeley,** sa vie et ses œuvres. In-8, 1878. 7 fr. 50

PEREZ (Bernard). **Les trois premières années de l'enfant,** étude de psychologie expérimentale. 1878, 1 vol. 3 fr. 50

PETROZ (P.). **L'art et la critique en France** depuis 1822. 1 vol. in-18. 1875. 3 fr. 50

POEY (André). **Le positivisme.** 1 fort vol. in-12 (1876). 4 fr. 50

PUISSANT (Adolphe). **Erreurs et préjugés populaires.** 1873, 1 vol. in-18. 3 fr. 50

Recrutement des armées de terre et de mer, loi de 1872. 1 vol. in-4. 12 fr.

Réorganisation des armées active et territoriale, lois de 1873-1875. 1 vol. in-4. 18 fr.

REYMOND (William). **Histoire de l'art.** 1874, 1 vol. in-8. 5 fr.

RIBOT (Paul). **Matérialisme et spiritualisme.** 1873, in-8. 6 fr.

SALETTA. **Principe de logique positive,** ou traité de scepticisme positif. Première partie (de la connaissance en général). 1 vol. gr. in-8. 3 fr. 50

SECRÉTAN. **Philosophie de la liberté,** l'histoire, l'idée. 3ᵉ édition, 1879, 2 vol. in-8. 10 fr.

SIEGFRIED (Jules). **La misère, son histoire, ses causes, ses remèdes.** 1 vol. grand in-18. 3ᵉ édition (1879).　　2 fr. 50

SIÈREBOIS. **Autopsie de l'âme.** Identité du matérialisme et du vrai spiritualisme. 2ᵉ édit. 1873, 1 vol. in-18.　　2 fr. 50

SIÈREBOIS. **La morale** fouillée dans ses fondements. Essai d'anthropodicée. 1867, 1 vol. in-8.　　6 fr.

SIÈREBOIS. **Psychologie réaliste.** Étude sur les éléments réels de l'âme et de la pensée. 1 vol. in-18 (1876).　　2 fr. 50

SMEE (A.). **Mon jardin,** géologie, botanique, histoire naturelle. 1876, 1 magnifique vol. gr in-8, orné de 1300 fig. et 52 pl. hors texte, traduit de l'anglais par M. BARBIER. 1876. Broché. 15 fr. Cartonnage riche, doré sur tranches.　　20 fr.

SOREL (ALBERT). **Le traité de Paris du 20 novembre 1815.** 1873, 1 vol. in-8.　　4 fr. 50

THULIÉ. **La folie et la loi.** 1867, 2ᵉ édit., 1 vol. in-8. 3 fr. 50

THULIÉ. **La manie raisonnante du docteur Campagne.** 1870, broch. in-8 de 132 pages.　　2 fr.

TIBERGHIEN. **Les commandements de l'humanité.** 1872, 1 vol. in-18.　　3 fr.

TIBERGHIEN. **Enseignement et philosophie.** In-18.　4 fr.

TISSANDIER. **Études de Théodicée.** 1869, in-8 de 270 p. 4 fr.

TISSOT. **Principes de morale**, leur caractère rationnel et universel, leur application. Couronné par l'Institut. In-8.　6 fr.

VAN DER REST. **Platon et Aristote.** Essai sur les commencements de la science politique. 1 fort vol. in-8 (1876). 10 fr.

VÉRA. **Strauss. L'ancienne et la nouvelle foi.** In-8. 6 fr.

VÉRA. **Cavour et l'Église libre dans l'État libre.** 1874, in-8.　　3 fr. 50

VÉRA. **L'Hegélianisme et la philosophie.** In-18.　3 fr. 50

VÉRA. **Mélanges philosophiques.** 1 vol. in-8, 1862.　5 fr.

VÉRA. **Platonis, Aristotelis et Hegelii de medio termino doctrina.** 1 vol. in-8. 1845.　　1 fr. 50

VILLIAUMÉ. **La politique moderne,** traité complet de politique. 1873, 1 beau vol. in-8.　　6 fr.

WEBER. **Histoire de la philosophie européenne.** 1878, 1 vol. in-8. 2ᵉ édition.　　10 fr.

YUNG (EUGÈNE). **Henri IV, écrivain.** 1 vol. in-8. 1855. 5 fr.

ZIMMERMANN. **De la solitude.** In-8.　　3 fr. 50

ENQUÊTE PARLEMENTAIRE SUR LES ACTES DU GOUVERNEMENT

DE LA DÉFENSE NATIONALE

DÉPOSITIONS DES TÉMOINS :

TOME PREMIER. Dépositions de MM. Thiers, maréchal Mac-Mahon, maréchal Le Bœuf, Benedetti, duc de Gramont, de Talhouët, amiral Rigault de Genouilly, baron Jérôme David, général de Palikao, Jules Brame, Dréolle, etc.

TOME II. Dépositions de MM. de Chaudordy, Laurier, Cresson, Dréo, Ranc, Rampont, Steenackers, Fernique, Robert, Schneider, Buffet, Lebreton et Hébert, Bellangé, colonel Alavoine, Gervais, Bécherelle, Robin, Muller, Boutefoy, Meyer, Clément et Simonneau, Fontaine, Jacob, Lemaire, Petetin, Guyot-Montpayroux, général Soumain, de Legge, colonel Vabre, de Crisenoy, colonel Ibos, etc.

TOME III. Dépositions militaires de MM. de Freycinet, de Serres, le général Lefort, le général Ducrot, le général Vinoy, le lieutenant de vaisseau Farcy, le commandant Amet, l'amiral Pothuau, Jean Brunet, le général de Beaufort-d'Hautpoul, le général de Valdan, le général d'Aurelle de Paladines, le général Chanzy, le général Martin des Pallières, le général de Sonis, etc.

TOME IV. Dépositions de MM. le général Bordone, Mathieu, de Laborie, Luce-Villiard, Castillon, Debusschère, Darcy, Chenet, de La Taille, Baillehache, de Grancey, L'Hermite, Pradier, Middleton, Frédéric Morin, Thoyot, le maréchal Bazaine, le général Boyer, le maréchal Canrobert, etc. Annexe à la déposition de M. Testelin note de M. le colonel Denfert, note de la Commission, etc.

TOME V. Dépositions complémentaires et réclamations. — Rapports de la préfecture de police en 1870-1871. — Circulaires, proclamations et bulletins du Gouvernement de la Défense nationale. — Suspension du tribunal de la Rochelle ; rapport de M. de La Borderie ; dépositions.

ANNEXE AU TOME V. Deuxième déposition de M. Cresson. Événements de Nîmes, affaire d'Aïn Yagout. — Réclamations de MM. le général Bellot et Engelhart. — Note de la Commission d'enquête (1 fr.).

RAPPORTS :

TOME PREMIER. M. *Chaper*, les procès-verbaux des séances du Gouvernement de la Défense nationale. — M. *de Sugny*, les événements de Lyon sous le Gouv. de la Défense nat. — M. *de Rességuier*, les actes du Gouv. de la Défense nat. dans le sud-ouest de la France.

TOME II. M. *Saint-Marc Girardin*, la chute du second Empire. — M. *de Sugny*, les événements de Marseille sous le Gouv. de la Défense nat.

TOME III. M. *le comte Daru*, la politique du Gouvernement de la Défense nationale à Paris.

TOME IV. M. *Chaper*, de la Défense nat. au point de vue militaire à Paris.

TOME V. *Boreau-Lajanadie*, l'emprunt Morgan. — M. *de la Borderie*, le camp de Conlie et l'armée de Bretagne. — M. *de la Sicotière*, l'affaire de Dreux.

TOME VI. M. *de Rainneville*, les actes diplomatiques du Gouv. de la Défense nat. — M. *A. Lallié*, les postes et les télégraphes pendant la guerre. — M. *Delsol*, la ligne du Sud-Ouest. — M. *Perrot*, la défense en province. (1re *partie*.)

TOME VII. M. *Perrot*, les actes militaires du Gouv. la Défense nat. en province (2e *partie* : Expédition de l'Est).

TOME VIII. M. *de la Sicotière*, sur l'Algérie.

TOME IX. Algérie, dépositions des témoins. Table générale et analytique des dépositions des témoins avec renvoi aux rapports (10 fr.).

TOME X. M. *Boreau-Lajanadie*, le Gouvernement de la Défense nationale à Tours et à Bordeaux. (5 fr.)

PIÈCES JUSTIFICATIVES :

TOME PREMIER. Dépêches télégraphiques officielles, première partie.

TOME DEUXIÈME. Dépêches télégraphiques officielles, deuxième partie. — Pièces justificatives du rapport de M. Saint-Marc Girardin.

PRIX DE CHAQUE VOLUME. . . . . **15 fr.**

PRIX DE L'ENQUÊTE COMPLÈTE EN 18 VOLUMES. . . . **241 fr.**

Rapports sur les actes du Gouvernement de la Défense nationale, se vendant séparément :

DE RESSÉGUIER. — Toulouse sous le Gouv. de la Défense nat. In-4.　2 fr. 50

SAINT-MARC GIRARDIN. — La chute du second Empire. In-4.　4 fr. 50

Pièces justificatives du rapport de M. Saint-Marc Girardin. 1 vol. in-4.　5 fr.

DE SUGNY. — Marseille sous le Gouv. de la Défense nat. In-4.　10 r.

DE SUGNY. — Lyon sous le Gouv. de la Défense nat. In-4.　7 r.

DARU. — La politique du Gouv. de la Défense nat. à Paris. In-4.　15 fr

CHAPER. — Le Gouv. de la Défense à Paris au point de vue militaire. In-4.　15 fr.

CHAPER. — Procès-verbaux des séances du Gouv. de la Défense nat.　In-4. 5 fr.

BOREAU-LAJANADIE. — L'emprunt Morgan. In-4.　4 fr. 50

DE LA BORDERIE. — Le camp de Conlie et l'armée de Bretagne. In-4.　10 fr.

DE LA SICOTIÈRE. — L'affaire de Dreux. In-4.　2 fr. 50

DE LA SICOTIÈRE. — L'Algérie sous le Gouvernement de la Défense nationale. 2 vol. in-4.　22 fr.

DE RAINNEVILLE. Actes diplomatiques du Gouv. de la Défense nat. 1 vol. in-4.　3 fr. 50

LALLIÉ. Les postes et les télégraphes pendant la guerre. 1 vol. in-4.　1 fr. 50

DELSOL. La ligue du Sud-Ouest. 1 vol. in-4.　1 fr. 50

PERROT. Le Gouvernement de la Défense nationale en province. 2 vol. in-4. 25 fr.

BOREAU-LAJANADIE. Rapport sur les actes de la Délégation du Gouvernement de la Défense nationale à Tours et à Bordeaux. 1 vol. in-4.　5 fr.

Dépêches télégraphiques officielles. 2 vol. in-4.　25 fr.

Procès-verbaux de la Commune. 1 vol. in-4.　5 fr.

Table générale et analytique des dépositions des témoins. 1 vol. in-4.　3 fr. 50

LES ACTES DU GOUVERNEMENT

DE LA

DÉFENSE NATIONALE

(DU 4 SEPTEMBRE 1870 AU 8 FÉVRIER 1871)

ENQUÊTE PARLEMENTAIRE FAITE PAR L'ASSEMBLÉE NATIONALE
RAPPORTS DE LA COMMISSION ET DES SOUS-COMMISSIONS
TÉLÉGRAMMES
PIÈCES DIVERSES — DÉPOSITIONS DES TÉMOINS — PIÈCES JUSTIFICATIVES
TABLES ANALYTIQUE, GÉNÉRALE ET NOMINATIVE

7 forts volumes in-4. — Chaque volume séparément 16 fr.

L'ouvrage complet en 7 volumes : 112 fr.

Cette édition populaire réunit, en sept volumes avec une Table analytique par volume, tous les documents distribués à l'Assemblée nationale. — Une Table générale et nominative termine le 7ᵉ volume.

ENQUÊTE PARLEMENTAIRE

SUR

L'INSURRECTION DU 18 MARS

1ᵉ RAPPORTS. — 2ᵉ DÉPOSITIONS de MM. Thiers, maréchal Mac-Mahon, général Trochu, J. Favre, Ernest Picard, J. Ferry, général Le Flô, général Vinoy, colonel Lambert, colonel Gaillard, général Appert, Floquet, général Cremer, amiral Saisset, Schœlcher, amiral Pothuau, colonel Langlois, etc. — 3ᵉ PIÈCES JUSTIFICATIVES.

1 vol. grand in-4°. — Prix : 16 fr.

ŒUVRES

DE

EDGAR QUINET

Chaque volume se vend séparément

Édition in-8 .... 6 fr. | Édition in-18..... 3 fr. 50

I. — Génie des Religions. — De l'origine des Dieux. (Nouvelle édition.)
II. — Les Jésuites. — L'Ultramontanisme. — Introduction à la Philosophie de l'histoire de l'Humanité. (Nouvelle édition, avec préface inédite).
III. — Le Christianisme et la Révolution française. Examen de la Vie
de Jésus-Christ, par STRAUSS. —
Philosophie de l'histoire de France.
(Nouvelle édition.)
IV. — Les Révolutions d'Italie. (Nouvelle édition.)
V. — Marnix de Sainte-Aldegonde. —
La Grèce moderne et ses rapports
avec l'Antiquité.

VI. — Les Romains. — Allemagne et
Italie. — Mélanges.
VII. — Ashavérus. — Les Tablettes
du Juif errant.
VIII. — Prométhée. — Les Esclaves.
IX. — Mes Vacances en Espagne. —
De l'Histoire de la Poésie. — Des
Epopées françaises inédites du
XIIe siècle.
X. — Histoire de mes idées.
XI. — L'Enseignement du peuple. —
La Révolution religieuse au XIXe siè-
cle. — La Croisade romaine. — Le
Panthéon. — Plébiscite et Concile.
— Aux Paysans.

Viennent de paraître :

Correspondance. Lettres à sa mère. 2 vol. in-18....   7 ›
Les mêmes. 2 vol. in-8.....................   12 ›
La révolution. 3 vol. in-18.... ....   10 50
La campagne de 1815. 1 vol. in-18....... ......   3 50
Merlin, l'enchanteur, avec une préface nouvelle, notes et
commentaires, 1 vol. in-18.   7 fr.
    Ou 2 vol. in-8.   12 fr.

BIBLIOTHÈQUE UTILE

LISTE DES OUVRAGES PAR ORDRE DE MATIÈRES

Le vol. de 190 p., br. 60 cent. — Cart. à l'angl. 1 fr.

I. — HISTOIRE DE FRANCE

Buchez. Les Mérovingiens.
Buchez. Les Carlovingiens.
J. Bastide. Luttes religieuses des premiers siècles.
J. Bastide. Les Guerres de la Réforme.
F. Morin. La France au Moyen Age.
Fréd. Lock. Jeanne d'Arc.
Eug. Pelletan. Décadence de la monarchie française.
Carnot. La Révolution française, 2 vol.
Fréd. Lock. Histoire de la Restauration.
Alf. Donneaud. Histoire de la marine française.
E. Zevort. Histoire de Louis-Philippe.

II. — PAYS ETRANGERS.

E. Raymond. L'Espagne et le Portugal.
L. Collas. Histoire de l'empire ottoman.
L. Combes. La Grèce ancienne.
A. Ott. L'Asie occidentale et l'Egypte.
A. Ott. L'Inde et la Chine.
Ch. Rolland. Histoire de la maison d'Autriche.
Eug. Despois. Les Révolutions d'Angleterre.
H. Blerzy. Les colonies anglaises.

III. — PHILOSOPHIE.

Enfantin. La Vie éternelle.
Eug. Noël. Voltaire et Rousseau.
Léon Brothier. Histoire populaire de la philosophie.
Victor Meunier La Philosophie zoologique.
Zaborowski. L'origine du langage.

IV. — DROIT.

Morin. La Loi civile en France.
G. Jourdan. La Justice criminelle en France.

V. — SCIENCES.

Benj. Gastineau. Le Génie de la science.
Zurcher et Margollé. Télescope et Microscope.
Zurcher. Les Phénomènes de l'atmosphère.
Morand. Introduction à l'étude des sciences physiques.
Cruveilhier. Hygiène générale.
Brothier. Causeries sur la mécanique.
Brothier. Histoire de la terre.
Sanson. Principaux faits de la chimie.
Turck. Médecine populaire.
Catalan. Notions d'astronomie (avec figures).
E. Margollé. Les Phénomènes de la mer.
Ch. Richard Origines et Fins des mondes.
Zaborowski. L'Homme préhistorique.
H. Blerzy. Torrents, Fleuves et Canaux de la France.
P. Secchi, Wolf et Briot. Le Soleil, les Étoiles et les Comètes
  (avec figures).
Em. Ferrière. Le Darwinisme.
Boillot. Les Entretiens de Fontenelle sur la pluralité des mondes.
Geikie. Géographie physique (avec figures).
Albert Lévy. Histoire de l'air (avec figures).

VI. — ENSEIGNEMENT. — ÉCONOMIE POLITIQUE. — ARTS.

Corbon. L'Enseignement professionnel.
Cristal. Les Délassements du travail.
H. Leneveux. Le Budget du foyer.
H. Leneveux. Paris Municipal.
Laurent Pichat. L'Art et les Artistes en France.
Stanley Jevons. L'Economie politique.

REVUE	REVUE
Politique et Littéraire	**Scientifique**
(Revue des cours littéraires, 2ᵉ série.)	(Revue des cours scientifiques, 2ᵉ série.)

Directeurs : MM. Eug. YUNG et Ém. ALGLAVE

La septième année de la **Revue des Cours littéraires** et de la **Revue des Cours scientifiques**, terminée à la fin de juin 1871, clôt la première série de cette publication.

La deuxième série a commencé le 1ᵉʳ juillet 1871, et depuis cette époque chacune des années de la collection commence à cette date. Des modifications importantes ont été introduites dans ces deux publications.

REVUE POLITIQUE ET LITTÉRAIRE

La *Revue politique* continue à donner une place aussi large à la littérature, à l'histoire, à la philosophie, etc., mais elle a agrandi son cadre, afin de pouvoir aborder en même temps la politique et les questions sociales. En conséquence, elle a augmenté de moitié le nombre des colonnes de chaque numéro (48 colonnes au lieu de 32).

Chacun des numéros, paraissant le samedi, contient régulièrement :

Une *Semaine politique* et une *Causerie politique,* où sont appréciés, à un point de vue plus général que ne peuvent le faire les journaux quotidiens, les faits qui se produisent dans la politique intérieure de la France, discussions de l'Assemblée, etc.

Une *Causerie littéraire* où sont annoncés, analysés et jugés les ouvrages récemment parus : livres, brochures, pièces de théâtre importantes, etc.

Tous les mois la *Revue politique* publie un *Bulletin géographique* qui expose les découvertes les plus récentes et apprécie les ouvrages géographiques nouveaux de la France et de l'étranger. Nous n'avons pas besoin d'insister sur l'importance extrême qu'a prise la géographie depuis que les Allemands en ont fait un instrument de conquête et de domination.

De temps en temps une *Revue diplomatique* explique, au point de vue français, les événements importants survenus dans les autres pays.

On accusait avec raison les Français de ne pas observer avec assez d'attention ce qui se passe à l'étranger. La *Revue* remédie à ce défaut. Elle analyse et traduit les livres, articles, discours ou conférences qui ont pour auteurs les hommes les plus éminents des divers pays.

Comme au temps où ce recueil s'appelait *la Revue des cours littéraires* (1864-1870), il continue à publier les principales leçons du Collége de France, de la Sorbonne et des Facultés des départements.

Les ouvrages importants sont analysés, avec citations et extraits, dès le lendemain de leur apparition. En outre, la *Revue politique* publie des articles spéciaux sur toute question que recommandent à l'attention des lecteurs, soit un intérêt public, soit des recherches nouvelles.

Parmi les collaborateurs nous citerons :

Articles politiques. — MM. de Pressensé, Ch. Bigot, Anat. Dunoyer, Anatole Leroy-Beaulieu, Clamageran.

Diplomatie et pays étrangers. — MM. Van den Berg, Albert Sorel, Reynald, Léo Quesnel, Louis Leger, Jezierski.

Philosophie. — MM. Janet, Caro, Ch. Lévêque, Véra, Th. Ribot, E. Boutroux, Nolen, Huxley.

Morale. — MM. Ad. Franck, Laboulaye, Legouvé, Bluntschli.

Philologie et archéologie. — MM. Max Müller, Eugène Benoist, L. Havet, E. Ritter, Maspéro, George Smith.

Littérature ancienne. — MM. Egger, Havet, George Perrot, Gaston Boissier, Geffroy.

Littérature française. — MM. Ch. Nisard, Lenient, Édouard Fournier, Bersier, Gidel, Jules Claretie, Paul Albert.

Littérature étrangère. — MM. Mézières, Büchner, P. Stapfer.

Histoire. — MM. Alf. Maury, Littré, Alf. Rambaud, G. Monod.

Géographie, Economie politique. — MM. Levasseur, Himly, Vidal-Lablache, Gaidoz, Alglave.

Instruction publique. — Madame C. Coignet, MM. Buisson, Em. Beaussire.

Beaux-arts. — MM. Gebhart, Justi, Schnaase, Vischer, Ch. Bigot.

Critique littéraire. — MM. Maxime Gaucher, Paul Albert.

Notes et impressions. — MM. Clément Caraguel et Louis Ulbach.

Ainsi la *Revue politique* embrasse tous les sujets. Elle consacre à chacun une place proportionnée à son importance. Elle est, pour ainsi dire, une image vivante, animée et fidèle de tout le mouvement contemporain.

REVUE SCIENTIFIQUE

Mettre la science à la portée de tous les gens éclairés sans l'abaisser ni la fausser, et, pour cela, exposer les grandes découvertes et les grandes théories scientifiques par leurs auteurs mêmes;

Suivre le mouvement des idées philosophiques dans le monde savant de tous les pays;

Tel est le double but que la *Revue scientifique* poursuit depuis dix ans avec un succès qui l'a placée au premier rang des publications scientifiques d'Europe et d'Amérique.

Pour réaliser ce programme, elle devait s'adresser d'abord aux Facultés françaises et aux Universités étrangères qui comptent dans leur sein presque tous les hommes de science éminents. Mais, depuis deux années déjà, elle a élargi son cadre afin d'y faire entrer de nouvelles matières.

En laissant toujours la première place à l'enseignement supérieur proprement dit, la *Revue scientifique* ne se restreint plus désormais aux leçons et aux conférences. Elle poursuit tous les développements de la science sur le terrain économique, industriel, militaire et politique.

Elle publie les principales leçons faites au Collége de France, au Muséum d'histoire naturelle de Paris, à la Sorbonne, à l'Institution royale de Londres, dans les Facultés de France, les universités d'Allemagne, d'Angleterre, d'Italie, de Suisse, d'Amérique, et les institutions libres de tous les pays.

Elle analyse les travaux des Sociétés savantes d'Europe et d'Amérique, des Académies des sciences de Paris, Vienne, Berlin, Munich, etc., des Sociétés royales de Londres et d'Édimbourg, des Sociétés d'anthropologie, de géographie, de chimie, de botanique, de géologie, d'astronomie, de médecine, etc.

Elle expose les travaux des grands congrès scientifiques, les Associations *française, britannique* et *américaine*, le Congrès des naturalistes allemands, la Société helvétique des sciences naturelles, les congrès internationaux d'anthropologie préhistorique, etc.

Enfin, elle publie des articles sur les grandes questions de philosophie naturelle, les rapports de la science avec la politique, l'industrie et l'économie sociale, l'organisation scientifique des divers pays, les sciences économiques et militaires, etc.

Parmi les collaborateurs nous citerons :

Astronomie, météorologie. — MM. Faye, Balfour - Stewart, Janssen, Normann Lockyer, Vogel, Laussedat, Thomson, Rayet, Briot, A. Herschel, etc.

Physique. — MM. Helmholtz, Tyndall, Desains, Mascart, Carpenter, Gladstone, Fernet, Bertin.

Chimie. — MM. Wurtz, Berthelot, H. Sainte-Claire Deville, Pasteur, Grimaux, Jungfleisch, Odling, Dumas, Troost, Peligot, Cahours, Friedel, Frankland.

Géologie. — MM. Hébert, Bleicher, Fouqué, Gaudry, Ramsay, Sterry-Hunt, Contejean, Zittel, Wallace, Lory, Lyell, Daubrée.

Zoologie. — MM. Agassiz, Darwin, Haeckel, Milne Edwards, Perrier, P. Bert, Van Beneden, Lacaze-Duthiers, Giard, A. Moreau, E. Blanchard.

Anthropologie. — MM. Broca, de Quatrefages, Darwin, de Mortillet, Virchow, Lubbock, K. Vogt.

Botanique. — MM. Baillon, Cornu, Faivre, Spring, Chatin, Van Tieghem, Duchartre.

Physiologie, anatomie. — MM. Chauveau, Charcot, Moleschott, Onimus, Ritter, Rosenthal, Wundt, Pouchet, Ch. Robin, Vulpian, Virchow, P. Bert, du Bois-Reymond, Helmholtz, Marey, Brücke.

Médecine. — MM. Chauffard, Chauveau, Cornil, Gubler, Le Fort, Verneuil, Broca, Liebreich, Lasègue, G. Sée, Bouley, Giraud-Teulon, Bouchardat, Lépine.

Sciences militaires. — MM. Laussedat, Le Fort, Abel, Jervois, Morin, Noble, Reed, Usquin, X***.

Philosophie scientifique. — MM. Alglave, Bagehot, Carpenter, Hartmann, Herbert Spencer, Lubbock, Tyndall, Gavarret, Ludwig, Ribot.

Prix d'abonnement :

Une seule Revue séparément	Six mois.	Un an.	Les deux Revues ensemble	Six mois.	Un an.
Paris	12ᶠ	20ᶠ	Paris	20ᶠ	36
Départements.	15	25	Départements.	25	42
Étranger....	18	30	Étranger....	30	50

L'abonnement part du 1ᵉʳ juillet, du 1ᵉʳ octobre, du 1ᵉʳ janvier et du 1ᵉʳ avril de chaque année.

Chaque volume de la première série se vend : broché...... 15 fr.
relié........ 20 fr.
Chaque année de la 2ᵉ série, formant 2 vol., se vend : broché.. 20 fr.
relié.... 25 fr.

Port des volumes à la charge du destinataire.

Prix de la collection de la première série :

Prix de la collection complète de la *Revue des cours littéraires* ou de la *Revue des cours scientifiques* (1864-1870), 7 vol. in-4. 105 fr.

Prix de la collection complète des deux *Revues* prises en même temps, 14 vol. in-4................................. 182 fr.

Prix de la collection complète des deux séries :

Revue des cours littéraires et *Revue politique et littéraire*, ou *Revue des cours scientifiques* et *Revue scientifique* (décembre 1863 — janvier 1879), 22 vol. in-4................. 255 fr.

La *Revue des cours littéraires* et la *Revue politique et littéraire*, avec la *Revue des cours scientifiques* et la *Revue scientifique*, 44 volumes in-4 .... 452 fr.

REVUE PHILOSOPHIQUE
DE LA FRANCE ET DE L'ETRANGER
Paraissant tous les mois
Dirigée par TH. RIBOT
Agrégé de philosophie, Docteur ès lettres
(4ᵉ année, 1879.)

La REVUE PHILOSOPHIQUE paraît tous les mois, depuis le 1ᵉʳ janvier 1876, par livraisons de 6 à 7 feuilles grand in-8, et forme ainsi à la fin de chaque année deux forts volumes d'environ 680 pages chacun.

CHAQUE NUMÉRO DE LA *REVUE* CONTIENT :

1° Plusieurs articles de fond ; 2° des analyses et comptes rendus des nouveaux ouvrages philosophiques français et étrangers ; 3° un compte-rendu aussi complet que possible des *publications périodiques* de l'étranger pour tout ce qui concerne la philosophie ; 4° des notes, documents, observations, pouvant servir de matériaux ou donner lieu à des vues nouvelles.

Prix d'abonnement :

Un an, pour Paris........................ 30 fr.
— pour les départements et l'étranger........ 33 fr.
La livraison .... 3 fr.

REVUE HISTORIQUE
Paraissant tous les deux mois
Dirigée par MM. GABRIEL MONOD et GUSTAVE FAGNIEZ
(4ᵉ année, 1879.)

La REVUE HISTORIQUE paraît tous les deux mois, depuis le 1ᵉʳ janvier 1876, par livraisons grand in-8 de 15 à 16 feuilles, de manière à former à la fin de l'année trois beaux volumes de 500 pages chacun.

CHAQUE LIVRAISON CONTIENT :

I. Plusieurs *articles de fond*, comprenant chacun, s'il est possible, un travail complet. II. Des *Mélanges et Variétés*, composés de documents inédits d'une étendue restreinte et de courtes notices sur des points d'histoire curieux ou mal connus. III. Un *Bulletin historique* de la France et de l'étranger, fournissant des renseignements aussi complets que possible sur tout ce qui touche aux études historiques. IV. Une *analyse des publications périodiques* de la France et de l'étranger, au point de vue des études historiques. V. Des *Comptes rendus critiques* des livres d'histoire nouveaux.

Prix d'abonnement :

Un an, pour Paris........................ 30 fr.
— pour les départements et l'étranger........ 33 fr.
La livraison............................. 6 fr.

14164 — PARIS. — IMPRIMERIE E. MARTINET, RUE MIGNON, 7

www.ingramcontent.com/pod-product-compliance
Lightning Source LLC
Chambersburg PA
CBHW071640280326
41928CB00068B/1648